CW01020756

タイポグラファ、教師、哲学者である
エミール・ルーダーに捧げる

Dedicated to the
typographer, teacher, philosopher
Emil Ruder

Emil Ruder's handwritten letter
to the Department of Education, Basel, June 4, 1964

Sehr geehrte Herren,

Ihre Ausschreibung
der Kunstgewerblic
allgemeinen Gewerb
museums Basel.
mich für diese
In 22 Jahren Lehr
war es mir mög
rischen, pädag
schen Fragen o
vertraut zu
fähig, die F
richten und
Zielsetzunge
die Fragen
is len

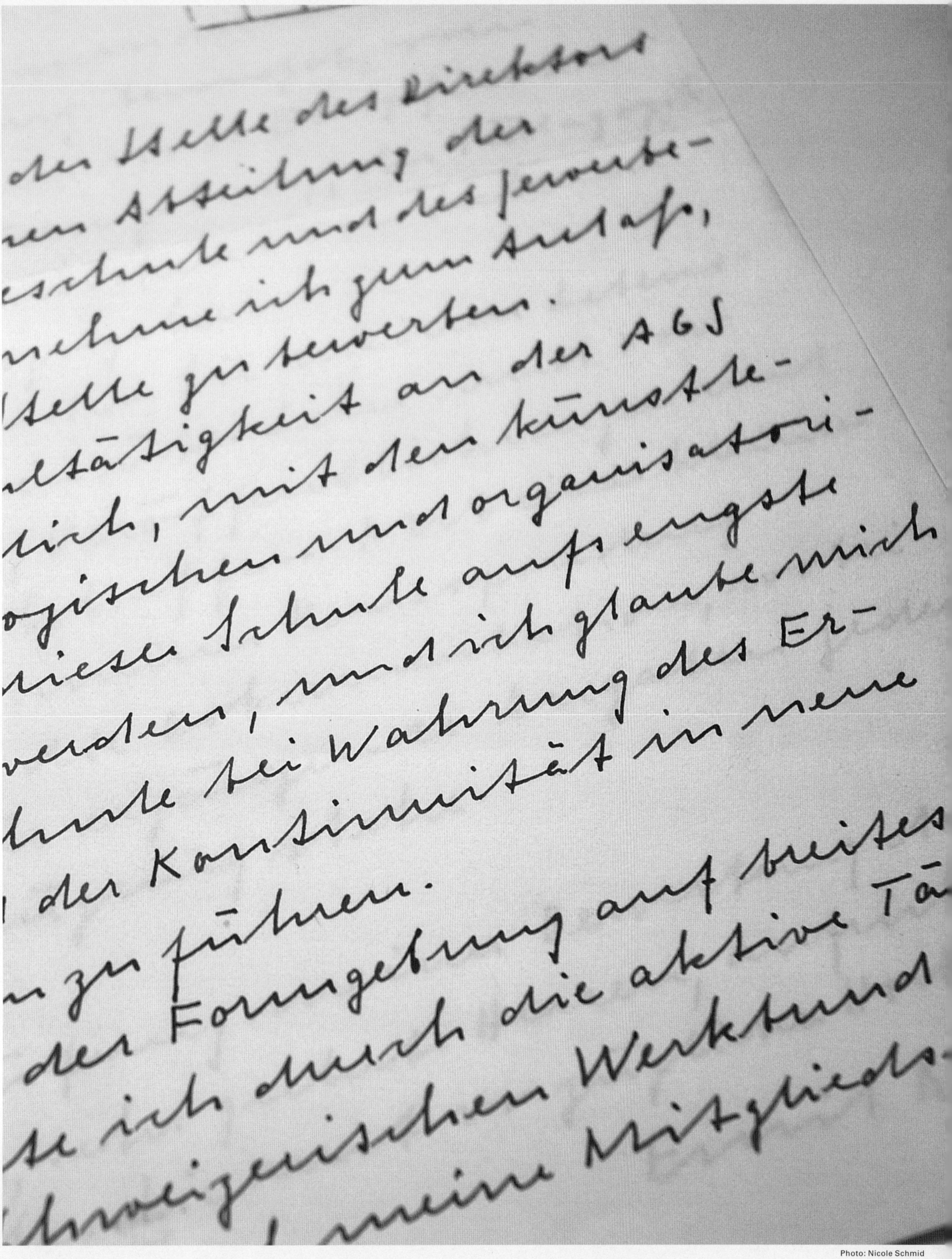

...die Stelle des Direktors

...en Abteilung der

...eschule und des Fernute-

...nehme ich zum Anlaß,

...Stelle zu bewerben.

...altätigkeit an der AGS

...lich, mit dem künstle-

...ogischen und organisatori-

...riese Schule aufs engste

...verbunden, und ich glaube mich

...hule bei Wahrung des Er-

...i der Kontinuität in neue

...n zu führen.

...der Formgebung auf breites

...se ich durch die aktive Tä-

...hweizerischen Werkbund

...meine Mitglieds-

Photo: Nicole Schmid

ルーダー・
タイポグラフィ

ルーダー・
フィロソフィ

エミール・ルーダー
作品集

構想、コンセプト、デザイン：ヘルムート・シュッミット
アシスタント：ニコール・シュミット

表紙はエミール・ルーダーが1964年にバーゼルの
教育委員会に宛てた手紙の一部

Ruder
typography
Ruder
philosophy

翻訳 / 監修

グラハム・ウェルシュ
ディーター・ハイル
スミ・シュミット
アイバー・カプリン
ロイ・コール
雨宮郁江
大木麻利子
室賀清徳
山本太郎
マギー・ホール
内藤ゆき子
桂木忍
山田清美

写真撮影 / 提供

ダニエル・ルーダー
スザンネ・ルーダー
クルト・ハウエルト
ウォルフガング・ワインガルト
アーミン・ホフマン
ドロテア・ホフマン
ウルス・デュル
マックス・マティス
山田能広
浅井康弘
ニコール・シュミット
ペーター・シュテーリ
フィヨドール・ゲイコ
マティアス・ホフマン
ロイ・コール

idea アイデア

Planning, concept and design: Helmut Schmid
Design assistant: Nicole Schmid

Cover image: part of a handwritten letter
by Emil Ruder to the Department of Education
Basel, Switzerland.

Ruder typography Ruder philosophy

Translations and revisions:

Graham Welsh
Dieter Heil
Sumi Schmid
Ivor Kaplin
Roy Cole
Ikue Amemiya
Mariko Ohki
Kiyonori Muroga
Taro Yamamoto
Maggie Hohle
Yukiko Naito
Shinobu Katsuragi
Kiyomi Yamada

Photos and images:

Daniel Ruder
Susanne Ruder
Kurt Hauert
Wolfgang Weingart
Armin Hofmann
Dorothea Hofmann
Urs Dürr
Max Mathys
Yoshihiro Yamada
Yasuhiro Asai
Nicole Schmid
Peter Stähli
Fjodor Gejko
Matthias Hofmann
Roy Cole

「アイデア」のNo.333は1940年代から60年代にかけて
スイスのバーゼルで活躍したタイポグラフィのヴィルトゥオーソ、
探究者、そして教育者であるエミール・ルーダー(1914–1970)
を特集する。

ルーダーはチューリッヒやパリで植字、カリグラフィ、ブック
デザインを学んだ後、1942年からバーゼル工芸専門学校の
教師に就任。同地を舞台に制作、教育活動に携わった。
ルーダーのタイポグラフィは、輝くほどの優美さと明瞭さ、
そして大胆な実験精神に満ちあふれ、同時代の「スイス・タイポ
グラフィ」系のデザインとは一線を画し、強い影響力を持った。

「スイス・タイポグラフィ」は1930年代に開拓された
「ニュー・タイポグラフィ」の方向性をさらに展開させたスタイル
である。その形式的な特徴としては、レイアウト・グリッドの
採用、サンセリフ体の使用、システマティックな配列、
アシンメトリーな構成、フラッシュレフト(左頭揃え、右不揃い組)
などがあげられ、その概念は国際的にも広く受容された。
しかし、「スイス・タイポグラフィ」と総称される動向は、画一的な
運動としてあったわけではない。その実践には、広告デザイナー、
ポスター作家、造形美術家など、多様なフィールドからの
アプローチがみられた。

そのなかにあって、ルーダーのタイポグラフィは「タイポグラフィ」
という言葉の真の意味において捉えられる。なぜならば、
彼のスターティング・ポイントは、活字素材を組むという、いわば
植字工の「内側からの」ディシプリン(規律訓練)に基づいていた
からである。活字組版への工学的視点を前提に、その
技術制約のなかで情報伝達機能を十全に果たし、かつ純粋に
美しくもある秩序の創出。それがルーダーの
プログラムだった。

システマティックな構成を重視するあまり硬直的だった同時代の
スイス系タイポグラフィに対し、ルーダーは細部と全体への
配慮による「解放」を目指した。ルーダーは印刷されない部分に
「ポジティブ・ネガティブ・スペース」を見いだし、言葉と
造形が生み出す優美な動的均衡のタイポグラフィに辿りつく。
印刷における「白」が無ではなく、込め物が充填されているという
工学的な理解や、音楽や芸術への造形、東洋思想への
関心。それらの総合のなかにルーダーは独自のタイポグラフィを
うちたてた。

実制作者としてのルーダーは文芸書や美術書、展覧会ポスター
やカタログなど、おもに文化領域でのデザインを数多く
手がけた。とくにブックデザインにおいては、因習的な形式から
逸脱したその斬新なデザインを批判されることもあったが、
ルーダーは革新への歩みを止めることはなかった。

このような制作活動の一方で、つねにルーダーの活動の
中心にあったのはバーゼル工芸専門学校における教育活動だった。
ルーダーは1942年に同校に着任し、47年に応用美術科
主任になるとともに印刷専科を設ける。以来、その強力な
指導力によって、植字工の創造性を高める教育プログラムを
開拓していった。1968年にはアーミン・ホフマンとともに
グラフィックデザイン国際高等課程も開設する。

ルーダーは同校の公式カリキュラムのほかに、なかば非公式
ながら特別選抜コースというべきクラスを設け、少人数の
学生と共により密度の濃い実験的なワークショップを行った。
このようにしてルーダーの薫陶を受けた教え子たちによって
「バーゼルの学校」の名はヨーロッパ全土に鳴り響くこと
になった。ルーダーは生涯にわたって教職に携わり、晩年には
同校校長、バーゼル工芸博物館館長を歴任している。

教育活動に関連してルーダーが精力的だったのは、タイポ
グラフィについての執筆活動だった。ルーダーはタイポグラフィを
狭い職能領域ではなく広い文化軸・歴史軸のなかに位置づけ、
自身のリサーチに基づいた方法論をスイスの印刷専門誌TMに
精力的に発表した。ルーダーは同誌の編集にも関わり、
ときには活発な議論を巻き起こしながら、ヨーロッパのタイポ
グラファたちに強い影響力を発揮した。

これらの教育・著述活動の成果は1967年に発行された
デザインの教科書『タイポグラフィ』に結実した。時代や技術
環境を越えて有効な方法と見解がまとめられた同書は、
今なおデザインの基本図書として読み継がれている。

ルーダーの眼差しはその生涯を通じて、情報技術の発展と
歩調を合わせつつ人間性を失わない、真に同時代的な
タイポグラフィの創出に向けられていた。彼の教え子たちは、
この敬愛すべき師からの賜物を胸に世界各地で活躍している。
本書の編者であるヘルムート・シュミットもその一人だ。
遠く日本にわたって活動を続ける彼は、かつてルーダーという
泉のめぐみを受けた人々の証言を集めて『バーゼルへの道』
(朗文堂、1997)を編み、その師との日々を顕彰した。

あれから十余年…。
ルーダーが残したもの、その教えとの対話はいまも続け
られている。本誌にはその過程で明らかになった資料の一部が、
ルーダーの言葉とともにまとめられている。今後の調査研究は
ルーダーをめぐる事実をより明らかにするだろう。しかし
対話の必要性は依然変わらない。生物の構成要素を人工的に
組み合わせても、そこに生命が現象しないように。

ルーダーのタイポグラフィと哲学は、時代や技術環境を超え、
つねに解釈や応用へと開かれている。本書が現代の
読者にとって、この匠との対話の輪に加わるまたとない機会と
なることを願ってやまない。

The subject of IDEA No. 333 is the Swiss virtuoso, educator and typography philosopher Emil Ruder (1914–1970), who worked from Basel from the 1940s till the 1960s.

After having studied typesetting, calligraphy and book design in Zürich and Paris, in 1942 Ruder took the position of typography instructor at the Allgemeine Gewerbeschule Basel [Basel School of Design]. With Basel as the setting, he became involved heavily in design and education. Ruder's typographic expression, sparkling with elegance and lucidity and waxing with a bold spirit of experimentation, was clearly distinct from the contemporary family of Swiss Typography and maintained great influence.

Swiss Typography is a much-refined direction of the New Typography pioneered in the 30s. Its conventional features include the use of systematic layout on a grid, sans-serif typefaces, asymmetric composition and flush-left alignment. The concept of Swiss Typography was widely accepted around the world, but there was no unified 'Swiss Typography' movement. In practice, creators in a wide range of fields demonstrated its approach: designers of advertising and of posters and even those active in the plastic arts.

Among these formats, Ruder's typography alone communicates the genuine meaning of the word, 'typography' because he began 'from the inside', as a typesetter, and was grounded in its discipline. With the engineering perspective of movable type as the premise, Ruder worked within the bounds of technical constraints to create typography that functioned as a consummate information communicator and was truly beautiful.

In contrast to conventional Swiss typography, its style too stiffened by its emphasis on systematic composition, Ruder strove for emancipation from concern over the details and the whole. Within the unprinted areas, Ruder discovered 'positive negative space', giving birth to a typography in which type and objects create an elegant dynamic equilibrium. He had the understanding particular to a one-time typesetter that white space is not merely void; it represents a significant presence. His interests extended beyond typography to music, art and Oriental thought. Ruder developed an independent typography from within this integration.

Ruder designed mainly in the cultural domain; within his prodigious body of work are many books of art and literature and posters and catalogs for exhibitions. Based on modernist aesthetics, Ruder's unusual atypical design – particularly his book design – was criticized for its departure from convention, but Ruder never halted in his journey towards innovation.

While active in design, the foundation of his career was his educational role at Basel School of Design. Ruder started his post in 1942, and was appointed as head of the Applied Arts Department in 1947. He established the Tagesfachklasse für Buchdruck [Letterpress Printing Class]. He implemented an educational program designed to develop students' creativity in typesetting and composition, together with his colleagues. And in 1968 he initiated with Armin Hofmann the International Advanced Program for Graphic Design.

Ruder also set up an almost informal extra-curricular special selection course, in which a small group of students took part in intense practical workshops. Thanks to the efforts of those who had been under Ruder's tutelage, the fame of the 'Basel school' pervaded Europe. In his later years, he became the headmaster at the school and held the position of director at the Gewerbemuseum [Basel Arts and Crafts Museum].

Among his educational pursuits, Ruder was particularly enthusiastic about writing on typography. In the Swiss magazine *Typographische Monatsblätter* [Typographic Monthly], he attempted to situate typography not in a narrow disciplinary field but within a broad range of cultural and historical axes, and also espoused a methodology of typography based on his own research. Involved in the editing of that magazine, sometimes stirring up heated controversy about typography, Ruder exerted a solid influence on Europe's typographers.

The fruit of his work in education and publishing is the manual of design *Typographie*, issued in 1967. This volume, in which an effective methodology and perspective are combined, surmounts any consideration of either era or technology, and to this day is accepted as one of the fundamental design tomes. Ruder's perpetual concern was creating contemporary typography that kept pace with the development of information technology but never lost its humanity.

Ruder's students, holding close the benefits of this revered master, are active in every corner of the world. Among them is Helmut Schmid, editor and designer of this issue, who now works in Japan. In 1997, Robundo published *the road to Basel*, authored by Schmid. It is a collection of testimonies by those who were blessed with the eternal spring that was Emil Ruder, and honor the days they spent with the man whom they hold in such high esteem.

More than ten years later …
The conversation with Ruder's legacy and instruction continues today. In this issue, Schmid collected some of the artifacts that have come to light in the course of his observation. Further investigation and research will clarify more of the facts surrounding Ruder, but this dialogue must continue. For we may cobble together an artificial combination of the components that make up a living entity, but life will never be manifest there. It is our sanguine desire that this issue will give our readers the opportunity to join the circle of conversation with this great virtuoso.

Translation: Yukiko Naito and Maggie Hohle

Foreword

Kiyonori Muroga
January 2009

emil ruder
typography from the inside

helmut schmid

'in the 16th century the morning glory was as yet a rare plant with us. rikyu had an entire garden planted with it, which he cultivated with assiduous care. the fame of his convolvuli reached the ear of the daiko, and he expressed a desire to see them, in consequence of which rikyu invited him to a morning tea at his house. on the appointed day the taiko walked through the garden, but nowhere could he see any vestige of the convolvulus. the ground had been leveled and strewn with fine pebbles and sand. with sullen anger the despot entered the tea-room, but a sight waited him there which completely restored his humor. on the tokonoma, in a rare bronze of sung workmanship, lay a single morning glory – the queen of the whole garden!'
from the book of tea by kakuzo okakura

when 28-year old emil ruder was chosen to be teacher of typography at allgemeine gewerbeschule basel in 1942, he had a clear goal: 'to strive for a typography as an expression of our time. rejection of formalism and mere imitation of earlier epochs in typography. the feeling for material authenticity and material honesty as the basis of every typographic design.'

armin hofmann has written on the situation: 'the design school in basel … had to take a position at a time when the will for renewal was diametrically opposed. in contrast to tschichold, emil ruder, who was the head of the course in typography at the time, saw the return to classical form as a disastrous interruption of progress… one could say that the efforts of the basel school… laid the foundation for a new typographic consciousness…'

the basel school became a place searching for living and rhythmical typography. visiting ryoanji in kyoto, the garden with the 15 rhythmically placed stones, i always have a feeling of meeting emil ruder.

'the oriental philosopher holds that the essence of created form depends on empty space. without its hollow interior a jug is merely a lump of clay, and it is only the emptiness that makes it into a vessel.' ruder's interpretation of a saying of the tao te ching gives us an insight to his typography, where the unprinted gives life to the printed.

ruder's main impact on typography, beside teaching, was his contributions to the swiss professional magazine typographische monatsblätter (tm), initiating heated debate in the design profession. the influence of tm on typography has yet to be evaluated. ruder's article on drinking tea, typography, historicism, symmetry and asymmetry (tm 2.1952) finds in eastern philosophy reflections of his typography. ·

'nowhere do we find it expressed so beautifully that asymmetry is related to the simple, the plain and natural, as well as to the fresh and imaginative.'

ruder's magnum opus is typographie, a manual of design. niggli republished it in 2001 in the original optical square from 1967. for over 20 years it was sold in an altered format and no one today wants to take responsibility for that. the new edition is reset, following the original. the works are untouched and the pagination of the original is retained despite frutiger's preface from the fourth edition. ruder was still working on his book when hofmann had his graphic design manual published, with a preface by george nelson. i asked ruder about the preface in his book and he seemed surprised. 'herr schmid, who can write the preface to my book?'

typographie, now in its 7th printing, has so far been translated into nine languages, published in six countries: german-english-french, teufen 1967; slovenian-croatian-german, ljubliana 1977; english, new york 1981; russian, moscow 1982; korean, seoul 2001.

to the often asked question of what is the difference between the ruder typography and the basel typography, zurich typography, swiss typography, swiss style, the international style? i have a simple answer: substance and continuity. in ruder i see a philosophy and an honesty which never froze into a style. 'the creative worker spares little thought for contemporary style, for he realizes that style is not something that can be deliberately created. it comes all unawares!'

ruder's book designs reveal his inner self. no book is similar in format, in design, in the selection and treatment of typefaces. his preference for univers is known. his use of serif type seems to be unknown. glaskunst aus murano, exhibition catalogue for the gewerbemuseum basel in 1955 is set in serif type. so is the book, the world of asclepios, a history of medicine, from 1963, with its new and logical approach in bilingual typography.

ronchamp, the book on le corbusier's chapel, published in switzerland and france in 1958, is a highlight of modern typography. free of the heaviness of the bauhaus, it is in a new typography which was so fresh and new compared to the typography of that time.

at my first meeting with ruder, i wanted to show him my work. his answer was short: 'i know what they are doing over there.' from over there i came, from a germany where 'no experiments' was the slogan of a political party. no experiments seems to have been the typographers' motto, as a german designer indicated: 'from switzerland, especially from basel, there came book-resembling objects, which looked completely different from what was permitted… there stood one line near the edge on top and the other at the edge at the bottom, and in between there was a large white paper area… for us this kind of typography was tied to basel and to its authoritative teacher, emil ruder.'

Durchgestaltung
Format
Papier
Schriftart

Schriftgrad
Satzbreite

Im gut gestalteten Buch sind alle Teile möglichst eng, formal miteinander verbunden.
Die Gestaltung erfolgt von innen nach Außen. Der Schutzumschlag ist die letzte zu lösende Aufgabe.

Nur in Ausnahmefällen eignen sich die Normalformate für das Buch. Erwünscht ist ein kleines, schlankes und nicht zu schweres Buchformat, damit es längere Zeit in der ungestützten Hand gelesen werden kann. Format der Taschenbücher ca. 11-12 × 18-20 cm.

Hochweiße Papiere wirken zu grell und vermindern die Lesbarkeit. Satinierte Papiere ergeben beim Umblättern Reflexe und ermüden das Auge. Auf das Auge angenehm wirken leicht getönte Papiere mit grauer Grundfläche. Auftragende Papiere machen ein umfangreiches Werk dick und unhandlich. Die Laufrichtung soll immer beachtet werden, sie muß parallel zum Bund sein.

Kein Druckwerk weist eine so große Häufung von Satz auf, wie das Buch. Eine gut und angenehm lesbare Schrift, die auch bei langer Lesedauer nicht ermüdet, ist für jede Buchgestaltung die wichtigste Voraussetzung.
Die Mediaeval ist die best lesbare Buchschrift. Sie ist nicht zu fett, ergibt ein angenehmes Grau und der kleine

Fettenunterschied macht sie auch für große Auflagen geeignet.
Garamond Baskerville Caslon Platin Janson Fournier van Dyck Bell Perpetua Times Méridien

Die Antiqua ist infolge des starken Fettenwechsels etwas schwerer lesbar und der Abnutzung mehr unterworfen.
Bodoni Walbaum Didot

Die Grotesk weist keine Endstriche und oft keinen Stärkewechsel auf und ermüdet leicht in großer Menge. Nur eine Grotesk mit ausgeprägtem und richtigem Fettenwechsel kann als Buchschrift verwendet werden.
Mono-Grotesk Berthold-Grotesk
Gill (Monotype) Univers

Für den körperlich und geistig gesunden Leser sind 9 und 10 Punkt die angenehmsten Grade einer Buchschrift. Kleinere Grade sind oft durch extrem kleine Formate oder Platzmangel bedingt, ermüden aber auf die Länge. Größere Grade trifft man in großen Buchformaten oder in Büchern für Kinder und betagte Leute. Sie sind aber für den Durchschnittsleser mühsamer zu lesen als 9 oder 10 Punkt.

50-60 Buchstaben in der Zeile werden vom Auge als angenehm empfunden. Zu breit gesetzter Satz in großer Menge ermüdet das Auge. Bei großformatigen

Büchern empfiehlt sich mehrspaltiger Satz. Zu schmal gesetzter Satz bringt viele Trennung und ungleichen Ausschluß. Diese Schwierigkeiten können mit auslaufendem Satz teilweise behoben werden.

the photos in the *ronchamp* book are placed horizontally or vertically on a grid. the text in monotype grotesk, the photo numbers replace page numbers and align with the column. a timeless design. again the german designer: 'the grid, the arrangement of type and picture on a book page according to a planned system was of course not an invention of ruder, but the strictest, most consistent, uncompromising application came from him and from his students.'

this is a misunderstanding of the typography of the ruder time. the grid, always mentioned negatively by the ignorant, was never used in a mechanical way. it is not the grid that fails but the way the grid is developed and used. karl gerstner's flexible grid, designed for the german magazine *capital*, appears sophisticated and complicated in the drawing. the final application does not come near to the expectation.

the simple grid that is applied in *gärten menschen spiele* [gardens people games] published by pharos verlag in 1960, shows flexibility and rhythmic variations. ruder explains it in his book typographie. 'a book containing pictures and text based on a grid pattern of nine squares. this pattern is the means of establishing a formal unity between the different amounts of text and different sizes and shapes of pictures. the pattern should not be conspicuous in he final result but rather be concealed by the diversity of pictorial subjects and typographic values.'

ruder was a master of the natural and honest typography, which stands in contrast to the modernistic, the trendy, the empty. i have compared emil ruder with the japanese teamaster senno rikyu. hans-rudolf lutz preferred to have ruder just as ruder. and harry boller expressed what we all felt – that emil ruder was a visionary thinker of values …

ruder's teaching style was dynamic and entertaining, full of wit, anecdotes and criticism. from his lecture on book design i made notes and typeset them in my free time at my working place in germany. 'book design starts from the inside towards outside, just as a house is planned from the inside towards outside …'

contrary to writings by others, ruder was not the dogmatist but a teacher who guided the student in a supportive way. 'es hett ebbis schöns' (it has something nice about it) was a sign of approval. he used to carry lead type with him so as to express that typography begins with the letter. 'contemporary typography is not primarily based on the flush of inspiration and striking idea. it is based on the grasp of the essential underlying laws of form, on thinking in connected wholes, so that it avoids on the one hand turgid rigidity and monotony and on the other unmotivated arbitrary interpretation.'

the typography that came out of the basel school was resisted from many sides. tschichold, who lived (like me) on the wettsteinallee near the school, was a constant critic. in 1958 he wrote: 'today's attempt at sans serif typography are based on the then 26-year-old author's earlier book … nowadays in basel and switzerland, one is fed so much asymmetrical typography, that one becomes sick of it.' an arrogant statement which reveals ignorance of the development in typography.

in 1961 ruder designed the tm special issue on univers, the new typeface by the swiss adrian frutiger. using three sizes of univers 55, reducing the text per page to a readable amount ruder arrived at a modern classic typography that made sans serif sociable. after the typography of order (ordnende typographie) with akzidenz grotesk, ruder's typography with univers looked refined and light and made swiss design (that of zurich and ulm) appear heavy and dated.

die vögel (the birds of basel), a modern fairy tale by marian perry, published in 1967, is designed in a weightless and natural typography. the text is set in univers 45 to harmonize with the fine illustrations.

spürst du die schatten? poems by brigitte meng, is in a typography of simplicity and grace. it is printed in gray and typeset in one size of univers 55, including dust jacket. hans rudolf schwabe from pharos verlag sent me the book while i was working on *the road to basel* with a letter worthy of quoting: 'when brigitte meng showed me the manuscript, i found it very good, but i had to tell her that poetry books never cover their cost. i went to emil ruder, with whom i had collaborated before and who i knew from classes. to my question as to what to do, ruder just went ahead and designed the book like it is. all books are gone, i almost want to say – unfortunately.

after ruder was elected director of the gewerbeschule and the gewerbe-museum in 1965 he initiated *schriften des gewerbemuseums basel*, booklets on design and related arts. 1969 he began to design the bilingual book *der totentanz / la dance macabre* with pen-and-ink drawings by veronique filozof (with drawings by this artist he designed in 1964 *der vogel gryff*). the german text is typeset, the french text is hand-written. the text and drawings rest on the base of the column. the distinct difference between writing and printing was always of great concern to ruder. with this book, his last, he expressed this beautifully. *der totentanz* [the dance of death] was printed in 1976 – six years after emil ruder's death.

books that emil ruder created in a crystal-clear typography are unobtrusive treasures. designed from the inside, they are the selected morning glories of the timeless typography, the ruder typography.

revised text, originally published in *baseline*, no. 36, 2002

Durchschuß | Rubriken
Satzspiegel | Kolumnentitel
Auszeichnungen

Der eng gesetzte glatte Satz ergibt eine Graufläche, in der das Band der Zeile und das weiße Band des Durchschußes deutlich erkennbar sein sollten. Bei zu wenig durchschossenem Satz oder bei Satz mit zu weiten Wortzwischenräumen werden die Bänder der Zeile und des Durchschusses zerstört. Ist der Satz zu stark durchschossen, wird die Bandwirkung von Zeile und Durchschuß zu heftig. In der steten Wiederholung stören diese Bänder eine gute Lesbarkeit.

Alle Seiten des Buches sind von gleicher Breite und Höhe. Die Seitenbreite wird von der Satzbreite, die Seitenhöhe von der Zeilenzahl bestimmt. Das von weißen Papierflächen umrahmte graue Rechteck des Textes wird als Satzspiegel bezeichnet. Jeder Satzspiegelentwurf muß von der Doppelseite ausgehen.

Auszeichnungen sind in der schöngeistigen Literatur selten, in Lehrbüchern und wissenschaftlichen Werken häufiger. Fette Auszeichnungen sollen vermieden werden, weil sie das ruhige Satzbild zerreißen.
Reihenfolge der Auszeichnung
1. Kursiv | Antiqua
2. Kapitälchen
3. Sperren
4. Halbfett
5. Versalien
1. Sperren | Fraktur
2. Halbfett

Die Gliederung des Buches erfolgt durch Überschriften (Rubriken). Rubriken werden in der Grundschrift im gleichen, kleineren oder größeren Grad gesetzt.
Abstufungsmöglichkeiten
gleicher Grad
Gemeine Kursiv Halbfett Kapitälchen
Versalien
kleinerer Grad
Versalien Halbfett
größerer Grad
Gemeine Kursiv Kapitälchen Versalien
Die Höhe der Rubriklücke muß auf Zeilen ausgehen, damit das Register im ganzen Buche gewahrt bleibt.

Tote Kolumnentitel sind Ziffern, die entweder über oder unter der Kolumne stehen und nicht zum Satzspiegel gerechnet werden. Größe und Stellung dieser Ziffern sind keinen Regeln unterworfen.
Lebende Kolumnentitel stehen immer über der Seite und werden in den Satzspiegel eingerechnet. Sie können folgende Texte enthalten
Seitenziffern Autor Name des Werkes Kapiteltitel Inhaltsangabe des darunterstehenden Textes. Diese Texte können im Grade der Grundschrift oder einen Grad kleiner in Gemeinen Kursiv Versalien oder Kapitälchen gesetzt werden. Umfangreiche Titel werden auf die Doppelseite verteilt. Die Abtrennung vom Text erfolgt durch Linie oder Durchschuß.

エミール・ルーダー
内側からのタイポグラフィ

ヘルムート・シュミット

「16世紀には、朝顔はまだわれわれに
珍しかった。利休は庭全体にそれを植えさせて、
丹精こめて培養した。利休の朝顔の名が
太閤のお耳に達すると太閤はそれを見たいと
仰せいだされた。そこで利休はわが家の朝の茶の
湯へお招きをした。その日になって太閤は
庭じゅうを歩いてごらんになったが、どこを見ても
朝顔のあとかたも見えなかった。地面は平らに
して美しい小石や砂がまいてあった。その暴君は
むっとした様子で茶室へはいった。しかし
そこにはみごとなものが待っていて彼のきげんは
全くなおって来た。床の間には宋細工の
珍しい青銅の器に、全庭園の女王である一輪の
朝顔があった。」
（岡倉覚三著　村岡博訳、『茶の本』、岩波文庫）

28才のエミール・ルーダーが、1942年に
バーゼル工芸専門学校（現バーゼル・スクール・
オブ・デザイン）のタイポグラフィの教師に
選ばれたとき、彼には明確な目標があった。
すなわち、パターン化や模倣を排除し、タイポ
グラフィの基礎である素材の真実さ、誠実さに
共感をもって、時代の表現としてのタイポ
グラフィを追求すること。

アーミン・ホフマンはそのころの状況について
次のように書いている。「バーゼルのデザイン
スクールは、刷新への意志がまっこうから
反対されていた時代に、自らの取るべき姿勢を
表明しなければならなかった。当時タイポ
グラフィ科の主任であったエミール・ルーダーは、
チヒョルトとは対照的に、古典的なフォルムへの
回帰を、発展を著しく妨げるものと見ていた…
バーゼルスクールの努力は、タイポグラフィに
対する新しい自覚への土台を築いたと
言えるだろう。」

バーゼルスクールは、活気にみちたリズミカルな
タイポグラフィの探求の場となった。
京都の龍安寺の、15個の石がリズミカルに配置
された石庭を訪れると、私はいつもエミール・
ルーダーに対面しているような気持になる。

「東洋の哲人曰く、創造されたフォルムの本質は
空なる部分にある。壺は、内部の空間がなければ、
ただの土塊にすぎず、その空の部分こそ壺を壺
たらしめるのである。」このルーダーによる
老子の言葉の解釈からは、印刷されない部分が
印刷された部分に生命を与える、という彼の
タイポグラフィ観をうかがい知ることができる。

ルーダーは教育に加えて、スイスの印刷専門誌
「ティポグラフィシェ・モーナツブレッテル（TM）」
への寄稿を通してタイポグラフィの世界に強い
影響力を発揮し、彼のエッセイはデザイン界に
熱い討論を提議した。TM誌がタイポグラフィに
与えた影響力は今なお評価されるべきである。
ルーダーのエッセイ「一服の茶、タイポグラフィ、
歴史主義、シンメトリーとアシンメトリー」
（TM誌1952年2号 p.83）には彼のタイポ
グラフィにおける東洋哲学の影響が読み取れる。

「アシンメトリーが、簡潔さ、自然さ、そして
また新鮮さや高度の創造力に関連していることを、
これほど見事に表現したものをわれわれは
他に知らない。」

ルーダーの記念碑的著作は、デザインの教科書
『タイポグラフィ』である。ニグリ社は本書を
2001年に、1967年の初版と同じ正方形の
フォーマットで再発行した。本書は20年以上
オリジナルとは異なるフォーマットで売られて
いたが、今日、これに関して責任をとろうとする
者はいない。新版は原書に忠実に組み直された。
作品図版は変更されることなく保持され、
第4版からフルティガーによる序文が加わって
いるにもかかわらず、ノンブルもオリジナル
通りに付された。アーミン・ホフマンが著書
『グラフィックデザイン・マニュアル』をジョージ・
ネルソンによる序文をそえて出版したとき、
ルーダーはまだ自著の制作中であった。私が
序文の筆者について尋ねると、彼はひどく
驚いた様子で答えた。「シュミット君、いったい
誰が私の本の序文を書けるというのですか？」

現在7版目である『タイポグラフィ』はこれまでに
9カ国語に翻訳され、6カ国で発行されている。
独・英・仏語、（トイフェン、1967年）、
スロベニア・クロアチア・独語（リュブリアーナ、
1977年）、英語（ニューヨーク、1981年）、
ロシア語（モスクワ、1982年）、スペイン・
ポルトガル語（バルセロナ、1983年）、韓国語
（ソウル、2001年）。

ルーダー・タイポグラフィとバーゼル・タイポ
グラフィ、チューリッヒ・タイポグラフィ、スイス・
タイポグラフィ、スイス・スタイル、インター
ナショナル・スタイルとの違いは何であるか？
これはしばしば尋ねられる質問であるが、
私は簡潔に答えよう。それは「実質性と継続性」
である。私はルーダーに、決してひとつの
スタイルに執着しない哲学と誠実さを見る。
「クリエイティブな制作者は、同時代のスタイルに
留意する必要はほとんどない。なぜなら彼は、
スタイルというものは、故意に創りだせるものでは
ないことを理解しているからだ。それは気付かぬ
うちに出来上がってくるもの、なのである。」

ルーダーのブックデザインにはルーダーの内面が
現れている。彼の本は、フォーマットにおいても、
デザインにおいても、書体の選択や扱い方
においても、ひとつとして同じものはない。彼の
ユニバース書体に対する好みはよく知られて
いるが、セリフ体の使用は知られていないようだ。
1955年は、バーゼル工芸博物館で開催された
「ムラノ島のガラス工芸」展のカタログはセリフ体
で組まれている。薬の歴史を書いた1963年の
『アスクレピオスの世界』もそうだ。2カ国語
並記におけるタイポグラフィへの、新しい論理的な
アプローチが見られる。

ル・コルビュジエの礼拝堂を紹介する本
『ロンシャンの1日』は1958年にフランスとスイス
で発行された、モダン・タイポグラフィの名作
である。それはバウハウスの重苦しさから解放
された、まったく新しいタイポグラフィだった。
当時のタイポグラフィに比べてあまりにも新鮮で
新しかった。私は初めてルーダーに会ったとき、
自分の作品を見てもらうつもりだった。彼の
答えはあっけなかった。「向こう側では、何を
やっているのかわかっているから。」向こう側、
すなわちドイツから私はやってきたのだった。
そこではある政党が「実験無用」という
スローガンを掲げていた。「実験無用」はタイポ
グラファのモットーでもあったらしい。ある
ドイツのデザイナーがこう語っている。「スイスから
本に似た物体がやってきた。本として許容できる
範囲を完全に越えている…。天の端ぎりぎりに
1行を、もう1行を地の端ぎりぎりに置き、
その間はだだっ広い白紙の空間…。われわれから
見ると、この種のタイポグラフィはバーゼル、
そして大先生エミール・ルーダー関係のものと
相場が決まっていた。」

Textbeginn
Marginalien (Randbemerkungen)
Fußnoten

Signatur und Kennwort

Bogenrücken-Signatur
(Staffelsignatur)

Im zeitgemäßen Buch kann auf eine
Betonung des Textbeginns verzichtet
werden.
Zur Auszeichnung des Textbeginns
sind folgende Möglichkeiten
gestaltet:
Vorschlag Motto Initiale

Marginalien sind Randbemerkungen
oder Erläuterungen, die neben den Text
auf den breiten Papierrand gestellt
werden. Sie sind 1-2 Grade kleiner als
die Textschrift, seitlich dem Text zu
oder nach links ausgeschlossen. Die
erste Zeile der Marginalie muß mit der
Textzeile auf die sie sich bezieht
Schriftlinie halten.

Fußnoten werden 1-2 Grade kleiner als
die Grundschrift gesetzt und in den
Satzspiegel eingerechnet.
Die Verbindung zwischen der Note und
der dazugehörenden Textstelle
vermittelt das Notenzeichen. Bei
wenigen Noten ist das Zeichen ein Stern,
*) oder *, bei vielen Noten eine
hochstehende Ziffer mit oder ohne
Klammer.
Der Notentext wird so durchschossen,
daß er der Grauwirkung des Grundtextes
entspricht.
Die Abtrennung vom Text erfolgt durch
eine Linie über die ganze Satzbreite
oder durch Blind material. Eine
Blindzeile ist nicht möglich.
Der Einzug in der Note ist in Punkten
derselbe wie im Text. Das Notenzeichen

kann frei in diesen Raum gestellt
werden.
Zahlreiche kurze Noten können
fortlaufend oder mehrspaltig gesetzt
werden.
Verteilung einer Note über 2 Seiten
Beginn des Notentextes unter der
Textzeile die das Notenzeichen enthält;
den Rest des Notentextes an den Fuß
der nächsten Seite.
Verteilung einer Note über mehr Seiten
Beginn des Notentextes unter der
Textzeile die das Notenzeichen enthält.
Auf der zweiten und den folgenden
Seiten oben 3-4 Zeilen Grundtext, dann
das Mitte mit Notentext füllen. Den
Rest des Notentextes an den Fuß der
letzten Seite.

Beide dienen dem Buchbinder zum
Prüfen der Reihenfolge der
zusammengetragenen Bogen. Ist das
Buch gebunden, haben Signatur
und Kennwort keine Bedeutung mehr.
In dem Unterschlag der ersten Seite
eines Bogens wird in 8-Punkt der
Grundschrift nach links eine Ziffer
ausgeschlossen (Prime), welche den
Bogen beziffert. Mit einem Geviert
Abstand folgt im selben Grad das
Kennwort, der Geschlechtsname des
Verfassers mit gekürztem Buchtitel.
Auf der 3. Seite des Bogens wird die
Seite, so müssen Prim und Kennwort
mit der Ziffer Schriftlinie halten.
Auf der 3. Seite des Bogens wird

die Ziffer wiederholt, begleitet von
einem Sternchen (Sekunde).

In der Mitte des Steges zwischen der
ersten und letzten Seite des äußeren
Bogens wird eine waagrecht
gestellte 2-Punktlinie von 8 Punkt Länge
gesetzt, die um Bogen zu Bogen
um die gleiche Distanz verschoben
wird. Dazu kann noch das Kennwort
gestellt werden. Die richtig
zusammengetragenen Bogen zeigen an
Buchrücken die Linie in regelmäßiger
Staffelung.

『ロンシャンの1日』の中の写真はグリッドに
従って水平にあるいは垂直にレイアウトされて
いる。モノタイプ・グロテスクで組んだテキスト、
写真の番号がノンブルの代わりとして機能し、
コラムに揃えてある。時間を超越したデザイン。
先述のドイツ人デザイナーは言う。「グリッド、
つまり予め決められたシステムに従ってページ上に
テキストや写真をアレンジすることは、もちろん
ルーダーの発明ではない。しかし、グリッドを
この上なく厳格に、徹頭徹尾一貫して、
全く妥協を許さず応用するのがルーダーであり、
彼の生徒たちである」。

これは、ルーダー時代のタイポグラフィへの
誤解である。無知な輩はいつもグリッドを、
否定的に語っていたが、グリッドは決してただ
機械的に使用されていたのではない。悪いのは
グリッドそのものではなく、その組み立て万、
使い方なのである。カール・ゲルストナーによる
ドイツの雑誌『キャピタル』のためのフレキシブル
（可変的）グリッドは、設計図ではかなり精妙で、
複雑なものに見えるが、最終的な応用展開
では予想もしなかった結果をもたらしている。

1960年にファロス社から出版された『庭・人・
遊び』に使われたシンプルなグリッドは、柔軟性に
富みリズミカルなバリエーションを見せている。
ルーダーはそれについて著書『タイポグラフィ』で
解説している。「本書は9個の正方形からなる
グリッドパターンに基づいて、写真とテキストが
配置されている。このパターンは、異なる
量のテキストや異なるサイズ・形の写真に形式的な
統一を持たせるための手段である。グリッド
パターンは最終結果では目立つべきではなく、
むしろ写真素材の豊かさやタイポグラフィの
重要性によって隠れてしまうべきものである」。

ルーダーは自然で率直なタイポグラフィの達人で
あり、モダニズム風、流行、中身空っぽの対極に
立っていた。私はエミール・ルーダーを日本の
茶の宗匠、千利休にたとえた。ハンス-ルドルフ・
ルッツはあるがままのルーダーを好んだ。
ハリー・ボラーはわれわれすべてが感じている
ことをうまく表してくれた。エミール・ルーダーは
先見性に富む思想家であり、優れた教師で
あった…、と。

ルーダーの教え方はダイナミックで、人を
楽しませ、ウィットや逸話や批判に富んでいた。
彼の書籍デザインについての講義で、私は
メモを取り、整理し、そしてドイツの職場での自由
時間に活字で組んでみた。「書籍デザインは
内側からスタートして外側に向かう、ちょうど家が
内側から外側に向かって計画されるように…」

世間で評されているのとは反対に、ルーダーは
教条主義者ではなく、生徒を褒め、支えながら
導く教師であった。「それ、なかなか良く
できているね」が彼の承認の言葉であった。
彼はタイポグラフィは文字から始まるのだという
ことを説明するために、よく金属活字を持ち
歩いていた。「現代のタイポグラフィは本来、
インスピレーションの閃きや人目を引くアイデアに
基づくものではなく、フォルムの持つ本質的な
法則を把握すること、全体を関連づけて考える
ことに基づくものである。そうすることで
一方では堅さや単調さを、他方では根拠のない
独断的な解釈を避けることができるのだ。」

バーゼル・スクールから生まれたタイポグラフィは
多方面で反論にあった。私と同じ学校の
近くのヴェットシュタイン通りに住んでいた
チヒョルトは絶えずあら探しをしていた。1958年
に彼は書いている。「今日のサンセリフ・タイポ
グラフィの試みは当時26才だった筆者の初期の
本に基づいている…。今ではバーゼルや
スイス全土でアシンメトリー・タイポグラフィが
氾濫して、人々は辟易している」。これは
タイポグラフィの発達についての無知を曝けだす、
尊大なコメントである。

1961年ルーダーは、スイスのアドリアン・
フルティガーのデザインによる新しい書体
ユニバースを紹介するTM特集号をデザインした。
ユニバース55の3サイズを使い、ページあたりの
テキストを読みやすい量に減らして、ルーダーは
モダンクラシック・タイポグラフィに到達し、
ここにおいてサンセリフ体に市民権を与えた。
アクチデンツ・グロテスクを使った「秩序のタイポ
グラフィ」の後、ユニバースを使ったルーダーの
タイポグラフィは洗練され、軽やかになって、
（チューリッヒとウルムの）スイス・デザインは重く、
古びて見えるようになった。

1967年に発行されたマリアン・ベリー著の
現代のメルヘン『バーゼルの小鳥たち』は、重さを
まったく感じさせない自然なタイポグラフィで
デザインされている。テキストはユニバース45で
組まれ、繊細なイラストレーションとよく調和
している。

ブリギッテ・メングの詩集『君は影を感じるか？』は
質素と優美のタイポグラフィである。
ユニバース55の1サイズで組まれ、グレーで
印刷されている。ジャケットカバーも同様だ。
ファロス社のハンス・ルドルフ・シュワーベは、私が
『バーゼルへの道』制作中に同書を送ってくれた。
添えられていた彼の手紙を、ぜひここで紹介
したい。「ブリギッテ・メングの原稿を見たとき、
実にすばらしいと思いました。しかし、詩集は
まったく採算がとれないことを彼女に告げ
なければなりませんでした。私は以前仕事を共に
したことがあり、学生時代からの知り合いである
エミール・ルーダーを訪ねました。どうすべきか、
という私の質問に対して、ルーダーはさっさと
デザインにとりかかり、そうして出来上がったのが
この本です。本は完売しました。残念ですが、
と今では言いたいところですが…」

ルーダーは1965年に工芸専門学校校長と
工芸博物館館長に選任されたのち、バーゼル工芸
博物館の出版するデザイン・工芸についての
冊子シリーズに着手した。また1969年、
ヴェロニク・フィロゾフのペン画による2カ国語の
本『死の舞踏』のデザインに取りかかる（彼は
同作家のドローイングを使って1964年に
『フォーゲル・グリフ』をデザインしている）。
ドイツ語は活字で組まれ、フランス語には手書き
を使い、テキストとドローイングはコラムの
ベースに揃えてある。手書きと印刷の明瞭な
違いにルーダーは常に深い関心を寄せていた。
彼の最後の作品となったこの本で、彼は
そのテーマを見事に表現した。『死の舞踏』は
1976年、エミール・ルーダーの死後6年を
経て出版された。

ルーダーが水晶のように澄んだタイポグラフィで
創作した書物の数々は人知れず輝いている
宝石である。内側からデザインされたこれらの
書物は、時間を超越したタイポグラフィ、ルーダー・
タイポグラフィであり、選ばれた朝顔なのである。

010−012ページ:
ルーダーの授業で取ったメモを
ブルガー印刷にて
ヘルムート・シュミットが組んだもの
1961年

Page 010−012:
Notes from Ruder's lecture
typeset by Helmut Schmid at
Burger Druck.
1961

Emil Ruder

1914	Born in Zürich, March 20
1929–33	Apprenticeship as compositor
1938–39	Studied in Paris. French language diploma.
1939–41	Akzidenzfaktor at Fachverlag in Zürich.
1941–42	Student at the Zürich Kunstgewerbeschule, class for type composition and letterpress printing. Studied under Alfred Willimann and Walter Käch.
1942	Appointed full-time teacher of typography at Allgemeine Gewerbeschule Basel (AGS).
1947	Head of department 3 of AGS Basel [department of apprentices in applied arts]
1947	**Initiated the specialized class for letterpress printing** (Tagesfachklasse für Buchdruck). Head of this class.
1948	Head of the Basel group of the Swiss Werkbund (SWB).
1950	Married Ingeborg Susanne Schwarz, October 18
1951	First son Martin is born, September 26
1954	Second son Daniel is born, April 9
1956	**Initiated the typography course for (three) selected students** (Gestaltungsklasse für Typographie).
1956	Member of the jury 'Die gute Form' [good design] at the Swiss Industries Fair, Basel (Mustermesse Basel).
1956	Member of the Central Committee of the Swiss Werkbund (as successor to Georg Schmidt).
1958	Member of the Managing Committee of the SWB.
1959	Swiss national representative at the ATypI (Association Typographique Internationale).
1961	Member of the Federal Commission for Applied Art (as successor to Berthold von Grünigen).
1961	Artistic adviser to the Swiss Post Office, stamps department.
1962	Cofounder of the International Center for Typographic Arts (ICTA), New York.
1965	Director of Allgemeine Gewerbeschule Basel and the Basel Gewerbemuseum [Basel Arts and Crafts Museum].
1966	Second chairman of the Swiss Werkbund
1967	Published *Typographie* at Niggli Verlag, Teufen
1968	**Initiated the International Advanced Program for Graphic Design with Armin Hofmann** (Weiterbildungsklasse für Graphik).
1970	Died in Basel, March 13

エミール・ルーダー略歴

1914	3月20日、チューリッヒに生まれる
1929–33	植字工見習い
1938–39	パリ留学、フランス語修得
1939–41	チューリッヒの出版社にて端物印刷職工長
1941–42	チューリッヒ美術工芸学校活字組版印刷専科 アルフレッド・ヴィリマン、ヴァルター・ケーヒの下で タイポグラフィを学ぶ
1942	バーゼル工芸専門学校の 常勤タイポグラフィ教師に任命される
1947	バーゼル工芸専門学校 見習い工のための応用美術科主任
1947	印刷専科を創設、同科主任となる
1948	スイス工作連盟（SWB）バーゼル支部長となる
1950	10月18日、インゲボルク-スザンネ・シュヴァルツと結婚
1951	9月26日、長男マーティン誕生
1954	4月9日、次男ダニエル誕生
1956	選ばれた学生（3人）のためのタイポグラフィ特別コースを創設
1956	バーゼルのスイス工業見本市における 「ディ・グーテ・フォルム」審査員
1956	スイス工作連盟の中央委員会委員 （ゲオルク・シュミットの後任として）
1958	スイス工作連盟の運営委員会委員
1959	ATypI（国際タイポグラフィ協会）スイス代表
1961	応用美術連邦委員会委員 （ベルトルト・フォン・グリュニゲンの後任として）
1961	スイス郵便・電話・電信局、切手制作部美術アドバイザー
1962	ニューヨークのタイポグラフィック・アート 国際センター（ICTA）の共同設立者
1965	バーゼル工芸専門学校校長 および工芸美術博物館館長となる
1966	スイス工作連盟会長次席となる
1967	トイフェンのニグリ社より『タイポグラフィ』を出版
1968	グラフィック・デザイン国際高等課程を アーミン・ホフマンとともに創設
1970	3月13日、バーゼルにて死去

Publications by Emil Ruder

1944	TM	10	**Typographie aus den Fachklassen für Typographie**
1945	TM	3/4	Die Schriftprobe
1946	BDK		Über die typographische Gestaltung
	TM	12	Schriftschreiben
1947	TM	3	**Gesetzte elementare Ornamente**
1948	TM	11/12	**Durchgestaltung von Drucksachen**
	AGS D		**Farbenlehre für Buchdrucker**
	SGM	1, 4, 7	Farbenlehre für Schriftsetzer
1949	TM	10	Abdruck von Röslein und Zierarten
1950	TM	1	**Kleine Stilkunde**
1951	SGM	4	**Buchtypographie**
	RSI	11/12	Petit apercu sur les styles
1952	TM	2	**Sondernummer Basel Typographie**
			Von Teetrinken, Typographie, Symmetrie und Asymmetrie
			Zur Bauhaus Typographie
			Typokompositionen. Ein Versuch
	W	39	Adrian Frutiger: Schrift / Ecriture / Lettering
1953	TM	6/7	Garamond- Schriftprobe
1954	AGS D		**Kleine Stillehre der Moderne**
	TM	3	Kleine Stillehre der Moderne
	F+T	4	Das Zeitungsinserat
	F+T	10	Wege zur Form
1955	TM	1, 3	Vorbildliche Werbung einer Grossfirma
	TM	5	Univers, eine Grotesk von Adrian Frutiger
1956	TM	8/9	Spielerisches
	F+T	3	Familiendrucksachen
1957	TM	3	Wesentliches: Die Fläche
	TB		Die Buchdruckabteilung an der Allgemeinen Gewerbeschule Basel
	W	2	Edward Johnston: Schreibschrift, Zierschrift und angewante Schrift
	W	7	Emil Kretz: Das Buch als Gebrauchsform
	W	8	Lausanne: Graphic 57
1958	TM	6/7	**Univers 55, Probeschnitt, Corps 12**
	TM	1	Wesentliches: Die Linie
	TM	10	Wesentliches: Das Wort
	W	12	Raymond A. Ballinger: Layout
1959	TM	6/7	**Sondernummer integrale typographie**
			Zur Typographie der Gegenwart (g, f)
	TM	4	Wesentliches: Der Rhythmus
	G	85	Ordnende Typographie (g, e, f)
	NG	2	Univers. Eine neue Grotsk von Adrian Frutiger (g, e, f)
1960	GM B		Typographie als Mitteilung und Form
1961	TM	1	**Sondernummer Univers**
			Univers and contemporary typography (g, e, f)
	GM B		Typographie und Bucheinband
1962	TM	1	Ein ungewöhnliches Jubiläumsbuch
1964	TM	4	Walter Käch in Dankbarkeit
	TM	8/9	**Sondernummer Ausbildung**
			Schriftsetzer, Typograph, typographischer Gestalter?
			Experimentelle Typographie
			Gestaltungsklasse für Typographie an der AGS Basel
1966	TM	11	Sondernummer Lichtsatz. Einführung
1967	TM	1	**Typographie.** Ein Gestaltungslehrbuch (g, e, f)
	TM	10	20 Jahre Buchdruckfachklasse der AGS
1970	G	146	Kunstgewerbeschule Basel (g, e, f)

AGS D	AGS Druck
GM B	Gewerbemuseum Basel
TM	Typographische Monatsblätter
SGM	Schweizer Graphische Mitteilungen
RSI	Revue Swiss de l'Imprimerie
BDK	Schweizer Buchdrucker Kalender
TB	Typographia Basel
G	Graphis
NG	Die Neue Grafik
F+T	Form und Technik
D	Druckspiegel
W	Werk

german, english, french (g, e, f)

Lehrziel für den typographischen Unterricht an der AGS,
Allgemeine Gewerbeschule Basel

Anstrebung einer Typographie als Ausdruck unserer Zeit.
Ablehnung von Schematismus und blosser Nachahmung vergangener Epochen der Typographie.
Das Gefühl für Materialechtheit und Materialehrlichkeit als Grundlage jeder typographischen Gestaltung.
Hinführen zu einem intensiven Erleben von Farbe und Form.
Typographie in enger Verflechtung mit allen Erscheinungen unserer Zeit:
Graphik, Malerei, Musik, Literatur, Gesinnung

Emil Ruder
1942

Aims for the teaching of typography at the AGS,
Allgemeine Gewerbeschule Basel

To strive for a typography as an expression of our time.
Rejection of formalism and mere imitation of earlier epochs in typography.
The feeling for material authenticity and material honesty
as the basis of every typographic design.
To encourage an intensive experience of colour and form.
To bond typography with other disciplines of our time:
graphics, painting, music, literature and attitude.

Emil Ruder
1942

バーゼル工芸専門学校（AGS）におけるタイポグラフィ教育の目標

わたしたちの時代の表現としてのタイポグラフィの追求。
タイポグラフィにおける形式主義や過去の成果の単なる模倣の排除。
あらゆるタイポグラフィック・デザインの基礎としての、素材の本質と誠実さに対する感性。
カラーとフォルムの徹底的体験への指導。
わたしたちの時代のあらゆる事象、すなわちグラフィック、絵画、音楽、
文学、思考法と密接に絡み合うタイポグラフィ。

エミール・ルーダー
1942年

Emil Ruder
Typography from the classes of
composition at AGS Basel
TM 10.1944, 16 pages

Today's task is not to expound on the
organisation and curriculum of our
college; instead various assignments,
the products of our teaching activi-
ties, have been collated. Rather than
to merely represent what is on the
timetable, it seemed to us more
important to give an impression of
diversity and for this reason creations
from the most different of fields
are displayed: script writing, type
arrangement and linocut.

There has already been so much of
excellence written from authoritative
sources on the pedagogical and
artistic merit of script writing that one
need not elaborate further here.
The two written pages which are
presented have been modelled on old
examples; the new writer senses the
immense expressive power of the
individual letter and of the surround-
ing area beckoning from those far off
days of calligraphic wonders ...

Our endeavours are primarily direc-
ted at those script forms which along-
side Gothic – frequently referred
to as 'art script'– are today once again
being recognised and credited for
their full beauty: Roman Quadrata,
Rustica, Uncial and Half-uncial,
and so on.

If a cabaret programme is placed
next to a story by Hesse, the technical
next to the fashionable, then this is
intended. Thus can be shown how the
working process is indebted to the
spirit of the particular assignment,
making typographical disputes such
as those regarding symmetry versus
asymmetry or questions of style
superfluous. And it goes without
saying that an impression of vitality
and of variety is achieved by typo-
graphic means, and that the beauty
of a letter and its relationship to word
and space remain at the beginning
and at the centre of design.

エーミール・ルーダー
バーゼル工芸専門学校組版専科のタイポグラフィ
TM 1944年10号

今日の課題は、我々の学校組織や学習計画を
拡張することではない。むしろ、授業活動において
創り出されたさまざまな作品を収集、展示する
ことである。カリキュラムを示すよりも、筆書、組版、
リノカット彫版といった授業の成果を提示する
ことで、我々の教育活動の多様さを伝えることが、
より重要であると思われるのだ。

書字の教育的、技芸的な価値については専門家
からの優れた解説が多くあるため、ここでは
簡潔に述べるにとどめたい。以下に続く2ページは、
古典の文字を手本にして書かれたものである。
この書き手は筆写を通じて、遙かむかしの筆書
黄金期に書かれたひとつひとつの文字、
および紙面全体が発する力強い表現力が感じ
取るのだ…。

私たちが取り組んだのは、しばしば「書字の
芸術」と称されるゴシック期の文字のほか、今日
ふたたびその美しさを認められ再評価されて
いるクアドラータ体や、ルスティカ体、アンシアル
体、ハーフ・アンシアル体などである。

この記事中においては意図的に、ヘッセの小説
の隣にキャバレーの出し物プログラムが、
ファッションに関するものの隣に技術に関する
ものが併置して掲載されている。こうすることで
それぞれの仕事が、シンメトリー対アシンメトリーと
いったタイポグラフィ上の議論や表層的スタイル
ではなく、デザインする対象そのものの精神性
から立ち上がることがよく示されるのだ。多様な
感覚や活き活きとした感覚がタイポグラフィを
通じて表され、文字の美しさ、文字と単語と紙面の
関係がデザインの出発地点であり中心になって
いることは、いうまでもない。

Es ist für heute nicht die Aufgabe, den Aufbau und den Lehrplan unserer Schule vor den werten Kollegen auszubreiten (dazu bietet sich bestimmt später einmal Gelegenheit), vielmehr sind verschiedene aus dem Unterrichtsbetrieb hervorgegangene Arbeiten zu diesen sechzehn Seiten zusammengetragen worden. Wichtiger als das Aufzeigen des Planmäßigen schien uns der Eindruck des Vielfältigen, weshalb Arbeiten aus den unterschiedlichsten Gebieten gezeigt werden: Schriftschreiben, Satzgestaltung und Linolschneiden.

Über den erzieherischen und künstlerischen Wert des Schriftenschreibens wurde von berufenerer Seite schon so Vortreffliches geschrieben, daß man sich hier kurz fassen kann. Die zwei gezeigten Schriftseiten sind alten Vorbildern nachgeschrieben; der Nachschreibende ahnt die gewaltige Ausdruckskraft des Einzelbuchstabens und der Gesamtfläche aus jenen fernen Tagen der Schriftherrlichkeiten. Ein im Geist der römischen Quadrata geschriebenes Werkchen wird, trotzdem das geschriebene Buch schon längst durch die Typographie abgelöst wurde, doch zu einer Quelle der Freude für Schüler und Lehrer. Unsere Bemühungen gelten vor allem jenen Schriftformen, die neben der oft allein als «Kunstschrift» bezeichneten Gotisch gerade heute wieder in ihrer vollen Schönheit erkannt und geschätzt werden: Quadrata, Rustika, Unziale, Halbunziale usf. Wenn in der Akzidenzbeilage ein Kabarettprogramm neben einer Erzählung von Hesse steht, Technisches neben Modischem, so ist das beabsichtigt. Dadurch kann gezeigt werden, wie aus dem Geist jeder einzelnen Arbeit heraus gearbeitet wird, und typographische Streitfragen wie, symmetrisch oder asymmetrisch, oder in welchem Stil gearbeitet werden soll, erübrigen sich. Dabei ist es selbstverständlich, daß der Eindruck der Lebendigkeit und der Vielfalt mit typographischen Mitteln erreicht wird und daß die Schönheit des Buchstabens, seine Verwendung zu Wort und Fläche Ausgang und Mittelpunkt der Gestaltung bleibt.

Der Drang, sich auch bildlich mitzuteilen, ist uralt und verständlich. Der graphisch geschulte Setzer findet daher in der Technik des Linolschnittes die Möglichkeit der Bildgestaltung, die ihm unser strenges Satzmaterial verweigert. Der zeichnerisch weniger begabte Kollege aber wird auf diesem Weg nicht immer erfolgreich sein, ihm verschafft das Schneiden von Schrift weit größere Befriedigung. Die Erziehung zu technischer Sauberkeit wird zudem im Bilderschnitt erschwert, denn eine Abweichung von der Vorzeichnung ist nicht immer zu kontrollieren. Die in der Beilage gezeigten ersten zwei Übungen erziehen zu unbedingter sauberer Technik. Das kleinste Abweichen von diesen Elementarformen wird sichtbar; die Aufgabe, aus den drei Grundformen Kreis, Quadrat und Dreieck eine Komposition zu schaffen, schult überdies das graphische Empfinden. Über diese Vorübungen gelangen wir zum geschnittenen Buchstaben und weiter zur geschnittenen Zeile oder Seite. Das Fernhalten aller technischen Feinheiten, die dem Holzschnitt oder dem Klischee überlassen werden sollen, das Bejahen des Linols als Träger breiter Flächen erwecken den Sinn für das Materialgemäße. So wird uns diese schöne Technik zu einer wertvollen Hilfe auf dem unerschöpflichen Felde der Satzgestaltung. EMIL RUDER, BASEL

First page and two spreads from Emil Ruder's first article in the Swiss printing journal, *Typographische Monatsblätter.* 230 x 310 mm TM 10.1944, 16 pages

スイスの印刷専門誌ティポグラフィシェ・モーナツブレッテル（TM）に初めて掲載されたエミール・ルーダーの記事より、最初のページと2見開き。TM 1944年10号

FELICESOPERVMQVINIAMIVGEPALLIDVSTIORCVS
EVMENIDESQVESATAEIVMPARTVTERRANEFANDO
COEVMQVELAPETVMQVECREATSAEVOMQVETYPHOEA
ETCONIVRATOSCAELVMRESCINDEREFRATRES
TERSVNICONATIINPONEREPELLOOSSAM
SCILICETATQOSSAEFRONDOSVMINVERTEREOLYMPVM
TERPATEREXTRVCTOSDISIECITFVLMINEMONTIS
SAEPTIMAPOSTDECIMAMFELIXETPONEREVITEM
ETPRENSOSDOMITAREBOVESETLICEATELAE
ADDERENONAFVGAEMELIORCONTRARIAFVRTIS
MVLTAADEOGELIDAMELIVSSENOCTEDEDERE
AVTCVMSOLENOVOTERRASINRORATEOVS
NOCTELEVESMELIVSSTIPVLAENOCTEARIDAPRATA
TONDENTVRNOCTESLENTVSNONDEFICITVMOR
ETQVIDAMSEROSTIBERNLADIVMINISIGNES
PERVIGILANTFERROQVEFACESINSPICATACVTO
INTEREALONGVMCANTVSOLATALABOREM
ARGVTOCONIVNXPERCVRRITPECTINETELAS
AVTDVLCISMVSTIVVLCANODECOQVITVMOREM
ETFOLIISVNDAMTEPIDIDESPVMATAENI
ATRVBICVNDACERESMEDIOSVCCIDITVRAESTV
ETMEDIOTOSTASAESTVTERITAREAFRVGES
NVDVSARASERENVDVSTIEMPSIGNAVACOLONO

[Two pages of medieval calligraphic manuscript text in Latin, written in Gothic script]

The two pages are written after old originals. The transcriber can feel the enormously rich force of expression of the individual letter and of the entire area from those distant days of the script splendour ...

Emil Ruder

古いオリジナルを筆写した手書きの
2ページ。筆写することによって、個々の文字の、
そして紙面全体のきわめて豊かな表現力を
感じることができよう、筆書が輝きを放っていた
遠い昔の...

エミール・ルーダー

Narziß und Goldmund

Erzählung von Hermann Hesse

Hesse : Narziß und Goldmund

S.Fischer-Verlag · Berlin

auf ihre Blätter warten, trieb dann um die Zeit der kürzesten Nächte aus den Blattbüscheln die matten, weißgrünen Strahlen ihrer fremdartigen Blüten empor, die so mahnend und beklemmend herbkräftig rochen, und ließ im Oktober, wenn Obst und Wein schon geerntet war, aus der gilbenden Krone im Herbstwind die stacheligen Früchte fallen, die nicht in jedem Jahr reif wurden, um welche die Klosterbuben sich balgten und die der aus dem Welschland stammende Subprior Gregor in seiner Stube im Kaminfeuer briet. Fremd und zärtlich ließ der schöne Baum seine Krone überm Eingang zum Kloster wehen, ein zartgesinnter und leicht fröstelnder Gast aus einer anderen Zone, verwandt in geheimer Verwandtschaft mit den schlanken sandsteinernen Doppelsäulchen des Portals und dem steinernen Schmuckwerk der Fensterbogen, geliebt von den Welschen und Lateinern, von den Einheimischen als Fremdling begafft.

Unter dem ausländischen Baume waren schon manche Generationen von Klosterschülern vorübergegangen; ihre Schreibtafeln unterm Arm, schwatzend, lachend, spielend, streitend, je nach der Jahreszeit barfuß oder beschuht, eine Blume im Mund, eine Nuß zwischen den Zähnen oder einen Schneeball in der Hand. Immer neue kamen, alle paar Jahre waren es andere Gesichter, die meisten einander ähnlich: blond und kraushaarig. Manche blieben da, wurden Novizen, wurden Mönche, bekamen das Haar geschoren, trugen Kutte und Strick, lasen in Büchern, unterwiesen die Knaben, wurden alt, starben. Andere, wenn ihre Schüler-

6

jahre vorbei waren, wurden von ihren Eltern heimgeholt, in Ritterburgen, in Kaufmanns- und Handwerkerhäuser, liefen in die Welt und trieben ihre Spiele und Gewerbe, kamen etwa einmal zu einem Besuch ins Kloster zurück, Männer geworden, brachten kleine Söhne als Schüler zu den Patres, schauten lächelnd und gedankenvoll eine Weile zum Kastanienbaum empor, verloren sich wieder. In den Zellen und Sälen des Klosters, zwischen den runden schweren Fensterbogen und den strammen Doppelsäulen aus rotem Stein wurde gelebt, gelehrt, studiert, verwaltet, regiert; vielerlei Kunst und Wissenschaft wurde hier betrieben und von einer Generation der anderen vererbt, fromme und weltliche, helle und dunkle. Bücher wurden geschrieben und kommentiert, Systeme ersonnen, Schriften der Alten gesammelt, Bilderhandschriften gemalt, des Volkes Glaube gepflegt, des Volkes Glaube belächelt. Gelehrsamkeit und Frömmigkeit, Einfalt und Verschlagenheit, Weisheit der Evangelien und Weisheit der Griechen, weiße und schwarze Magie, von allem gedieh hier etwas, für alles war Raum; es war Raum für Einsiedelei und Bußübung ebenso wie für Geselligkeit und Wohlleben; an der Person des jeweiligen Abtes und an der jeweils herrschenden Strömung der Zeit lag es, ob das eine oder das andere überwog und vorherrschte. Zuzeiten war das Kloster berühmt und besucht wegen seiner Teufelsbanner und Dämonenkenner, zuzeiten wegen seiner ausgezeichneten Musik, zuzeiten wegen eines heiligen Vaters, der Heilungen und Wunder tat, zu

7

Type arrangement of half title, title page and spread page for *Narcissus and Goldmund*, novel by Hermann Hesse.

ヘルマン・ヘッセの小説『知と愛』のための組版構成。前扉ページ、扉ページ、見開き。

Gerade Linie: Straffheit, Ruhe.

Hängende Bogen: Leichtigkeit.

Steigende Bogen: Gespanntheit.

Flache Wellen: Sanfte Bewegung.

Hohe Wellen: Lebhafte Bewegung.

Überstürzende Wellen: Stürmische Bewegung.

Rechtwinklige Knicke: Steife, eckige Bewegung.

Zickzack-Linie: Stoßende Bewegung.

Gleichbleibende Linienstärken.

Anschwellende Linie.

Ausklingende Linie.

Anschwellende und ausklingende Linie.

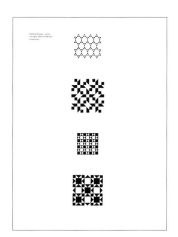
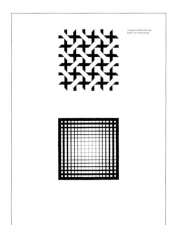
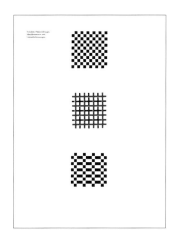
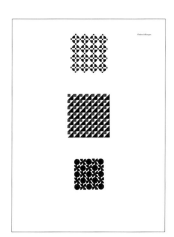

Emil Ruder
Set elementary ornaments
TM 3.1947, 16 pages

エミール・ルーダー
要素的な装飾を組む
TM 1947年3号、16ページ

The works have been collected from basic shapes of circle, triangle, square and line. It was not intended to describe a history of the ornament. The compositor should get familiar with the countless application possibilities of this simplest typographic material.

The samples are not intended to serve as pattern for the creative colleague, instead he will find the incentive to new, never ending variations. Against the accusation of time and material wasting (Spielereien), this work stands against such accusations. After sketching on a 6 point grid paper, the typesetting of such ornaments is easy to handle. The acquisition of elementary forms in 6 and 12 point is for any print shop financially bearable. The material is not subversive to fashionable trends and looks always current and fresh.

円、三角形、四角形、線という基本要素
活字から作られた装飾を紹介したい。ここでは
装飾の歴史を示すことは意図していない。
植字工は、これらの極めて単純なタイポグラフィ
素材の無数の用法に、精通すべきである。

創意ある植字工は、これらのサンプルを
そのまま使用するためのパターンとしてではなく、
新しく、無限のバリエーションへの刺激と
感じるだろう。時間と材料の浪費だ（お遊びだ）
という批判に対し、本作は異を唱えるものだ。
6ポイントのグリッド用紙で下図を描けば、
このような装飾を扱うことは容易であるし、
どのような印刷所でも6ポイントと12ポイントの
基本要素活字を購入することは経済的に
可能である。これらの材料は流行に左右され
ないし、つねに現代的で新鮮な感じを
与えるものだ。

It will be the objective of any firm which advertises with deliberation and prudence to produce its printed matter in a uniform design, however different it may be in format, paper and purpose. The decisions regarding signet, letterhead, colours and overall design should not be taken lightly, but must be the subject of thorough consideration. The conclusions reached are to have an impact for years to come, for this is the only way in which a company's image will imprint itself upon the customer's memory ...

Emil Ruder
Unified design of printed matter
TM 11/12.1948

思慮深い賢明な会社なら、フォーマット、用紙、さまざまな印刷物を
統一されたデザインにすべきである。シンボル、ロゴタイプ、カラーの使用、全体のデザインは、
安易に決定せず、徹底的に検討されなければならない。
そこで決定されたデザインは、長期にわたって使用されるべきである。
なぜならこの方法でのみ会社のイメージは顧客の心に残るのであるから…。

エミール・ルーダー
社用印刷物のデザインの統一
TM 1948年11/12号

HUG CO   Basel, Freiestraße 70a und Kaufhausgasse 18

Telephon 2 88 64, Postscheckkonto V 780, Telegrammadresse Musikhug.   Das Haus für Musik. Pianos, Flügel, Musikalien, Grammophone,

Platten, Radios, Streich- und Blasinstrumente. Fabrikations- und Reparaturwerkstätten. Studio für Plattenaufnahmen. Meisterviolinen. Geigenbau.

Ihr Zeichen   Ihre Nachricht vom   unser Zeichen   Datum

Durchgestaltung von Drucksachen.

Es wird das Bestreben jeder überlegt und klug werbenden Firma sein, ihre in Format, Papier und auch Verwendung unterschiedlichen Druck-sachen in einheitlicher Gestaltung durchzuführen. Die Wahl des Signetes, der Firmazeile, der Farben und der gesamten Gestaltung darf nicht leichtfertig getroffen werden, sondern muss gründlich erwogen werden. Die dabei beschlossene Lösung soll auf Jahre hinaus Geltung haben, denn nur so wird sich das Bild der Firma dem Kunden einprägen. Aus der Werkstatt der Tagesfachklasse für Buchdruck an der Allgemeinen Gewerbeschule Basel zeigen wir auf diesen 8 Seiten die Drucksachen-Durchgestaltung zweier Firmen, einmal mit Firma-zeile und einmal mit Signet. Aus dem grossen Drucksachenbedarf einer solchen Firma zeigen wir Geschäftsbrief A4, Rechnung A4, Geschäftsbriefblatt A5 hoch, Geschäftskarte A6 und Fensterbrief-umschlag C6/5. Die nicht ausgeführten Arbeiten, wie Fortsetzungs-blatt A4, Geschäftspostkarte A6, Briefumschlag C6 sollen von der einheitlichen Gestaltung selbstverständlich ebenfalls erfasst werden.

Emil Ruder, Basel.

Business card:

HUG & CO   Das Haus für Musik

Pianos, Flügel, Musikalien, Streich- und Blasinstrumente, Radios, Fabrikations- und Reparaturwerkstätten. Grammophone, Platten, Studio für Plattenaufnahmen. Meister-violinen. Geigenbau.   Basel, Freiestrasse 70a, Kaufhausgasse 18, Telephon 2 88 64.

Letterhead:

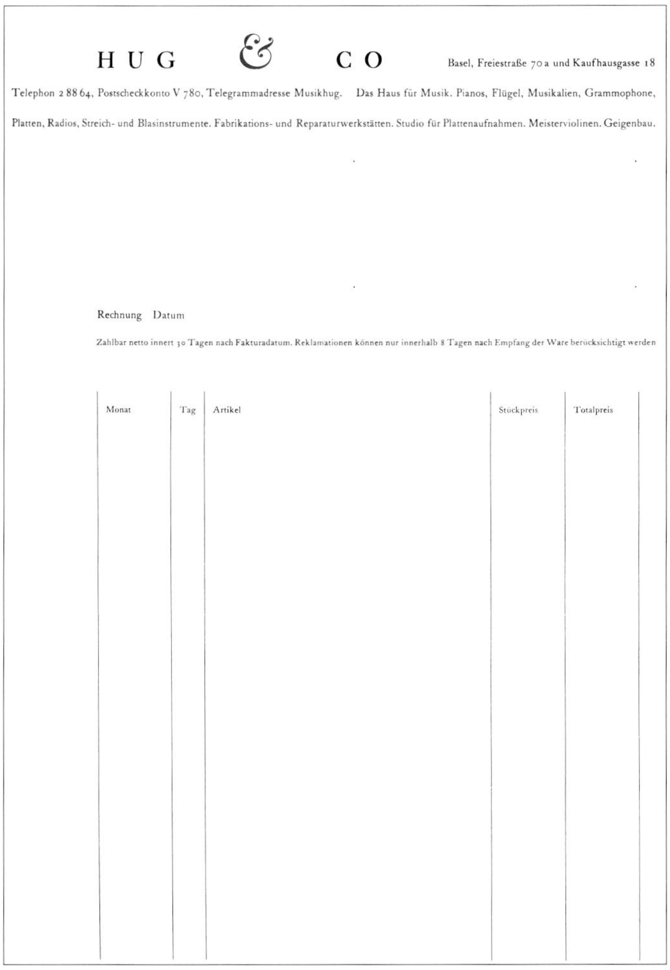

HUG & CO   Basel, Freiestraße 70 a und Kaufhausgasse 18

Telephon 2 88 64, Postscheckkonto V 780, Telegrammadresse Musikhug.   Das Haus für Musik. Pianos, Flügel, Musikalien, Grammophone,

Platten, Radios, Streich- und Blasinstrumente. Fabrikations- und Reparaturwerkstätten. Studio für Plattenaufnahmen. Meisterviolinen. Geigenbau.

Rechnung   Datum

Zahlbar netto innert 30 Tagen nach Fakturadatum. Reklamationen können nur innerhalb 8 Tagen nach Empfang der Ware berücksichtigt werden

Monat	Tag	Artikel	Stückpreis	Totalpreis

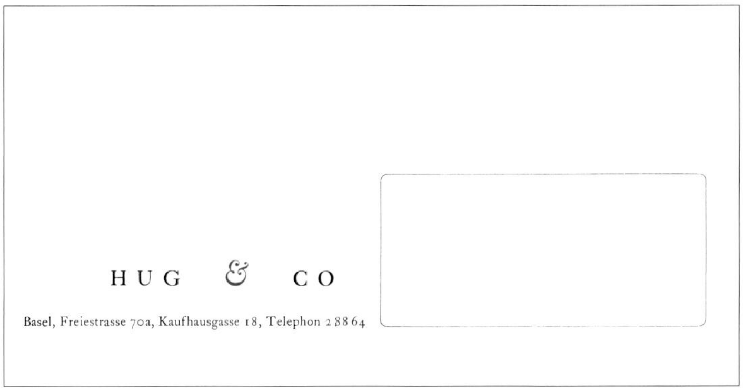

Envelope:

HUG & CO

Basel, Freiestrasse 70a, Kaufhausgasse 18, Telephon 2 88 64

Letterhead, invoice, business card and envelope for Hug & Co, Basel.
210 x 297, 148 x 105, 220 x 113 mm
1948

バーゼルの Hug & Co 社のレターヘッド、
請求書、カード、封筒。
1948年

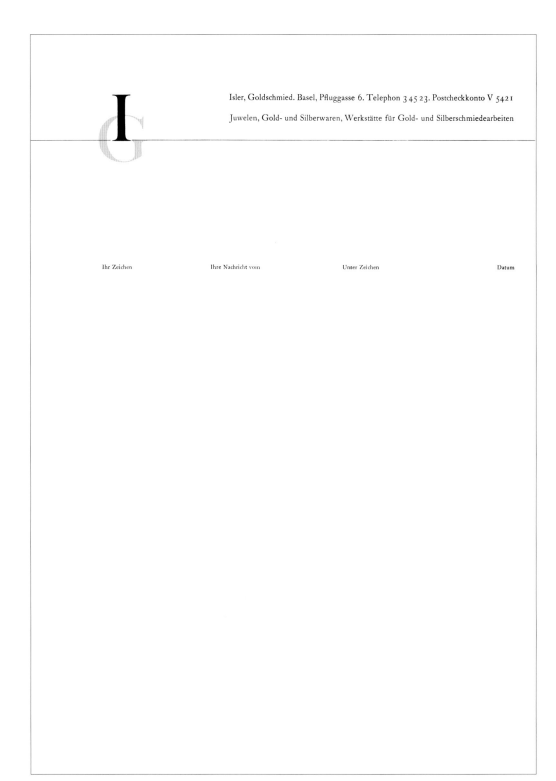

Isler, Goldschmied. Basel, Pfluggasse 6. Telephon 3 45 23. Postcheckkonto V 542 1

Juwelen, Gold- und Silberwaren, Werkstätte für Gold- und Silberschmiedearbeiten

Ihr Zeichen · Ihre Nachricht vom · Unser Zeichen · Datum

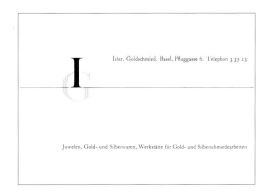

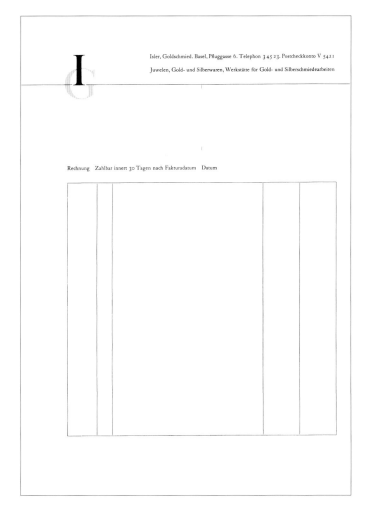

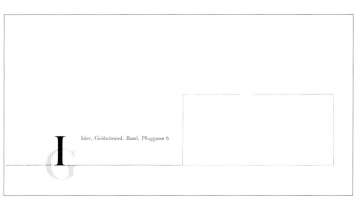

Letterhead, invoice, business card
and envelope for Isler Goldschmied,
gold- and silverware smithy.
210 x 297, 148 x 105, 220 x 113 mm
1948

イスラー金銀細工工房のレターヘッド、
請求書、カード、封筒。
1948年

Colour is the means,
to make a direct
influence on the soul.
Colour is the key.
The artist is the hand,
which brings through this
or that key reasonable
vibration into
the human soul.

Kandinsky

色は直接心に
働きかける手段である。
色は鍵盤だ。
芸術家は、あれやこれやの
鍵盤をたたいて
人の心に心地よい
バイブレーションをもたらす
手なのだ。

カンディンスキー

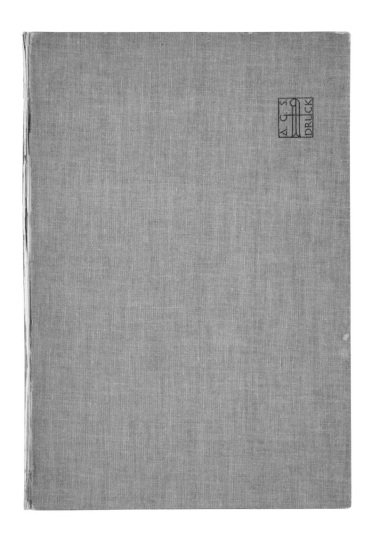

Farbenlehre für Buchdrucker

色は直接心に
働きかける手段である。
色は鍵盤だ。
芸術家は、あれやこれやの
鍵盤をたたいて
人の心に心地よい
バイブレーションをもたらす

Farbenlehre für Buchdrucker
[colour guide for letterpress printers]
Symbol AGS Druck: Armin Hofmann
210 x 297 mm, 48 pages
1948

Cover, title page, spread and single pages. An attempt to show the psychological, spiritual and emotional effect of colour and its possibilities for creative typesetters to enrich their daily work. Typeset and printed by the Fachklasse für Buchdruck under the direction of the teachers for typography and printing, under Emil Ruder and Karl Braunschweig.

『印刷工のための色彩ガイド』
AGS Druck マーク:アーミン・ホフマン
1948年

表紙、扉ページ、見開き。創意ある植字工が、日常の仕事を質的に高めるために、色彩のもつ心理的、精神的、感情的効果と、その可能性を学ぶための試み。AGSの印刷専科の学生が、タイポグラフィの教師エミール・ルーダーと印刷の教師カール・ブラウンシュヴァイクの指導のもとで組版、印刷した。

CASLON ANTIQUA

A B C D E F G H I K L M N

O P Q R S T U V W X Y Z

Colour and sound

That the painter creates colour tones and colour sounds and the musician (composer) tone paintings, points to the relationship between colour and sound. This relationship show themselves in the colour movement and in the colour harmony. A lively movement originates, when a colour quickly turns into another one, one could describe the movement with allegro. Slow step by step modification confirms with adagio. Surely for each musical tempo marking could an adequate colour movement be found. In an accord, in the harmony of several colours and tones are the parallels even stronger. Both could be built up in tranquil harmony, in clear intervals or stand strong tension and dissonance for each other. The first harmony, one could inscribe as major and the latter as minor.

Especially in recent times it was tried, to bring the individual colour tone in relation to a corresponding instrument. Kandinsky: 'Orange sounds like a medium-sized church bell, like an alto voice, like a violin largo. Violett is similar to the sound of the english horn, the shawn (Schalmei) and the deep tones of the woodwinds (bassoon). Deep crimson reminds of middle and deeper tones of a cello, the cold bright red on high, singing violin sounds. The small bells are in Russia called strawberry coloured sounds.' Erwin Poeschel writes in his book on Augusto Giacometti: 'Masculine trumpet sounds of red and orange. Violin sounds of highest location ice-blue and shrill green.'

The human voice is a stringing together of sounds. The richness of sound is, for example, in the slavic languages with many hissing sounds (sibilants) small, while the italian language with strong accumulation of vowels is very sound friendly and musical. These vowels, from the bright I to the dark O, sound very different and keep in the colour permutation different colour tones. The French poet Arthur Rimbaud dressed the vowels in colour:
A black, E white, I red, O blue, U green.

Emil Ruder

	Lebenslust	Reichtum		Klarheit	Dunkel
	Mörder	Majestät		Himmel	Abend
	Sonnenglut	Würde		Ewigkeit	Finster
	Krieger	Feierlichkeit		Glaube	Nacht
	Leidenschaft	Macht		Demut	Schatten
	Fanfare	Weinlese		Schlicht	Tiefe
	Zornröte	Musik		Kälte	Trauer
	Raubtier	Abendrot		Norden	Ernst

Als Buchdrucker versuchen wir, die unübersehbare Menge der Farben in neutrale und abweichende Töne, in Erst-, Zweit- und Drittfarben einzuteilen. Ostwalds Farbenlehre ist solch ein Versuch, Ordnung in die Reihen der Farben zu bringen. Eine Farbenlehre für Drucker wird dieses Ordnen der Farben, ihre Mischbarkeit und ihre physikalischen und chemischen Eigenschaften enthalten. Es ist nicht beabsichtigt, diese Gebiete, die als bekannt vorausgesetzt werden, zu behandeln. Die Bestimmung der Farbe ist von der Satzgestaltung nicht zu trennen und gehört in den Aufgabenkreis des Setzers, für welchen die *Ausdruckskraft* der

Farbe in der Wahl bestimmend sein muß. Es ist das Ziel der vorliegenden Arbeit, das Gefühl und die Empfindsamkeit für Farbe zu schärfen.
Farbe ist eine unerforschte, aber ungeheure Kraft, die unser ganzes Wesen beeinflußt. Eine Farbe kann uns heiter oder verdrossen stimmen, sie kann kalt oder warm, rauh, glatt, weich, hart, frisch, alt, sauer oder süß wirken. Farben können als Duft empfunden werden, ja man kann sogar Farben hören. Jede Farbe ruft eine seelische Erregung hervor. Dabei wird das Auge von den helleren und wärmeren Farben angezogen (Gelb und Rot), kann aber durch diese

Blau ist an der Bildung aller kalten Farbtöne beteiligt und wird als die Leitfarbe der kalten Farben bezeichnet. Es steht im schärfsten Gegensatze zum Licht; überall wo Licht fehlt, sehen wir Blau. Aber der blaue Schatten folgt dem Lichte auf dem Fuße und ist von diesem nicht zu trennen.
In der griechisch-römischen Antike ist Blau die Farbe der Gewänder der Götter. Im Mittelalter mit seiner reichen Farbensymbolik entfaltet sich Blau zur himmlischen Farbe. In Miniaturen und Tafelbildern ist die Himmelsmutter in Blau gekleidet (die „blaue" Frau), während Gott in den roten Purpurmantel der höchsten Majestät gehüllt ist. Das

Blau des Mantels bedeutet Himmelsbläue, die Sehnsucht nach dem Leben über dem blauen Himmelszelt und unversehrte Jungfräulichkeit. In herrlichster, bis heute unübertroffener Leuchtkraft erstrahlt das Blau als jenseitige Farbe im Zweiklang Rot/Blau der französischen gotischen Glasmalerei. Kandinsky: „Je tiefer das Blau wird, desto mehr ruft es den Menschen in das Unendliche, weckt in ihm die Sehnsucht nach Reinem und schließlich Übersinnlichem. Es ist die Farbe des Himmels, so wie wir ihn uns vorstellen bei dem Klange des Wortes Himmel. Blau ist die typisch himmlische Farbe." So wie Rot im mittelalter-

色と音色

画家が色のトーンと色の響きを組み合わせ、
音楽家が音の絵画を創り出すことは、
色と響きが関係しているということを意味
している。色と響きの関係は、色の動きと色の調
和に現われる。ひとつの色がすばやく他の
色に移行したときには、動きは生き生きとして
見える。アレグロの動きと呼んでよいだろう。
色が段階を踏んでゆっくりと移行していくと、
それはアダージョである。音楽におけるすべての
テンポの呼び名には、それに相応する色の
動きがあるだろう。数多くの色とトーンの調和、
響き合いとなると、それはさらに音楽と相応
するものがあるだろう。色と音色が静かに
調和して、きれいな音程で構成されることも
あれば、強い緊張感と不協和音であらわされる
こともある。前音を長調、後者を短調と
呼び変えてもいいだろう。

とくに近年、それぞれの色のトーンを対応する
楽器に関係づけようとする傾向が見られる。
カンディンスキーは、次のように語っている。
「オレンジは教会の鐘の真ん中の音のようでも
あるし、アルトの声のようでもあるし、ヴァイオリン
のラルゴのようでもある。紫はイングリッシュ
ホルンやシャルマイの音に似ているし、ファゴット
の低い音にも似ている。深いカルミンの色は
チェロの真ん中から低めの音を思い出させるし、
明るく冷たい赤は、高く歌うヴァイオリンの
音を思い出させる。小さな鈴の澄んだ楽しい
音はロシアではラズベリー色の音と呼ばれ
ている」。アーヴィン・ベーシェルは、アウグスト・
ジャコメッティについて書いた本の中で、
「男性的なトランペットを吹く音は赤とオレンジだ。
ヴァイオリンの最も高い音はアイスブルーと
ギラギラしたグリーンだ」と語っている。

人間のことばは響きの連なりである。歯擦音の
多いスラブ系の言語では響きはあまり豊か
ではないが、母音が極めて頻繁に使われる
イタリア語は響きを豊かに持っているし、
音楽的である。これらの母音は、明るい i から
暗い o まで非常に多様であり、色に置き
換えても多様な色のトーンにあらわすことが
できる。フランスの詩人アルチュール・ランボーは、
母音に色をあてている。A は黒、E は白、
I は赤、O は青、U は緑を。

エミール・ルーダー

	Reichtum	Aufregung		Sommer	Nachdenklich
	Wärme	Hitze		Passiv	Erfüllung
	Festlich			Lebensfülle	Ernst
	Glanz			Zufriedenheit	Müdigkeit
	Pracht			Ruhe	Reife
	Trompete			Unbeweglich	Trägheit
	Süss			Sattheit	Stumpf
	Freude			Gleichgewicht	Schatten

Gelb ist die Leitfarbe der warmen Töne und der Wärme-
pol aller Farben überhaupt. Es ist die leichteste Farbe
und schwebt und steigt über allen andern Farben. Seit
Urzeiten ist Gelb der Begriff des Lichtes und der Sonne.
Gelbe und goldene Symbole befinden sich an den alten
Tempeln Aegyptens und Persiens. Gelb war die Kleidung
der Sonnenanbeter. Im Gegensatz zum fliehenden Blau
springt Gelb den Beschauer an. Besonders das helle grün-
liche Gelb beunruhigt, sticht und regt auf.
Vielfache üble symbolische Bedeutungen geniesst das
Gelb. So ist es die Farbe für Neid (gelbe Hautfarbe),

Hass, Verrat, Gift und Streitsucht. Das häufige Vorkom-
men von Gelb als Ekelfarbe im Tierreich, so z. B. bei
Wespen, Raupen und Schlangen, mag viel zu dem üblen
Rufe des Gelbs beigetragen haben. Ganz im Gegensatz
dazu steht Gelb in hoher Bedeutung bei den Mongolen
(Chinesen, Japaner, Malaien). Gelb war die Farbe Buddhas
und seiner Priester und galt als heilig. Es war die Farbe
des Kaisers, während gelbe Kleider für das gemeine Volk
verboten waren. Heute noch ist es die Farbe des Vornehm-
heit und die gelbe Jacke des Chinesen gilt als grosses Wahr-
zeichen. Berühmt ist der Glanz chinesischer gelber Seide.

In unseren Landschaften ist Grün in unendlicher Fülle und
Mannigfaltigkeit. Es ist die beruhigende, nie versiegende
Triebkraft des Lebens und hat wie selten eine Farbe eine
riesige Skala von Tönen. Zwischen dem hellsten und dem
dunkelsten Grün liegt eine ganze Welt. Grüngefärbtes
Licht ist das hellste und selbst der dunkelste Schatten kann
einen grünlichen Ton enthalten.
Deshalb sei Grün unseren Betrachtungen über die Erst-
farben noch angefügt, trotzdem es als Zweitfarbe aus den
beiden Komponenten Gelb und Blau (grünliches Gelb und
grünliches Blau) zu mischen ist.

Schon bei den alten Aegyptern und Assyrern war Grün die
Farbe der Hoffnung, abgeleitet vom spriessenden Grün
der Natur im Frühling. Heute noch ist es die Farbe des
Werdens, aber auch der Unreife (grüner Jüngling, grünes
Obst). In geringerem Masse ist es auch Symbol für Bos-
heit und Niedertracht. Wir nennen grün schillernde Augen
falsche Katzenaugen. Grüne Farbe ist bei verschiedenen
giftigen oder unbeliebten Tieren zu finden, wie Schlangen,
Kröten usw.
Die Heftigkeit des Gelbs und die Kälte des Blaus vernich-
teten sich bei der Mischung gegenseitig und es entstand

Four pages with words that express
colours, from the section of main
colours.

主要な色彩についての章より、色を表す
単語を添えた4ページ。

Griechisch, Dorischer Stil.
Paestum, Poseidontempel (5. Jahrhundert v. Chr.).

Griechisch, Ionischer Stil.
Athen, Niketempel auf der Akropolis (425 v. Chr.).

Griechisch, Korinthischer Stil.
Zeustempel bei Athen. Photo Fréd. Boissonnas.

Römische Antike. Kolosseum in Rom (80 n. Chr.).

Römische Antike. Männerkopf (100 n. Chr.).

Röm. Antike. Freskomalerei, Pompeji (um Christi Geburt).

Griechisch. Athen, Biele der Hegeso (5. Jh. v. Chr.).

Griechische Steinschrift. Athen (5. Jahrhundert v. Chr.).

Römische Kapitalschrift, Rom, Trajanssäule (114 v. Chr.).

Römische Quadrata. Vergilius: Georgica (4. Jahrhundert).

Römische Rustika. Vergilius: Aeneis (5. Jahrhundert).

GRIECHISCHE ANTIKE

Architektur

Tempel klar und überblickbar. Götterdienst der Griechen unter freiem Himmel. Innenraum (Cella) zum Aufstellen des Götterbildes, wird nur vom Priester betreten, fensterlos und ursprünglich ohne Schmuck. Kein Erfühlen eines umbauten Luftraumes. Im Außenbau vollendete Lösung der Dreiheit Grundplatte, Säulenstellung und Lasteplatte. Der Grieche versagt im zusammenhängenden Gruppenbau. Einzelne Bauten werden nicht zu einem Ganzen verbunden. Reiche Bemalung (Polychromie): Gelb, Blau und kräftiges Braunrot.
Dorische Säulen (die Männlichen): Kreisrund, ohne Fuß auf den Unterbau des Tempels gestellt. Schaft mit Hohlstreifen (Kannelüren), aus mehre-

ren Trommeln zusammengesetzt. Kapitell kesselförmig geschwungener Wulst (Echinus), der die Belastung ausdrückt, darüber viereckige Platte (Abakus), die zunächst die Last des Gebälkes auf sich nimmt.
Ionische Säulen (die Weiblichen): Schlanker als die dorischen, ruhen auf einer Basis. Die Kannelüren stoßen mit scharfen Rippen aufeinander, sondern lassen schmale Zwischenräume. Kapitell mit Eierstab und darübergelegter Volute (Schnecke). Die Last wird federnd getragen.
Korinthische Säulen (die Üppigen): Nur das Kapitell von den ionischen Säule verschieden. Über einer Perlschnur zwei Kreise von ausladenden Akanthusblättern. Voluten nach vier Seiten, daher Mangel an Symmetrie wie bei den ionischen behoben, eignet sich für jeden Standort.

Bildhauerei

Archaische Kunst. Griechisches Mittelalter, 8. bis 6. Jahrhundert v. Chr. Nach ägyptischem Vorbild Großplastik, ragend, feierlich, starr. Vollendete Harmonie der einzelnen Teile wird angestrebt. Im 6. Jahrhundert lösen sich die Arme vom Körper, die Gelenke lockern sich und das unbeholfene und starre Lächeln weicht wirklicher Beseelung. Erzguß und Marmor.
Klassische Kunst. 490 v. Chr. Besiegung der Perser bei Marathon, Beginn der Blüte Athens. Das Bildwerk wird aus der archaischen Gebundenheit gelöst. Stürmisches menschliches Wollen und große Leidenschaften durch großes Maß und Können gemeistert. Die klassische Ruhe.
Hellenistische Kunst. 300 v. Chr. Verbreitung hellenistische Kultur in der Zeit nach Alexander dem Großen. Wandlung der griechischen Kunst zum Pathos. Naturalistisch, den äußersten Feinheiten des Stofflichen nachgehend. Barock. Wilde Handlungen, sofortige und überraschende Wirkungen (Effekte).
Reliefs und Vollplastiken. Grabmäler: Aufrechtstehende Steinplatte (Stele) mit dem Reliefbilde des Verstorbenen. Bemalung der Plastik mit ungebrochenem Blau und Rot, mit Edelsteinen und Metallen verziert.

Malerei

Wenig erhalten, von den Griechen aber wichtiger als die Plastik eingeschätzt. Bemalte Vasen: Schwarze Figuren auf weißem oder rotem Grund, rote Figuren auf schwarzem Grund aus der reifsten Zeit. Darstellungen aus dem Leben der Griechen und Götter, Ornamentik meist in geometrischem Stil (Mäander).

Schrift

Aus dem phönizischen Alphabet entwickeln die Griechen das erste vollständige Alphabet, welches um 700 v. Chr. weit verbreitet ist. Die griechischen Versalien können als Vorläufer unserer heutigen Grotesk betrachtet werden. Heute noch typographisches Schmuckmaterial, dem griechischen Stil entnommen: Mäander, Eierstab, Palmettenband.

RÖMISCHE ANTIKE

Architektur

Der Profanbau beginnt den Kultbau zu überflügeln. Keine große Befruchtung mehr durch religiöses Gefühl, sondern durch Gesinnung der Macht, des Reichtums und der Pracht. Ausgiebige Benutzung der Gewölbe (Tonnengewölbe, Kreuzgewölbe, Kuppel). Zur Ausschmückung dieser Baukörper werden die übernommenen griechischen Formen verwendet. Höhenentwicklung und Etagenbau. Backstein als neues Material. Die drei griechischen Säulenordnungen werden oft am griechischen Bau angewendet (Kolosseum Rom). Verwendung flacher Wandpfeiler (Pilaster) zum scheinbaren Tragen. Schöpfung eines neuen, aus ionischen und

korinthischen Teilen zusammengesetzten Kapitells (Kompositakapitell). Im Gegensatz zu den Griechen die Fähigkeit, den umbauten Innenraum zu empfinden und die verschiedenen Bauten in einen Zusammenhang zu bringen. Tempel, Amphitheater, Bäder, Triumphbogen, Grabmäler, Wasserleitungen.

Bildhauerei

Die Plastik dient zum Genuß und als Schmuck eines verfeinerten Lebens. Geringe Zahl römischer Bildhauer selbständiger künstlerischer Erfindung. Kopisten berühmter Werke der Griechen. Naturalistische, lebenswahre Bildnisse in Marmor und Bronze. Keine Idealisierungen. Historische Reliefs an Triumphbögen, Säulen, Sarkophagen (Steinsärgen), auf Münzen und Vasen.

Malerei

Nachbildungen älterer griechischer Meisterwerke in Freskotechnik. Roter oder warmgelber Grund. Gemalte Scheinarchitektur. Mosaikfußböden.

Schrift

Vollendete Schönheit der römischen Großbuchstaben (Kapitalschrift). Unerreichte Vorbilder aller späterer Versalien in Mediäval, Antiqua und Grotesk. Meisterhafte Anordnung der Schrift auf einer Fläche. Römische Inschriften als Vorbilder für Mittelachsensatz und monumentale Satzgestaltung. Die in Stein gehauene Kapitalschrift wird in der Quadrata mit der Feder nachgeschrieben. Ohne Federdrehungen und flüssig geschrieben die Rustika (= die Gewöhnliche, die Bäuerliche).

Emil Ruder
Kleine Stilkunde [A Brief Style Guide]
TM 1. 1950, 10 pages

To provide an overview of the most important epochs in European culture in a few pages is no easy task – the difficulty arising from the necessity of restricting picture material and being forced to be as verbally succinct as possible ...

From Greek Antiquity through to Classicism, architecture, sculpture, painting and script are each represented by select examples. In this way type as an expression of its time, its integration into all manifestations of its time, and its journey from isolated, static upper-case lettering to flowing writing in lower-case characters, capable of being written and understood more quickly, become thus apparent.

The homogeneity of a given epoch at its zenith is given greater emphasis than the hazy periods at its beginning and end. Again we marvel at the courage that leads to independence of action and design. What was fortuitously successful in the Renaissance, namely the borrowing of forms from Greek Antiquity and adapting them in new ways, went for Classicism perilously wrong. What had emerged from the Greek spirit with vitality became in the classicist age a mere formula. Knowledge and art theory prevailed over life and creativity ...

However, the majority of contemporaries shirk away in a most unfortunate manner from the obligation to shape our own times and participate in their moulding ...

エミール・ルーダー
様式概論
TM 1950年1号

ヨーロッパ文化の最も重要な時代を数ページで概観するなど容易なことではない。出来るだけ図版を制限して言葉で伝えなければならないということが難しいのである。（中略）

古代ギリシャから古典主義にいたるまでの、建築、彫刻、絵画、文字がそれぞれ厳選された例と共に紹介されている。この方法で、時代の表現としての文字、またそれがその時代のすべての現象と関連しているということが明らかになるであろう。それとともに、孤立し静止した大文字から、流麗な手書きのような、より迅速に読み書きできる小文字へ移行する行程も見えてくるであろう。

時代の特質は、その時代の初期や末期よりも絶頂期において一層顕著に現れる。またもやわたしたちは、各時代の独自性への志向と造形への勇気に驚かされる。ルネサンスの思いがけない成功、すなわち古代ギリシャから形式をとり入れそれを新しい文化に順応させる、という方法は、古典主義にとっては失敗となった。精力的なギリシャ精神から生まれ出たものは、古典主義時代においては単なる形骸になってしまった。生気や創造力が知識や芸術論に取って代わられてしまったのである。（中略）

しかしながら現代のほとんどの人々は、きわめて遺憾なことに、同時代の造形への寄与という義務に背を向けている。

Spread pages from the publication
with examples from Greek and Roman
antiquity and the Gothic and Renais-
sance periods.

Bottom: The time-line chart from
the publication is hand-set in metall
types.

古代ギリシャから古代ローマまで、
そしてゴシックからルネサンスまでの様式が
図版とともに紹介されている見開き。

下：様式の年代表は金属活字で組んだ
ものである。

Gotik. Kathedrale Amiens (1220—1270).

Gotik. Inneres des Kölner Domes (1248—1320).

Gotik. St. Wolfgang, Hochaltar (Michael Pacher, 1471).

Renaissance.
Lugano, marmorne Fassade von S. Lorenzo (1517).

Renaissance.
Rom, Kuppel von St. Peter (Michelangelo, 1588—1593).

Renaissance.
Relief von Lucca della Robbia (1400—1482).

Gotik. Kölner Dombild (Stephan Lochner, um 1440).

Gotik. Textura, extrem gebrochene Schrift, Köln (15. Jh.).

Gotik. Geschrieb. Rundgotisch (Rotunda), Italien (15. Jh.).

Renaissance.
Weibliches Bildnis (Leonardo da Vinci, 1452—1519).

Renaissance.
Gedruckte humanist. Minuskel (Jenson, Venedig, 1471).

Renaissance.
Gedruckte Fraktur (Hans Schönsperger, Nürnberg, 1514).

GOTIK

Architektur

Unter Beteiligung des ganzen Volkes in den stetig wachsenden Städten Ausbildung des Kultbaues zu gewaltiger Größe. Baukunst der Laien (Meister und Gesellen), Steinmetzverbände (Hütten). Grundidee: Vertikalismus. Am Außenbau Strebepfeiler, die Mittelschiff stützen Strebebögen, die den Druck der inneren Gewölbe auf die Strebepfeiler leiten. An den Helmen des Hauptturmes und der kleinen Türmchen Kriechblumen (Krabben) und als Bekrönung Kreuzblumen. Die Pfeiler sind im Kern runde Stützen, an welche Halb- und Dreiviertelsäulen (Dienste) herantreten, welche die Gewölberippen tragen. Die Fenster sind spitzbogig und ihr Inneres ist wieder gegliedert (Maß-

werk). Größter Reichtum in der Fassade. Über den Portalen spitze Giebel (Wimperge), Fensterrose und in Frankreich Königsgalerie. Reiche Überstreuung mit aus der Architektur gelösten Plastiken. Farbiges Glas ersetzt die Innenmalerei.

Bildhauerei

Heiligenbilder außerhalb und innerhalb der Dome. An Stelle der griechischen Körperlichkeit Gewandgestaltung, Verachtung des Leibes. Das Haupt als alleiniger Ausdruck des Geistes. Gestalten schlank, schmalschultrig und langgliedrig. Reiche Gewandfalten in starken Brechungen. Stein, Holz (bemalt).

Malerei

Tafelmalerei auf Holz. Altargemälde in Verbindung mit Holzschnitzerei. Goldhintergrund, kein

Landschaftsgefühl. Symbolik der Farben. Die Architektur läßt keine Flächen für Wandmalerei, dafür Höchstleistungen im Glasmalerei (Chartres).

Schrift

Durch Brechung der Formen der karolingischen Minuskel entsteht die gotische Schrift. Geschrieben und nach 1440 (Erfindung Gutenbergs) gedruckt. Textura. Extrem gebrochen. Minuskelschrift, Versalien werden später ausgebildet. Eng, aufstrebend. Rotunda (Rundgotisch). Die gotische Schrift Italiens und Spaniens. Minuskelschrift, breiter, runder und besser lesbar als die Textura.

Bâtarde (Gotischkursiv). In Frankreich aus freierem, schrägem Schreiben der Textura entstanden. Schwabacher. Die deutsche Gotischkursiv, später die Schrift der ersten Drucker für deutsche Texte.

RENAISSANCE

Architektur

Italien in den Künsten führend. Wiederentdeckung der Antike. Sprengung der kirchlichen und wirtschaftlichen Fesseln des Mittelalters. Der Mensch fühlt sich nicht mehr als Werkzeug Gottes, sondern verläßt sich auf seinen eigenen Entschluß. Profanbauten: Paläste und Schlösser. Weltlich, heiter und lebensvoll. Fassaden mit Pilaster als senkrecht teilendes Glied. Trennung der Stockwerke durch bandartige Gesimse, welche den Bau horizontal gliedern. Über den Fenstern und Portalen Dreieckgiebel, Segmentgiebel, gesprengte und verkröpfte Giebel. Säulen und Pilaster dorisch, ionisch und korinthisch.

Bildhauerei

Höhepunkt der Bildhauerei in Italien. Studium der Antike schafft neues Körpergefühl. Wiederentdeckung des unbekleideten Körpers.

Malerei

Riesige Vielfalt. Wiederentdeckung des nackten Körpers, Beginn der Landschaftsmalerei, besonders im Norden (Albrecht Altdorfer). Schilderung innerlich freier, mit umfassender Bildung ausgestatteter Menschen und ihres Tuns. Beginn der Graphik (Zeichnung, Kupferstich, Holzschnitt).

Kultbauten: Die Kathedrale fügt sich dem neuen Lebensgefühl. Palastähnliche und prunkvolle Bauten, Kuppeln, auf dem Unterbau (Tambour) ruhend, bekrönt durch die Laterne.

Schrift

Vereinigung der Formen der römischen Kapitale mit den Formen der karolingischen Minuskel in einer neuen Schrift, der humanistischen Minuskel. Heute fälschlicherweise als Mediäval bezeichnete und sich immer weiter ausbreitende Weltschrift (Poliphilus, Garamond, Caslon, Baskerville usw.). Große Verbreitung als geschriebene und gedruckte Schrift. Schaffung einer kursiven Schrift durch Aldus Manutius, Venedig. Verschwinden der gotischen Schrift in Frankreich, dafür Antiquatypen von Etienne, Garamond, Elzevir usw.

In Deutschland entsteht die Fraktur von Dürer und Schönsperger. Blüte und Verbreitung des Buchdrucks in Verbindung mit dem hochvollendeten Holzschnitt (Dürer, Jost Ammann, Holbein usw.).

Griechische Antike	Römische Antike	Frühchristentum	Romanik	Gotik	Italienische Renaissance	Nordische Renaissance	Barock	Rokoko	Klassizismus

Timeline scale: 600 500 400 300 200 100 0 100 200 300 400 500 600 700 800 900 1000 1100 1200 1300 1400 1500 1600 1700 1800 1900

Bern Dienstag, den 20. Dezember 1949 Nummer 595 100. Jahrgang Abendausgabe

Organ der freisinnig-demokratischen Politik Eidgenössisches Zentralblatt und Berner Zeitung

Redaktion, Verlag, Druck und Administration: Effingerstr. 1, Bern, Tel. 2 12 11. «Der Bund» erscheint zweimal täglich, mit Sonntagsblatt «Der kleine Bund» und Beilagen. – Inserate: Publicitas AG. in Bern, Schanzenstr. 1 und Monbijoustr. 2, Tel. 2 00 02. Keine Verbindlichkeit für Aufnahme von Inseraten an bestimmten Stellen oder Tagen. – Abonnementspreise des «Bund»: Bern-Stadt, ein Monat Fr. 3.50, drei Monate Fr. 8.40, sechs Monate Fr. 16.20, zwölf Monate Fr. 31.85; Kanton und übrige Schweiz, ein Monat Fr. 4.–, drei Monate Fr. 9.90, sechs Monate Fr. 18.30, zwölf Monate Fr. 36.–. Postcheck «Bund» III 78. Einzelverkaufspreis 20 Rp. In der Schweiz täglich zweimalige Zustellung. Bei Adreßänderungen auch bisherige Adresse angeben. Abonnementsaufträge sind schriftlich an die Administration des «Bund» zu richten. Insertionspreise: die einspaltige Millimeterzeile oder deren Raum, Schweiz 30 Rp., Ausland 35 Rp. Reklamepreis: Inland und Ausland Fr. 1.60 per Millimeter. Größere Aufträge Rabatte. Annoncenregie: Publicitas AG. in Bern und Filialen im Inland und Ausland. Postcheck Publicitas III 327

DER BUND

Finanzskandal in Belgien. Neue Aufgaben für die amerikanische Kriegsflotte. Der Nationalrat zur Liquidation der deutschen Vermögenswerte in der Schweiz.

Wien zwischen Ost und West.

Wien, im Dezember (M. T.). Die österreichische Hauptstadt nimmt heute eine Sonderstellung ein; die Bezeichnung einer «Brücke zwischen Ost und West» scheint besonders treffend, wenn man beobachten kann, wie alles, was hier innenpolitisch und im Alltagsleben geschieht, einen *weltpolitischen Hintergrund* aufweist.

Zunächst einmal empfindet man es nicht ganz als selbstverständlich, wie wenig die österreichische und gerade die Wiener Bevölkerung für den Kommunismus übrig hat; war doch Wien nach dem ersten Weltkrieg ein Vorposten marxistischen Denkens, wo radikale Umwälzungen vorgenommen wurden und wo man nicht davor zurückschreckte, mit der Abschaffung der Adelstitel eine jahrhundertealte Tradition abzubrechen. Anderseits hatte sich in Österreich ein guter Teil der Bevölkerung dem Nationalsozialismus verschrieben, und man weiß, wie unschwer vielerorts die Umstellung vom rechten zum linken Totalitarismus vollzogen wurde.

Daß es jedoch hier anders kam, dafür sorgten die *Russen.* Als die Rote Armee — mit weitgehend asiatischen Truppen — einzog und, eingedenk der Greuel, welche die Deutschen in Rußland verübt, in Österreich sehr wenig zivilisiert hausten, da wandte sich die hiesige Bevölkerung, eingedenk auch der antirussischen Propaganda des Dritten Reichs, rasch gegen sie.

Die *Kommunistische Partei,* die von denselben Sowjettruppen unterstützt wurde, galt alsbald als verräterisch. Hier nützte alle Theorie des internationalen Marxismus wenig, da man in der Praxis das Gegenteil erfuhr. Und darum wandten sich auch die linksgerichteten Elemente entrüstet weg. Wie die *Sozialistische* Partei auf die sozialdemokratische Tradition des Landes aufmerksam machte und — in betontem Gegensatz zum Kommunismus — als Beschützerin der Interessen der Arbeiterklasse auftrat, hatte sie gewonnenes Spiel.

Auch die Österreichische *Volkspartei* gewann durch diese Abkehr von den Linksextremisten. Als Vertreterin der rechtsgerichteten Kreise, insbesondere der Industrie, der Bauern und Angestellten, erhielt sie die Zustimmung vieler Leute, die zwar der klerikalen Richtung der ÖVP nicht beipflichteten, zur Wahrung ihrer Interessen aber lieber einer kirchenfreundlichen als einer marxistischen Politik die Stimme gaben.

Nach den heurigen Oktoberwahlen zog eine vierte Partei ins Parlament ein, der vieldiskutierte Verband der *Unabhängigen,* dem nicht zu Unrecht rechtsextremistische Tendenzen nachgesagt werden. Die Gründer, Krauß und Reinmann, sind zwar keine Nationalsozialisten. Den ersten Antrieb zur Errichtung dieser Partei bildete der Wunsch, die Tatsache, daß so viele Kreise mit den bestehenden Parteien unzufrieden waren, auszunützen, und besonders die ehemaligen Nationalsozialisten, die 1949 erstmals zur Wahl zugelassen wurden, für sich zu gewinnen. Um diese *neuen Elemente* hatten sich SPÖ wie ÖVP bemüht.

Aber wirkliche Nationalsozialisten konnten sich mit den beiden bestehenden Hauptparteien nicht anfreunden. Viele blieben deshalb im Hintergrund. Andere wählten den Verband der Unabhängigen, von dessen 16 Parlamentsmitgliedern 12 Rechtsextremisten sind. Krauß, der ein Mittelprogramm auszuarbeiten suchte, um möglichst viele Wähler zu ködern, läuft heute Gefahr, von den radikaleren Ritterkreuzträgern überrannt zu werden; Leute wie Stüber und Hartleb wollen von einer gemäßigten Richtung nichts wissen und spielen im Parlament die Gründer der Partei langsam an die Wand. So ist die Zukunft des VdU noch unbestimmt, doch wird vielfach angenommen, seine Aussichten hingen von denen einer neonazistischen Bewegung ab.

Vorläufig befindet sich der Verband der Unabhängigen in ausgesprochener *Spaltung,* und die beiden Koalitionsparteien beherrschen das Feld. Sie haben zwar weniger ein positives, als ein negatives Programm: den Kommunismus aufzuhalten. Die ungemütliche Nähe der Volksdemokratien stachelt alle Volksschichten auf. In den Hauptstraßen Wiens hängen große Plakate, auf denen in riesigen roten Buchstaben zu lesen steht: «60 km von Wien (in Bratislava) wird der kleine Mann geknechtet. Bei uns niemals» — und es folgt die Aufforderung, dem Wirtschafts- oder Bauernbund der Volkspartei beizutreten.

Der kompromißlose politische Einsatz, den der Kommunismus verlangt, die zwangsmäßige Eingliederung in ein Kollektiv ist es, die den Österreicher zum erbitterten Feind des Extremismus stempelt. Man will hier leben, ruhig und im herkömmlichen Stil. Die Abwehr gegen den Kommunismus geht so weit, daß man kurzerhand, zur größeren Sicherheit, alles, was von Osten kommt, verwirft.

Die Kommunistische Partei, die im Laufe der Jahre immer mehr zusammenschmolz, läuft Gefahr, beim Abzug der Russen noch mehr zusammenzuschrumpfen. Bereits strecken verschiedene Mitglieder ihre *Fühler nach anderen Parteien* aus und sondieren, ob man sie aufnehmen würde. Vielfach wird in bürgerlichen Kreisen befürchtet, nach dem Abschluß des Staatsvertrags könnte eine Stärkung der Kommunisten erfolgen. Doch ist dies kaum wahrscheinlich, da viele Kommunisten heute *mit Tito sympathisieren,* nur daß man sich nicht traut, dies offen zu bekennen. In diesem Zusammenhang ist ein Ereignis bezeichnend, das sich vor einigen Monaten abspielte:

Die Gesellschaft zur Pflege der österreichisch-jugoslawischen Beziehungen sollte in der Kampagne gegen Tito aufgelöst werden. Alle nichtkommunistischen Vorstandsmitglieder erklärten sich dagegen und blieben der Generalversammlung fern, zu welcher die Kommunistische Partei ihre Leute abgeordnet hatte. Doch die Hälfte der Aufgebotenen erschien nicht, aus Protest gegen solch diktatorische Methoden oder aus Sympathie für Tito. Der Verein zur Pflege der kulturellen Beziehungen zwischen den zwei Ländern blieb bestehen.

Deutsche Nazi-Umtriebe in Südamerika.

New York, im Dezember (Von unserem Korrespondenten H. St.). Informationen aus Südamerika werfen ein sonderbares Licht auf die Tätigkeit einiger Gruppen von Emigranten und Flüchtlingen aus Deutschland, wobei zuerst zu bemerken ist, daß es sich um Flüchtlinge des «neuen» Typs handelt, also nicht um solche aus Hitler-Deutschland, sondern um *Anhänger des Dritten Reiches,* die aus Nachkriegsdeutschland geflohen sind. Die von ihnen heute vertretenen Auffassungen und ihre Tätigkeit lassen auf einen Neo-Nationalsozialismus schließen, der *stark prorussisch orientiert* ist und die Politik der Sowjetunion und der ostdeutschen «Sozialistischen Einheitspartei» unterstützt. Daß sich solche Emigrationszentren in Südamerika, vor allem in *Argentinien,* in Chile und Brasilien, bilden würden, hatte man eigentlich von 1945 an erwartet. Heute wissen wir, daß dort mehrere prominente Agenten, Förderer und Nutznießer des Dritten Reiches mit dem Aktionszentrum Buenos Aires politisch tätig sind; sie erfreuen sich der Mitarbeit einiger hitlerfreundlich eingestellter Deutscher aus der älteren deutschen Kolonie in Argentinien und anscheinend auch der wohlwollenden Toleranz der Regierung Peron.

Wir wollen hier nur auf die folgende Tatsache hinweisen: In Buenos Aires wird eine Monatsschrift in deutscher Sprache «*Der Weg*» (neben anderen deutschsprachigen Blättern) herausgegeben, die ohne Maske ganz offen für die Remilitarisierung Deutschlands und einen engen politischen und militärischen Anschluß Deutschlands an die Sowjetunion eintritt, damit in «unwiderstehlicher Wucht» die dekadenten kapitalistischen und imperialistischen Westmächte überrannt werden könnten. Solche Tendenzen gab es ja auch schon in den zwanziger Jahren in der deutschen Reichswehr; der Geist des deutsch-russischen Vertrages von Rapallo, der zum Synonym dieser Politik geworden ist, spukt offensichtlich auch heute wieder in manchen Köpfen.

Der Kreis, der sich um diese höchst aggressive Zeitschrift «Der Weg» gruppiert, ist keineswegs unbeachtlich. Die New Yorker Zeitschrift «United Nations World» weiß zu berichten, daß namentlich eine Gruppe von Freunden und Schülern des berüchtigten hitlerischen «Geopolitikers» Haushofer diesem Kreis angehört, darunter so bekannte «alldeutsche» Intellektuelle wie die Schriftsteller Hans Grimm (Verfasser von «Volk ohne Raum»), Anton Zischka und Walter Pahl. Sprecher und Führer des Kreises nach außen ist Colin Roß, ehemaliger Amerika-Sachverständiger der «Auslandsorganisation» der NSDAP. Um diesen Kreis gruppiert sich, immer nach der genannten Quelle, eine größere Zahl geflüchteter deutscher Offiziere (von denen einer, General der Luftwaffe Baumbach, angeblich heute in der argentinischen Armee eine gewisse Rolle spielt) und deutscher Industrieller, die zum Teil schon seit langem in Argentinien ansässig sind und es in der argentinischen Wirtschaft zu Ansehen und Macht gebracht haben; einer von diesen, Ludwig Freude, ist heute einer der Wirtschaftsberater Präsident Perons. Ferner gehört dem Kreis auch Wilhelm Westphal an, ein hervorragender deutscher Atomphysiker. Die Haupttätigkeit des Kreises besteht in der Ausarbeitung und Diskussion von Plänen militärischer, wirtschaftlicher und politischer Natur für ein künftiges «wiederauferstandenes» Deutschland, das seinen Weg in engem Bündnis und ständiger wirtschaftlicher Zusammenarbeit mit den Westmächten zu gehen haben werde; es darf angenommen werden, daß intime Kontakte zwischen dieser Gruppe und Gesinnungsfreunden in Ostdeutschland, namentlich früheren Offizierskreisen, bereits weit gediehen sind.

Natürlich könnte man die ganze Gruppe und ihre fieberhafte Tätigkeit als unwichtige Emigranten-Luftschlösser betrachten, und den Einfluß, den der Kreis auf Deutschland nimmt, z. B. durch seine ins Land geschmuggelte Zeitschrift «Der Weg», für gering halten. Eine solche Einstellung wäre zweifellos richtig, wenn nicht die Zweiteilung Deutschlands und die politische Atmosphäre in der östlichen Hälfte den Wunschträumen solcher neonazistischer Abenteurer Tür und Tor öffnen würden. Wenn man auch für die Einzelheiten über die Tätigkeit des «Der Weg»-Kreises die Verantwortung der genannten amerikanischen Zeitschrift überlassen muß, so kann doch kein Zweifel daran bestehen, daß sich in Südamerika Kräfte zu sammeln und zu regen beginnen, die man gerade jetzt, da sich ein demokratisch organisiertes Westdeutschland um seine Eingliederung in die Gemeinschaft der westeuropäischen Nationen bemüht, nicht übersehen sollte.

Neue Aufgaben für die amerikanische Kriegsflotte.

Washington, im Dezember (Von unserem Korrespondenten H. St.). Die schwere Krise, die die amerikanische Kriegsflotte in den letzten Monaten zu bestehen hatte, scheint langsam eine Lösung zu finden. Die Befürchtung zahlreicher Marineoffiziere und vieler ihrer Freunde, daß in der Strategie der Zukunft keinerlei Platz mehr für die Marine sein werde, wird sich offensichtlich nicht bewahrheiten. Nach den schweren Konflikten der Flotte mit den übrigen Waffenzweigen sowie mit dem Verteidigungssekretär Louis Johnson scheint jetzt eine ruhigere und positivere Zeit der Zusammenarbeit mit den anderen Zweigen der Landesverteidigung zu beginnen.

Seit Jahren hat die Flotte *gegen Trumans Plan der Vereinheitlichung der Streitkräfte* gekämpft und sich vor allem der «Abtretung» der See-Luftwaffe an die nun zum selbständigen Waffenzweig gewordene Luftwaffe widersetzt. Die Dinge spitzten sich zu, als Anfang März dieses Jahres *Louis Johnson* an Stelle Forrestals die Leitung der Landesverteidigung übernahm — ein robuster und rücksichtsloser Draufgänger, der gleichsam mit hochgekrempelten Hemdärmeln Ordnung zu machen begann. Unbekümmert strich er das aufgeschwollene Budget der Flotte, ihren großen Beamtenapparat und letzten Endes auch ihr militärisches Aufgabengebiet (Streichung der Baubewilligung für einen neuen Riesen-Flugzeugträger) zusammen, bis es dann im Herbst zur *offenen Rebellion* kam und zahlreiche Marineoffiziere, sich an die Öffentlichkeit wendend, die «Untergrabung des Kampfgeistes» in der Flotte und den «moralischen Zusammenbruch» des Flottenpersonals, zumal des um seine Erwartungen betrogenen Nachwuchses, denunzierten. Nach den üblichen Polemiken, Untersuchungen in Kongreßkomitees und ähnlichen erregten Zusammenstößen behielt aber doch der willensstarke (und überdies von Präsident Truman gedeckte) Verteidigungssekretär Johnson auf der ganzen Linie die Oberhand. Der Chef der Admiralität, Admiral *Denfeld,* mußte seinen Rücktritt einreichen (gefolgt von einigen anderen rebellischen Offizieren), und an seine Stelle trat der ruhige, allen ehrgeizigen Plänen abgeneigte Admiral *Forrest Sherman,* mit dem anscheinend die Zivilverwaltung besser auskommt.

Die jetzt abgesagte «Opposition» hatte vor allem nicht gewollt, daß aus der Flotte ein reines Defensivinstrument (Küstenschutz, Sicherung von Truppentransporten usw.) werde, und hatte den *Offensivgeist* vertreten, den die herrschende Strategie im wesentlichen den großen Bombenflugzeugen vorbehalten will. Nunmehr hat man eine Formel gefunden, die anscheinend alle Beteiligten zufriedenstellt. Bevor irgendeine Waffengattung eine Offensivaktion unternehmen könne, sei nun einmal zuerst eine Defensivoperation (Schutz der heimatlichen Häfen und Küsten, der Konvois und Truppentransporte) notwendig, wenn man nicht darauf verzichten wolle, einen allfälligen Feind jenseits der Meere zu bekämpfen, sondern ihm kampflos dort das Feld überlassen wolle.

Aber innerhalb dieser notwendigen Defensivoperation habe die Flotte die Aufgabe der *Konter-Offensive,* nämlich gegen feindliche Unterseeboote. Es ist in Amerika bekanntgeworden, daß die Sowjetunion ihre U-Boot-Waffe (die sie im letzten Krieg kaum einsetzen konnte) erheblich ausgebaut und vor allem mit deutschen «Schnorkeln» zu einer höchst gefährlichen Waffe ausgestaltet hat. Fieberhaft arbeitet jetzt die amerikanische Flotte an dieser ihrer neuen Aufgabe: der *Abwehr feindlicher Unterseeboote,* durch verbesserte Detektoren, Tiefseejagden, Unterwasserminen, Radiosignalisierung und dergleichen — eine schwere und verantwortungsvolle Aufgabe, die zugegebenerweise noch nicht gelöst, sondern noch tief im Forschungsstadium ist. Die Konzentrierung auf dieses Aufgabenfeld soll, wie man hört, psychologisch auf das Flottenpersonal einen *guten Einfluß* gehabt haben. Es fühlt sich nicht mehr als Stiefkind der Landesverteidigung; es kann die jungen Seekadetten in der Marineakademie von Annapolis wenigstens auf diese eine große Aufgabe vorbereiten, in der keine andere Waffengattung der Flotte Konkurrenz machen kann, und der lange vermißte «neue Geist» der Kooperation und aktiven Eingliederung in das gesamte amerikanische Verteidigungssystem macht sich auf Schiffen und in Häfen bemerkbar. Die große und gefährliche Krise der amerikanischen Landesverteidigung hat, wenn nicht alles täuscht, ihr «happy end» gefunden.

«Kein eigentlicher Staatsstreich» in Syrien.

London, 20. Dezember (Reuter). Der libanesische Radiosender verbreitete am Montag ein Interview mit dem Leiter des Staatsstreichs in Syrien, Oberst Abid Schischakali. Er erklärte, es habe sich um keinen eigentlichen Staatsstreich, sondern lediglich um die Eliminierung der Gefahr gehandelt, welche die Unabhängigkeit und das Bestehen des Regimes bedroht habe. Die syrische Armee wolle in keiner Weise in die politischen Angelegenheiten eingreifen. In Damaskus herrsche vollständige Ruhe.

Die Verwirklichung des Atlantikpakts.

London, 20. Dezember (United Preß). In Washington, London und Ottawa wurde am Montagabend gleichzeitig der Abschluß eines Abkommens zwischen den Vereinigten Staaten, Großbritannien und Kanada über die Pläne für die zukünftige Vereinheitlichung der Waffen, der militärischen Ausrüstung und der Ausbildungsmethoden bekanntgegeben. Es handelt sich um ein Abkommen auf lange Sicht.

Ottawa, 20. Dezember (United Preß). Wie hier von zuverlässiger behördlicher Seite mitgeteilt wurde, werden im Einklang mit dem in Paris gefaßten Beschluß kleine Truppenteile der verschiedenen Paktmächte zu einer Spezialausbildung nach Kanada disloziert werden.

Left: Title page of *Der Bund,*
Swiss national and Bern local paper.
Design: Emil Ruder
Title logo: Armin Hofmann
334 x 502 mm
1949

Among the beautiful memories
on the setting up at the school
in Basel belongs the collaboration
with Emil Ruder on the title
page of the newspaper *Der Bund.*
It was at a time, when typographic
design of newspapers was
almost without exception bad.
We tried with a new typography
and with a newspaper head to
hold out against that.

Armin Hofmann in a letter
to Helmut Schmid, March 2008

左：スイスの全国紙でありベルンの地方紙
でもある、「デア・ブント（同盟）」紙の第1面。
デザイン：エミール・ルーダー
題字デザイン：アーミン・ホフマン
1949年

バーゼルの学校の編成期にまつわる
すばらしい思い出のひとつに、エミール・ルーダー
との協同制作、「デア・ブント」紙の第1面の
デザインがある。新聞のタイポグラフィックな
デザインがほとんど例外なく悪い時代だったので、
私たちは何らかの改善に繋げようと、新しい
フォーマットと題字のデザインを試みた。

アーミン・ホフマン
ヘルムート・シュミットへの手紙より
2000年3月

Symbol for Basel School?
Basel Stadt? A study in balance with
organic letter shapes in a square.
Year unknown.

バーゼル工芸専門学校のシンボル？
あるいはバーゼル州？ 流れるような線をもつ
文字を正方形内に収めるバランスの演習。
制作年不詳。

Cover and spread page from a poetry
book printed and bound in
Tagesfachklasse für Buchdruck.
[class for letterpress printing]
Symbol AGS Druck: Armin Hofmann
137 x 250 mm
1949

AGSの印刷専科で印刷・製本された詩集の
表紙と見開き。
AGS Druckマーク：アーミン・ホフマン
1949年

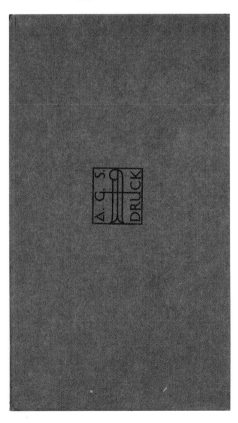

9

Ich grüßte früh am Morgen
Die taubeperlte Flur;
In Myriaden Rosen
Auflachte die Natur.

Da höret ich das süße
Gestöhn der Nachtigall;
Sie meldete die Qualen,
Die ihr Gemüt erfuhr.

Hier im Bezirk der Wonne,
Wo so viel Reize blühn,
Von Hoffnung und von Troste
Nicht eine leise Spur!

Das Rosenherz, das harte,
Zog zwischen ihr und sich
Kaltsinniger Entfremdung
Unendlich herbe Schnur.

O Nachtigall, dein Jammer -
Wie ganz versteh ich ihn!
Für mich und dich, die beiden,
Ist Liebe Leiden nur.

10

Als ich zum ersten Male
Dein Angesicht erblickte,
Da staunte, ja erschrak ich
Ob deiner Engelsschöne,
Ob eines Strahls von oben,
Wie er noch nie mein Auge,
Noch nie mein Herz gebannt.
Und doch bedünkte mirs,
Als hätte meine Seele
Dies himmlische Gebilde
Von Ewigkeit geschauet und gekannt.

Every artist struggles with the twofold determination, to reflect his personality and his time.
Typography is artistic expression, and it is not presumptuous to elevate these two demands also for the designer compositor.
Personality and typography cannot be separated. The designed work reveals the creator's inner self, it reflects his maturity.
No design books, no recipes or rules will lead to a mature work; they rather serve most of the time to span the emptiness of the inner self.
They lead to numbness and therefore, in the end, to a soulless factory work.
Any printer who loves his profession will be dissatisfied with such an outcome.

Emil Ruder
1946

すべての芸術家は、自身の個性と時代の要求とをどう反映させるかという、二重の課題にとり組んでいる。
タイポグラフィは芸術的表現であり、デザイナー / 植字工にとっても、このふたつの要求を掲げるのは何ら傲慢なことではない。
デザイナーの個性とタイポグラフィは分かつことはできない。デザイン作品にはクリエイターの内面、つまり彼の成熟度が反映されるのだ。
いかなるデザインの参考書も、レシピも規則も、成熟した作品に導いてはくれない。それらは、往々にして内面の空白を
押しひろげ、不感性へ導き、それゆえ心のこもらない工場生産品を生み出す結果となるのだ。
自分の職業を愛する印刷者なら、このような結果に満足はしないであろう。

エミール・ルーダー
1946年

Magazine cover for *Werk*.
Swiss monthly for architecture, art
and creative trade.
210 x 297mm
1948

スイスの建築家、芸術家のための月刊誌
『ヴェルク』の表紙。
1948年

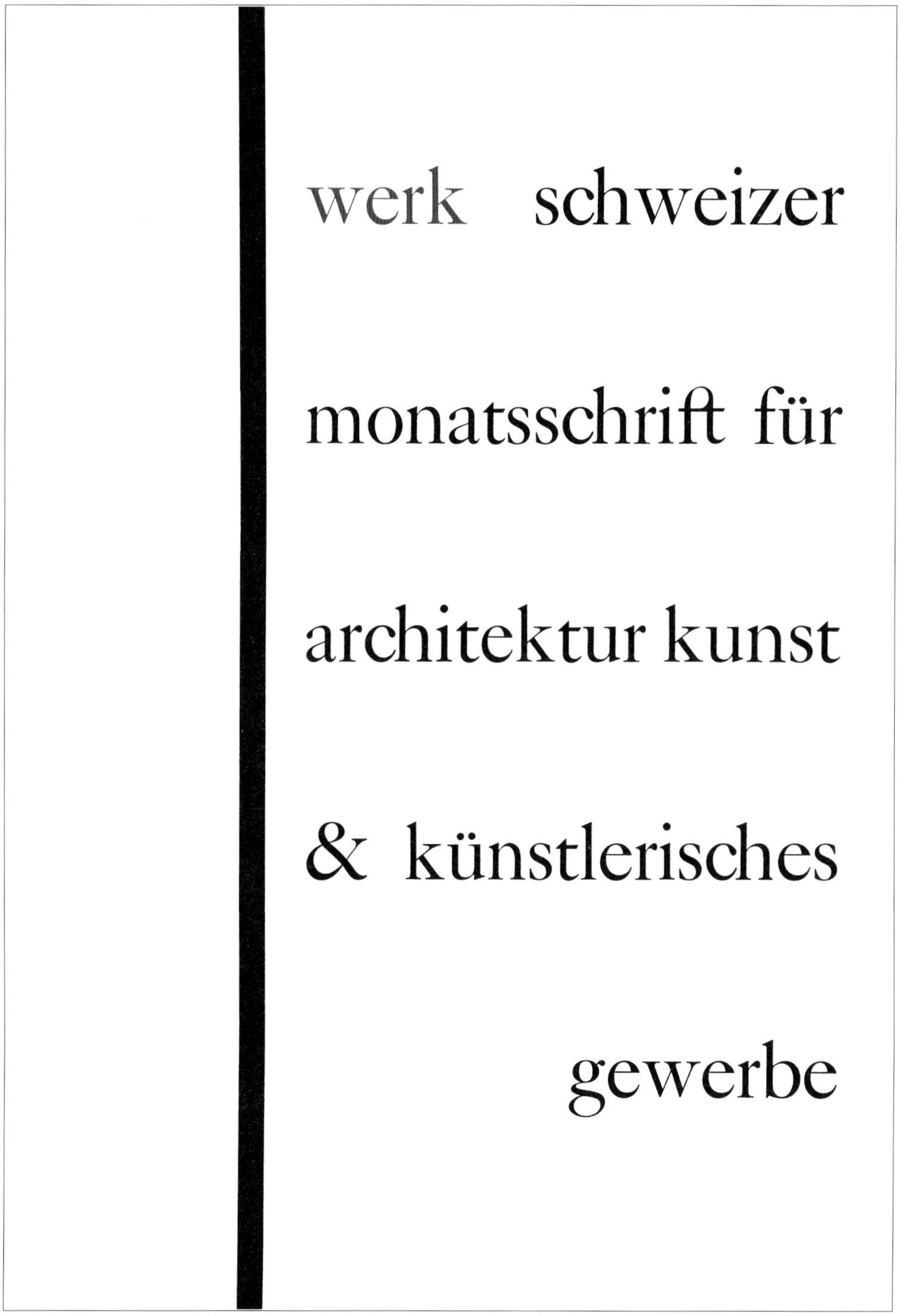

werk   schweizer

monatsschrift für

architektur kunst

& künstlerisches

gewerbe

Cover for literary magazine *Lettres*.
ca.1951

Right: *Daphnis and Chloe*
Book jacket for collector's edition.
Symbol AGS Druck: Armin Hofmann
ca.1951

文芸誌『レターズ』の表紙。
1951年頃

右：ロンゴスの『ダフニスとクロエ』
愛蔵版の表紙カバー。
AGS Druck マーク：アーミン・ホフマン
1951年頃

Lettres
5

Pierre de Lescure, Paul Éluard, Jean Cassou,
Jean Paulhan, Julien Benda, Henri Petit,
Jacques Prévert, Charly Guyot, Jean Lescure,
Jean-Pierre Monnier, Jean-Pierre Samson

LONGUS

DAPHNIS

UND

CHLOE

Charles de Coster: Thyl Ulenspiegel

Die Legende und die heroischen,
heiteren und ruhmreichen Abenteuer
Thyl Ulenspiegels und Lamme Goed-
zaks im Lande Flandern & anderwärts.
Ins Deutsche übertragen und mit
einem Nachworte versehen von Ernst
Heinrich Schrenzel

Charles de Coster: Thyl Ulenspiegel

Die Legende und die heroischen,
heiteren und ruhmreichen Abenteuer
Thyl Ulenspiegels und Lamme Goed-
zaks im Lande Flandern & anderwärts.
Ins Deutsche übertragen und mit
einem Nachworte versehen von Ernst
Heinrich Schrenzel

Charles de Coster, *Thyl Ulenspiegel.*
The typographic application
from jacket to title page is unchanged.
Symbol AGS Druck: Armin Hofmann
111 x 193 mm
1952

シャルル・ド・コステ
『ティル・オイレンシュピーゲル』
グレイの用紙の表紙カバーデザインをそのまま
扉ページに応用してある。
AGS Druckマーク：アーミン・ホフマン
1952年

Romain Rolland
Johann Christofs Jugend

Romain Rolland

Johann Christofs Jugend

Verlag der
Allgemeinen Gewerbeschule Basel

Romain Rolland, *Johann Christofs Jugend*
book jacket. The cover series for
Bibliothek Suhrkamp have a predecessor.
111 x 183 mm
1952

ロマン・ロラン『ジャン・クリストフ』の
表紙カバー。ズーアカンプ出版の表紙シリーズの
先達の原形となったデザインである。
1952年

Ina Lohr spricht über Musik

Vereinigte Sparten

Winterkurs

der Handsetzer-

Vereinigung Basel

2. Vortrag im Zyklus

Zeitgemäßes Schaffen

Samstag,

den 6. Dezember,

14 Uhr, Hörsaal 18

der Universität

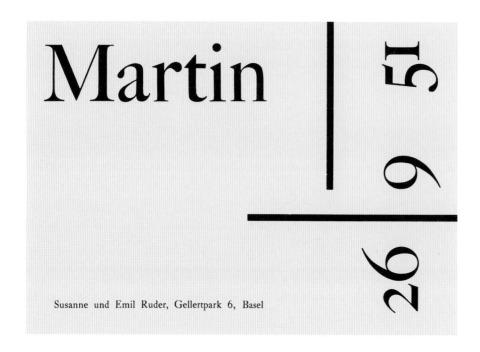

Martin | 51 9 26

Susanne und Emil Ruder, Gellertpark 6, Basel

Invitation card for the lecture
'Ina Lohr talks on music' organized by
the Basel typesetters association.
148 x 105 mm
1952

バーゼル植字工協会主催による講演会
シリーズの案内状。「イナ・ローア 音楽を語る」
1952年

Birth announcement of Martin.
148 x 105 mm
1951

息子マーティンの誕生通知カード。
1951年

Black and grey effect on an energetic
yellow. Visualizing of the big event,
in the strongest contrast to the for such
works usual trivialization.

エネルギッシュな黄色上の黒とグレーの効果。
この大きな慶事を、普通は軽々しく見えてしまう
強烈なコントラストであえて視覚化した。

Emil Ruder

エミール・ルーダー

'We get married on september 30th and are very happy…'

「9月30日に結婚しました、わたしたちはとても幸せです…」

Marriage announcement of Susanne and Emil Ruder printed on Japanese paper laid on cardboard.
201 x 105 mm
1950

スザンネとエミール・ルーダーの結婚通知状。
和紙に印刷し、厚手の紙にのせてある。
1950年

Mein Ahnen-Speisezimmer ist im vergangenen Jahr durch verschiedene geschmackvolle Variationen zu einem Hotz-Eßzimmer ausgebaut worden, so daß es heute geradezu einen Markstein im schweizerischen Möbelbau darstellt. In diesen Möbeln, von denen jedes für sich wahrhaft persönlich anspricht und die zusammengestellt eine klassisch-schöne, in jedes Detail durchgestaltete Harmonie ergeben, vereinigen sich die Fortschritte eines handwerklich erfühlten Möbelbaus bis zum heutigen Tage. Im warmen Schweizer Nußbaumholz, in der gut gelösten Form ist jedes Möbel für sich einmalig.

Eßtisch

80 × 110 cm, aufgeklappt 110 × 160 cm, auf Mittelfuß Fr 750.—. Nicht zum Aufklappen

Geschirrschrank

unten 3 Holztüren, oben 1 Holztüre und 2 Türen in Antikglas, mit verstellbaren Tablaren, 155 cm breit

1850.-

Buffet

mit 2 Türen und verstellbaren Tablaren, 3 Besteckschubladen und Auszugschieber, 185 cm breit Fr. 1580.—

Auszugtisch

rund 115 cm Durchmesser mit 2, evtl. 3 Einlagen à 45 cm, oder eckig 100 × 100 cm, ausziehbar

Anrichte

oder Likörschränkli, mit 2 Türen und Zwischenwand, mit verstellbaren Tablaren, 90 cm breit

650.-

Stuhl

mit hohlem Flachpolster, ohne Stoffbezug Fr. 195.-, oder mit Holzsitz und Kissen, ohne Stoffbezug

Anrichte

oder praktisches Wohnzimmermöbel mit 3 Türen und verstellbaren Tablaren, 133 cm breit

---

Gesellschaft
für Kammermusik
Basel

3. Kammermusikabend

Dienstag, den 28. April 1948,
abends 8 Uhr,
im neuen Festsaal des Stadtcasinos
Ausführende:
Basler Streichquartett
(Fritz Hirt, Rodolfo Felicani,
Albert Bertschmann,
August Wenzinger)

Franz Schubert — Streichquartett g-moll
Allegro con brio, Andantino,
(Menuetto, Allegro vivace,
Allegro)

Johannes Brahms — Streichquartett c-moll
(Allegro vivace, Andante sostenuto,
Scherzo, Presto)
Pause

Bela Bartok — Streichquartett h-moll
(Allegro assai, Andante,
un poco moto, Scherzo,
Allegro vivace,
Presto)

Left: Newspaper advertisement.
Student work.
1948

Right: Advertisement for a chamber
music evening.
1948

左：新聞広告。学生作品。
1948年

右：室内楽演奏会の告知。
1948年

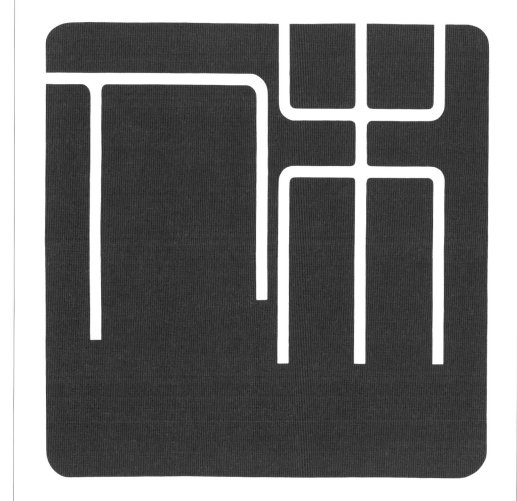

Alte und neue chinesische Bilddrucke
Ausstellung Gewerbemuseum Basel
10. Januar bis 8. Februar 1953
Täglich geöffnet von 10-12 und 14-17 Uhr
Eintritt frei

Entwurf Ruder · Druck Mg. Gewerbeschule Basel

Poster for the exhibition,
Alte und neue chinesische Bilddrucke
[old and new chinese prints]
at the Basel Gewerbemuseum.
905 x 1280 mm
1953

バーゼル工芸博物館における
「中国の版画 今と昔」展ポスター。
1953年

Cover and spread pages from the
report of a study trip of the
Fachklasse für Buchdruck to visit the
printing fair Drupa in Düsseldorf
guided by Emil Ruder (Herr Ruder)
and Ernst Christen (trainer Ch.)

A witty text, written by the students
in German and Swiss German,
is printed in letter press in white on
brown paper stock with pasted in
monochrome photos.
118 x 208 mm, 22 pages
1954

AGSの印刷専科の研修旅行レポートの
表紙と見開き。
エミール・ルーダー（Herr ルーダー）と
エルンスト・クリステン（トレーナー Ch.）に
引率されデュッセルドルフの印刷見本市
ドルッパを見学した。

学生たちによってドイツ語、スイスドイツ語で
書かれた機知に富んだテキストが、茶色の
板紙に白で活版印刷され、モノクロの写真が
貼付けてある。
1954年

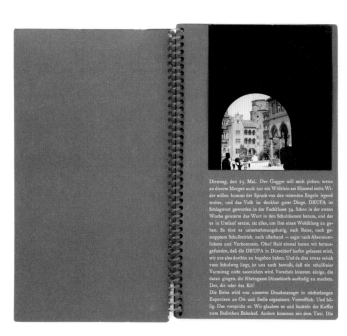

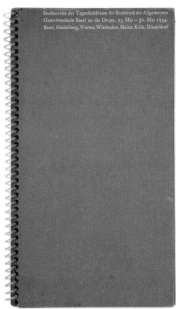

Spread page from the poetry book
Thomas Reiner, *Lehrer werden*.
Printed and bound at AGS Basel.
132 x 210 mm
1955

トーマス・ライナーの詩集『先生になる』より
見開き。AGSにて印刷・製本された。
1955年

Alles Streben
geht im Leben
stets nach oben,
darum proben
schon die Kleinen
mit den Beinen
und den süßen
kleinen Füßen
in der Wiegen
aus dem Liegen
erst das Stehen,
dann das Gehen.
Aus dem Lallen
bildet allen
sich das Wort,
das hinfort
schön getrennt
immer nennt
was ein Kind
recht geschwind
bis zum Greis
alles weiß.

Kaum geboren
sind die Ohren
schon entwickelt
und es prickelt
in den Kleinen
wenn sie einen
Dreiklang hören,
den zu stören
sie nicht wagen,
weil getragen

von Gestalt
die Gewalt
sanfter Töne
sie das Schöne,
kaum erwacht,
ahnen macht.
Wie zum Spiele
kritzeln viele
mit dem Stift;
später trifft
manches schon
Form und Ton
in dem frühen
Sichbemühen
und erhellt
seine Welt.

Bald beginnen
Gärtnerinnen
mit viel Liebe
dieser Triebe
Weiterschreiten
zu begleiten
und das Spiel
auf ein Ziel
aller Kleinen
zu vereinen.
Sie betreuen
sie im neuen
Kindergarten
bis die zarten
Grundanlagen
es ertragen,
daß im Pflicht-
unterricht
weiter oben
sie gehoben
sich erhalten
im Entfalten.

Kindergarten

Glaskunst aus Murano
[glass art from Murano],
exhibition catalogue
for the Basel Gewerbemuseum.
Cover and spread pages.
148 x 210 mm, 32 pages
1955

バーゼル工芸博物館における
「ムラノ島のガラス工芸」展のカタログより
表紙と見開き。
1955年

Glaskunst aus Murano

Murano – heute
Von Werner Schmalenbach

Glaskunst aus Murano! Der eine assoziiert damit kostbare alte Gläser, der andere tausendfältigen gläsernen Kitsch. Für das eine wie für das andere ist der Name Murano zum Inbegriff geworden. Man möchte, besonders da in unsern Tagen so etwas wie eine «Renaissance» des Muranoglases eingeleitet wird, an den Namen einer andern Ortschaft von ähnlicher Reputation erinnern: an Aubusson. Einstmals Ort der großen Teppichwirkerei Frankreichs, sodann degenerierend in jenen Jahrhunderten, da Kunstideale auf die Wirkstühle übergriffen, die hier nur unter Selbstpreisgabe des Handwerks zu verwirklichen waren; und endlich in unserem Jahrhundert ein neuer, staunenswerter Aufschwung dank der Befruchtung durch führende Künstler der Gegenwart, die kraft ihres Stils zum Wandteppich prädestiniert und zudem bereit waren, dem Handwerk zu geben, was des Handwerks ist.

Ähnliches wie in Aubusson wird heute in Murano versucht.

Allein, der Vergleich gilt nur in beschränktem Maße. Denn hier, in Murano, wird der Kitsch durch die Kunst schwerlich ersetzt werden, zumindest nicht, solange er wirtschaftlich floriert; und sollte dies einmal nicht mehr der Fall sein, so werden daran nicht die neuen Bestrebungen schuld sein; denn die Nachfrage, die diese erfüllen wollen, ist eine andere als jene, die der Kitsch befriedigt. Vorläufig wird jedem, der an den Läden rund um die Piazza S. Marco vorbeistreift, der Versuch, den Muranokitsch auszurotten, als ein Kampf gegen eine tausendköpfige Hydra vorkommen. Und nicht allein deshalb erscheint ein solches puristisches Programm ohne Aussicht auf Erfolg. Vor allem auch darum, weil eigentlich niemand hier wirklich mit heiligem Eifer auszurottendes Übel sieht; ja wir selbst müssen auf die Gefahr hin, mit scheelen Blicken angesehen zu werden, bekennen, daß wir es recht betrüblich fänden, wenn das, was man sich nachgerade unter Muranogläsern vorzustellen angewöhnt hat, dem Untergang geweiht wäre. Kein Zweifel, es ist Kitsch; aber ein Kitsch, dem man nicht gram sein kann, der – mit Ausnahmen, die die Regel bestätigen – unser Herz erquickt und ohne Schaden weiterhin konsumiert werden darf, solange man sich über die Art der genossenen Kost im klaren ist.

Diese Erträglichkeit, ja Liebenswürdigkeit des Muranokitsches ist nicht unbegründet. Im Unterschied zu den entarteten Produkten Aubussons aus dem letzten und

Seite rechts: Baltasar Lobo, Mutter und Kind

Umstehend: Aldo Bergamini, Begegnung
Seite rechts: Georg Meistermann, Vase

Paul Basilius Barth zum Gedächtnis

Ausstellung vom 27. Oktober bis 25. November 1956
Kunsthalle Basel

verbunden sind, das entzieht sich der Kenntnis der Außenwelt. Wer hätte es dem immer zu Spässen bereiten, geistreichen Lebenskünstler Haller angesehen, daß er schweren Depressionen unterworfen war, daß er sich oft verkroch wie ein verwundetes Tier und erst nach Wochen wieder auftauchte an der Oberfläche gesellschaftlichen Lebens. Dann allerdings war er wieder in der Form, in der ihn alle kannten und liebten, sprudelnd von Witz und Einfällen, erfüllt von seiner Arbeit und allen schönen Dingen dieser Welt. So waren wohl die bösen Tage nur der notwendige Dünger für die guten. Was Haller auch tat, er tat es mit derselben Hingabe und Begeisterung, er liebte die Frauen, er liebte sein Segelboot, er war ein phantasievoller Geschichtenerzähler, ein ausgezeichneter Koch – lauter Dinge, die seine Natürlichkeit, seine Diesseitigkeit betonen. Aber dieses Bild wäre einseitig und verzerrt, wenn ich nicht anderes noch von ihm berichten würde. Ich denke an meinen letzten Besuch im Spital. Da lag der durch Krankheit und Leiden geschwächte Mann im Bett und hielt mit bleichen Händen den Telephonhörer mit sichtlicher Mühe ans Ohr. Er telephonierte in der ganzen Stadt herum, um einem jungen unbemittelten Kollegen zu helfen, dem er selber schon eine Anzahl Zeichnungen abgekauft hatte. Dies war der letzte Eindruck, ich mit mir nahm und ich erwähne ihn hier, weil er eine Symbolik enthält, die für den Menschen Haller charakteristisch war. Bei aller Robustheit war er eine sensible Natur. Sein reiches Werk zeugt davon. Vor allem ist es der Körper der schönen jungen Frau, der darin dominiert, und den er, stehend, gehend, fliehend, liegend, tanzend, schlafend darstellt – in allen Variationen, die sich seine Besessenheit ausdenken konnte. Mit den halberwachten Frauengestalten, die, den Kopf im Nacken, mit geschlossenen Augen vegetativ wie schöne Pflanzen dastehen, hat Haller die Plastik um etwas bereichert, was es vor ihm nicht gab. Es ist dies eine geniale, d. h. schöpferische Tat, die wie ein Fixstern weiterleuchten wird, wenn Irrlichter und Kometen, die etwa die Welt verblenden, längst spurlos erloschen sein werden.

Eine Kunst freilich war Haller verschlossen, und hätte sie nie gelernt: die Kunst des Alterns. So war es vielleicht ein gütiges Geschick, das ihn mitten aus seiner Arbeit heraus abberief und ihm jene Tage zu leben ersparte, von denen es in der Bibel heißt: sie gefallen mir nicht.

Und nun wenden wir uns nochmals dem Maler zu, dessen Werk mehr mit Basel verwachsen ist als irgendein anderes unserer Zeit. Die jungen Basler vor 50 Jahren – Barth war schon damals ihr Anführer – gingen eigene Wege, persönlicher als ihre Kollegen der übrigen Schweiz, die alle mehr oder weniger der großen Persönlichkeit Hodlers nachstrebten. Es ist kein Zufall, daß von diesem Einfluß Hodlers keine Spur mehr vorhanden ist. Hodler war kein fruchtbarer Anknüpfungspunkt für eine junge Generation. Er ist wie ein See, ohne Zulauf und ohne Abfluß, er ist kein Strom, der

6

einen trägt und weiterführt. Das hatten die jungen Basler früher als ihre Kollegen begriffen. War es die hohe Kunsttradition ihrer Heimatstadt, die sie abhielt, dem etwas gewalttätigen Stil Hodlers zuzustimmen? Oder wirkte sich der Geist Böcklins so aus, daß eine heimliche Sehnsucht nach einer idealeren Welt lebendig blieb? Jedenfalls sind diese Basler Künstler – Barth, Lüscher, Numa Donzé und andere – in jungen Jahren schon ausgezogen und haben ihren Idealismus nach München getragen und nach Italien. Und erst als sie merkten, daß sie doch keine Deutschrömer mehr waren, wandten sie sich nach Frankreich, andern Leitsternen zu. Aber sie sind weder Impressionisten noch Realisten geworden. Eine gesunde Naivität, die jeder wie einen Kompaß in sich trug, wies ihnen den Weg, und jeder blieb sich selber treu. Rückblickend wird ihnen zu Mute sein wie dem Reiter auf dem Bodensee.

Ein französischer Maler sagt: «Chacun de nous est né avec sa couleur.» Wer denkt nicht an Rot und Blau, wenn er den Namen Paul Barth hört? Aber was für ein Blau und was für ein Rot! Ich könnte mir vorstellen, daß die Mutter Gottes an Festtagen sich in diese Farben kleidet. Das Blau des Meeres lockte Barth immer und unwiderstehlich. Er war ihm verfallen, und es inspirierte ihn zu den schönsten Bildern. Die Frauen, die in den Dünen wandeln oder verträumt am Strande liegen, sind alle Verwandte jener Gestalten, die «das Land der Griechen mit der Seele suchen». Dem Maler vielleicht unbewußt, geistert der Schatten Böcklins durch sein Werk.

Paul Barth breitet nun sein Werk vor uns aus, und wir schreiten beglückt hindurch und freuen uns am Einzelnen und am Ganzen gleicherweise. Er selber wird einen solchen Gang noch mit andern Gefühlen tun als wir. Für ihn ist diese Ausstellung das große Tagebuch seines Lebens. Jedes Bild ist ihm ein Stück Vergangenheit, weckt in ihm Erinnerungen, frohe und schmerzliche, und alles tritt lebendig vor seine Seele. Und wenn er, am Ende angelangt, seine schönen blauen Augen, die so manche Frau beunruhigten, rückwärts wendet, so kommt ihm sein ganzes Leben selber vor wie ein Bild, in dem das Dunkle so notwendig erscheint wie das Helle, und er wird versöhnt und weise zu sich sagen: So wie es war, so – mußte es sein.

Am 24. Oktober wird Paul Basilius Barth 70jährig. Rodin begegnet dem Alter mit dem schönen versöhnenden Wort: «Ma nouvelle amie – la vieillesse.» Möge sie, diese neue Freundin, auch Dich, lieber Paul, behutsam in ihre Arme schließen und Dir genügend Zeit und Kraft noch gönnen, das schöne Spiel der Farben, das der Inhalt Deines Lebens war, noch lange fortzuführen. La vieillesse – que mes contemporains m'ont faite si belle! Daß auch dieser Nachsatz sich an Dir erfülle, das ist unser aller herzlichster Wunsch.

Ansprache Ernst Morgenthalers anläßlich der Eröffnung der Ausstellung Paul Basilius Barth/Hermann Haller am 6. Oktober 1951.

7

Paul Basilius Barth in Memory
exhibition catalogue for
Kunsthalle Basel.
Cover, title page and spread page.
170 x 210 mm, 32 pages
1956

バーゼル美術館における
「ポール・バシリウス・バルトを偲んで」展の
カタログより、表紙、扉ページ、見開き。
1956年

Right: In 1960 at AGS, after the typography class, student Roy Cole asked Ruder about Adrian Frutiger's typeface Meridien. Ruder took a paper and a pencil and with immense speed sketched the differences.

Letter a: drop (Tr.) and tail (Schw.)
Letter v: chisel (Meissel)
Letter n: pen (Feder)
Ruder explained that in Meridien these elements are all unified ...

Rare memorabilia of Emil Ruder kept by Helmut Schmid since then.

右：1960年AGSにて、タイポグラフィの
授業の後、学生ロイ・コールはルーダーに、
アドリアン・フルティガーの書体メリディアンに
ついて尋ねた。ルーダーは紙と鉛筆を手に
取るや、おそろしいスピードで、その違いを
スケッチして見せた。

a の上部末端部と終筆
v のセリフ（ノミ型）
n の起筆（ペン型）
ルーダーは、メリディアンではこれらの
エレメントはすべて統一されていると説明した。

エミール・ルーダーのこの希有にして忘れ
がたいメモ書きは、その時以来ヘルムート・
シュミットが保管している。

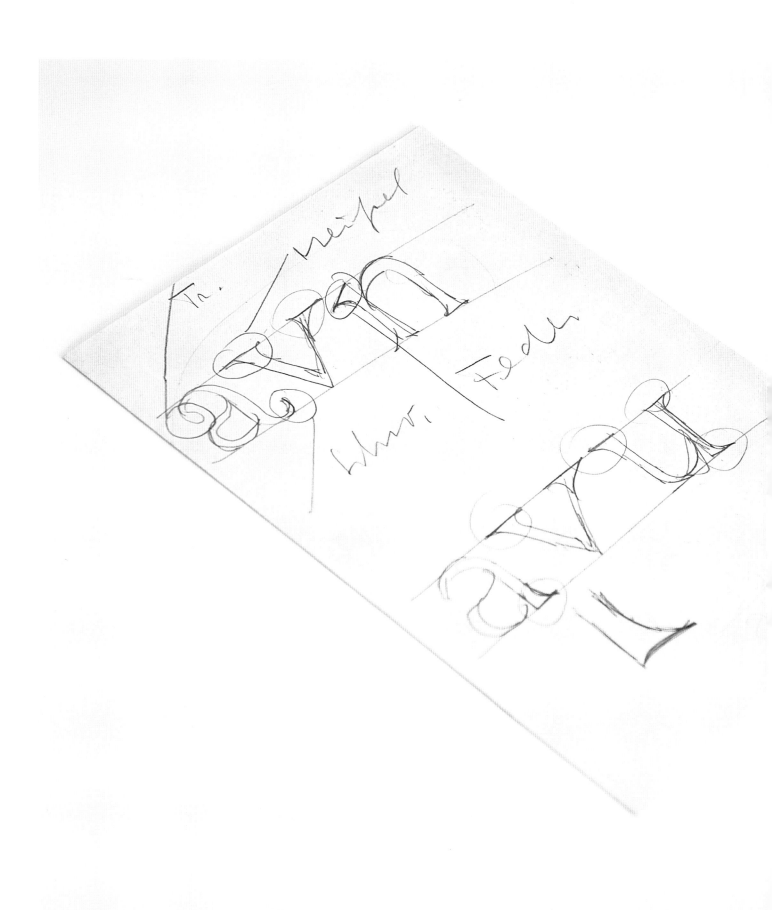

Das Reich des Asklepios

Eine Geschichte der Medizin
in Gegenständen

von Professor Dr. med. Erwin H. Ackerknecht
Direktor des Medizinhistorischen Instituts der Universität Zürich

The World of Asclepios

A History of Medicine
in Objects

by Erwin H. Ackerknecht M. D.
Professor and Director of the Institute of History of Medicine of the
University of Zurich

Zweite, unveränderte Auflage 1966

Verlag Hans Huber Bern und Stuttgart
Published by Hans Huber Berne and Stuttgart

The world of Asclepios,
book design in two languages.
Hardcover with jacket.
Publisher: Hans Huber, Bern
214 x 290 mm, 96 pages
1963

『アスクレピオスの世界』
2カ国語の書籍デザイン。
表紙カバー付き上製本。
発行：ハンス・フーバー出版、ベルン
1963年

Das grausame Handeln der Krankheitsdämonen hatte aber einen tieferen moralischen Sinn. Sie bestraften Sünde, Sünde des einzelnen oder seiner Sippe. Selbst die krankmachende Hexe oder der Hexenmeister traten nur gegen den in Aktion, der sie geschädigt hatte. So machte einst die Angst vor der Krankheit die Menschen tugendhaft... Die Heilhandlung war nun nicht mehr instinktiv, sondern ein Zeremoniell, ein rituelles Drama, in das Drogen wie Bäder, Tänze wie Zaubersprüche eingegliedert waren und in dessen Mittelpunkt der Dämon stand. Um ihn zu beschwören, musste man ihn sichtbar machen. Höchst erschreckend war seine grausige Fratze, in die der primitive Künstler all seine Angst, seinen Abscheu, seinen Hass hineinlegte. Aber immer noch weniger schrecklich war dieses Scheusal als Unsichtbarkeit, Namenlosigkeit, Ungewissheit, die schrecklichste aller Seelenqualen.

There was however a deeper moral meaning attached to the cruel behaviour of the demons of ill-health. In acting the way they did they punished sin, i.e. sin committed individually or by the family of the afflicted. In imposing maladies, even witch and sorcerer proceeded only against those who had harmed them. And so it came about that, in the distant past, people became virtuous for fear of illness.
From that period on, the act of healing was no longer an instinctive process but a ceremonial, a ritual drama embodying drugs as well as baths, dances as well as magic formulae, all of them circling round the idea of the demon. And so, in order to conjure him up, he had to be made visible. This was done by the primitive artist, who put all his fear, his revulsion, his hatred into the grimacing face of the demon, giving it a hideous, most menacing expression. Yet this monster was less menacing than invisibility, namelessness, uncertainty, those most fearful of all tortures of the soul.

Nordamerikanische Indianerklapper zur Vertreibung von Dämonen

Rattle of Northwestcoast Indians to chase demons

8

9

Sie enthalten Beschreibungen von Krankheiten, die wir auch an den Mumien finden. Und wenn der Papyrus Smith, um 1550 v. Chr., eine Kopfwunde erörtert, so erwähnt er nicht Götter oder Geister, sondern sagt in alttestamentlicher Kürze:
Wenn Du einen Mann untersuchst mit einer klaffenden Kopfwunde, die den Schädel zertrümmert hat, so sollst Du sie betasten. Findest Du sie eingesunken mit geschwollenen Rändern und der Patient blutet aus Nase und Ohren und hat einen steifen Nacken, so dass er weder seine Schultern noch Brust sehen kann, so sollst Du sagen: Klaffende, auf den Knochen gehende Kopfwunde mit Zerschmetterung des Schädels und Nackensteife. Ein Leiden, das man nicht behandeln soll.

They contain descriptions of diseases the traces of which we can also find in mummies. And when the author of the Smith papyrus (approx. 1550 B.C.) discussed a head wound he did not mention gods or spirits but stated with biblical terseness:
When you examine a man with an open head wound that has crushed his skull, you must touch it. If you find it sunk in with swollen edges and the patient bleeds from nose and ears and has a stiff neck which prevents him from seeing his shoulders or chest, you should say:
Open head wound reaching bone, with crushing of skull and stiffness of neck, a condition not to be treated.

Fragment des Smith-Papyrus

Fragment of the Smith Papyrus

16

Der Schluss dieses Passus klingt in unsern Ohren besonders merkwürdig. Aber bis zum Ende des 18. Jahrhunderts ist es auch bei uns keine unethische Handlungsweise, wenn der Arzt die Behandlung des Unheilbaren ablehnt. Und selbst wenn der ägyptische Chirurg handelt, ist er zurückhaltend. Er trepaniert zum Beispiel nicht.
Die ersten Ärzte, von denen wir hören, sind natürlich die Leibärzte des göttlichen Königs, des Pharao. Ihre Namen, wie die ihrer mesopotamischen Kollegen, sind seit fast fünftausend Jahren bekannt. Ägyptische Ärzte gelten als die besten bis zum Erscheinen der Griechen. Man macht sich im alten Ägypten Gedanken über die Funktion des menschlichen Körpers, über die Physiologie. Trotz zahlreicher Leichenöffnungen beim Einbalsamieren kennt man keine Anatomie. So ist auch die ägyptische Physiologie eher eine Spiegelung der ägyptischen Landwirtschaft mit ihren zahllosen Irrigationskanälen als des menschlichen Körpers. Sie macht keine späteren Fortschritte. Denn im Lande der allmächtigen Priester und der Mumien ist die Medizin selbst zur Mumie geworden.

The end of this passage sounds strange to the 20th century reader. But up to the end of the 18th century it was not considered unethical if the physician refused to treat the incurable. Even when the Egyptian surgeon did act, he did so with great reserve, e.g. he undertook no trepanation.
The first physicians of whom we have knowledge, were of course the personal physicians of the Pharao, the godlike king. Their names, like those of their Mesopotamic colleagues, have been known for nearly 5000 years. Until the Greek entered the scene Egyptian physicians were considered the best all over the near East.
In ancient Egypt one pondered over the way the human body functioned, i.e. over physiology. In spite of the fact that many corpses were opened up in order to be embalmed, anatomy was unknown, which explains why Egyptian physiology, far from reflecting the human body, rather mirrors Egyptian agriculture with its numerous irrigation channels. Egyptian medicine made no further progress. For in the land of the almighty priests and of mummies, the healing art itself became mummified.

17

Eine zeitnahe Typographie können wir nur so verstehen:
die Gestaltung aufs engste verflochten mit den geistigen, sozialen,
wissenschaftlichen und technischen Erscheinungen unserer Zeit.

Emil Ruder
1952

We can only begin to understand contemporary typography
when design is interwoven in the closest possible way with the spiritual,
social, scientific and technical manifestations of today.

Emil Ruder
1952

今日の精神、社会、科学、技術における同時代的表明とデザインが、
できるだけ緊密な方法で織りあわされたときに初めて、
わたしたちは現代のタイポグラフィを理解しはじめるのである。

エミール・ルーダー
1952年

Translation from the article in TM 2.1952
first published in *the road to Basel*
edited by Helmut Schmid,
published at Robundo, Tokyo, 1997

Emil Ruder

on drinking tea, typography,
historicism,
symmetry and asymmetry

'The heaven of modern humanity is indeed shattered in the Cyclopean struggle for wealth and power. The world is groping in the shadow of egotism and vulgarity. Knowledge is bought through a bad conscience, benevolence practiced for the sake of utility. The East and West, like two dragons tossed in a sea of ferment, in vain strive to regain the jewel of life. We need a Niuka again to repair the grand devastation; we await the great Avatar. Meanwhile, let us have a sip of tea. The afternoon glow is brightening the bamboos, the soughing of the pines is heard in our kettle. Let us dream of evanescence, and linger in the beautiful foolishness of things.'

In 1906 Okakura's *the Book of Tea* was published, in which he, as a Japanese, introduced to Europe the depth and refinement of Far Eastern culture. On reading through the pages of this small and narrow book one is surprised at just how much of general relevance is conveyed. In the sections Taoism and Zen-philosophy, the tea-room, Evaluation of art, Flowers, and Tea-master, the major problems concerning philosophy, art and architecture are discussed in a stunningly simple way. Our domain of oft-recurring subjects in typography, such as symmetry, asymmetry and historicism, appear in a new light. Let's look at the section 'the tea-room':

'The tea-room is an Abode of the Unsymmetrical inasmuch as it is consecrated to the worship of the Imperfect, purposely leaving something unfinished for the play of the imagination. In the tea-room it is left for each guest in imagination to complete the total effect in relation to himself. The art of the extreme Orient has purposely avoided the symmetrical as expressing not only completion, but repetition. Uniformity of design was considered as fatal to the freshness of imagination. In the tea-room the fear of repetition is a constant presence. The various objects for the decoration of a room should be so selected that no colour or design shall be repeated. If you have a living flower, a painting of flowers is not allowable. If you are using a round kettle, the water pitcher should be angular. A cup with a black glaze should not be associated with a tea-caddy of black lacquer. In placing a vase or an incense burner on the tokonoma, care should be taken not to put it in the exact centre, lest it divide the space into equal halves.

Here again the Japanese method of interior decoration differs from that of the Occident, where we see objects arranged symmetrically on mantelpieces and elsewhere. In Western houses we are often confronted with what appears to us useless reiteration.'

These thoughts appear to us worthy enough of providing enrichment to the subject of asymmetry/symmetry. Nowhere could we find so eloquently expressed, that asymmetry is allied to the simple, the natural, and also to freshness and to the highly imaginative – in contrast to deliberate and more monumental symmetry. As a result, however, we find ourselves already in contrast with today's relevance. The increased tendency towards matter being set centred, resulting in a style of setting of historical character, is disquieting and painful for every advocate of contemporary typography. This retrograde movement, which has amassed followers in the widest circles, affects all fields, particularly architecture, and not just in Switzerland either.

The path to centered setting is often the path of minimal resistance, because one shies away or does not master the requirements of good asymmetry: the construction with typographical elements on a plane, the activation also of the unprinted plane. Admittedly, centered setting has much in its favour, for even a poor work doesn't topple over; it has the central axis to support it. On the other hand poorly designed asymmetry is an altogether different story.

We can only begin to understand contemporary typography when design is interwoven in the closest possible way with the spiritual, social, scientific and technical manifestations of today. We should not put aside *the Book of Tea* without first reading what Okakura has to say about taking refuge from the present and historicism:

'Art, to be fully appreciated, must be true to contemporaneous life. It is not that we should ignore the claims of posterity, but that we should seek to enjoy the present more. It is not that we should disregard the creations of the past, but that we should try to assimilate them into our consciousness. Slavish conformity to traditions and formulas fetters the expression of individuality in architecture. We can but weep over those senseless imitations of European buildings which one beholds in modern Japan. We marvel, among the most progressive Western nations, architecture should be so devoid of originality, so replete with repetitions of obsolete styles. Would that we loved the ancients more and copied them less! It has been said that the Greeks were great because they never drew from the antique.

The claims of contemporary art cannot be ignored in any vital scheme of life. The art of today is that which really belongs to us: it is our own reflection. In condemning it we but condemn ourselves. We say that the present age possesses no art – who is responsible for this?'

The situation today appears to us disturbing. In restraining our own restlessness we should not be praising the acknowledged high standard of our printed product without casting a sidelong glance at the educational contributions made by our polytechnics. We realize a resignation, a turning back, an uncertainty, a question for the continuity. One has the feeling that what is needed today is the same as that period which followed form-obscuring Impressionism: the search for a principle, conscious image forming and a unified view of life.

It is our conviction that, in the whole world, all of us are subject to the same principles. The Gothic woodcut artist, the Greek vase painter and the Egyptian hieroglyphic painter were all faced with the same task, our task: to place elements on a surface, to make them harmonize and to relate them to a higher order.

TM 1952年2号より翻訳転載
和訳初出『バーゼルへの道』、朗文堂
『茶の本』の引用は村岡博訳、岩波文庫

エミール・ルーダー

一服の茶、タイポグラフィ、歴史主義、
シンメトリーとアシンメトリーについて

「現代の人道の天空は、富と権力を得んと
争う莫大な努力によって全く粉砕せられている。
世は利己、俗悪の闇に迷っている。知識は
心にやましいことをして得られ、仁は実利のため
に行われている。東西両洋は、立ち騒ぐ
海に投げ入れられた二竜のごとく、人生の宝玉を
得ようとすれどそのかいもない。この大荒廃を
繕うために再び女媧を必要とする。われわれは
大権化の出現を待つ。まあ、茶でも一口
すすろうではないか。明るい午後の日は竹林に
はえ、泉水はうれしげな音をたて、松籟は
わが茶釜に聞こえている。はかないことを夢に
見て、美しい取りとめのないことをあれや
これやと考えようではないか。」

1906年、岡倉覚三の『茶の本』が出版
された。これは彼が日本人として、東洋の文化の
深遠と精緻を西洋に紹介するものである。
この小さな細身の本を読み進むにつれて、わたし
たち自身の問題のいかに多くが共通の基盤に
拠っているかが伝わってきて、驚かされる。
道教と禅道、茶室、芸術鑑賞、花、茶の宗匠の
章で、哲学、美術、建築における主要な問題が
驚くばかりに簡潔に論じられている。
タイポグラフィでしばしば取り上げられる問題、
例えば、シンメトリー、アシンメトリー、歴史主義
などが、新しい光の中に立ち現れてくる。
茶室の章を見てみよう。

「茶室は不完全崇拝にささげられ、故意に何かを
仕上げずにおいて、想像の働きにこれを完成
させるからには数寄家である。茶室においては、
自己に関連して心の中に全効果を完成する
ことが客各自に任されている。極東の美術は
均斉ということは完成を表わすのみならず重複を
表わすものとしてことさらに避けていた。
意匠の均等は想像の清新を全く破壊するもの
と考えられていた。茶室においては重複の
恐れが絶えずある。室の装飾に用いる種々な
物は色彩意匠の重複しないように選ばなけ
ればならぬ。生花があれば草花の絵は許されぬ。
丸い釜を用いれば水さしは角張っていなければ
ならぬ。黒釉薬の茶わんは黒塗りの茶入れ
とともに用いてはならぬ。香炉や花瓶を床の
間にすえるにも、その場所を二等分しては
ならないから、ちょうどそのまん中に置かぬよう
注意せねばならぬ。

この点においてもまた日本の室内装飾法は
西洋の壁炉やその他の場所に物が均等に並べて
ある装飾法と異なっている。西洋の家では
われわれからみれば無用の重複と思われるものに
しばしば出くわすことがある。」

この考え方は、アシンメトリー・シンメトリーの
問題に一層の豊かさを与える点で十分に
価値をそなえている。威圧的、記念碑的な
シンメトリーとは対照的に、アシンメトリーは、
簡潔さ、自然さ、そしてまた新鮮さや高度の
想像力に関連していることを、これほど
見事に表現したものをわたしたちは他に知ら
ない。しかしながら、結果として、既に
わたしたちは今日通用しているものとは相反
するところに立っていることを知らされる。
シンメトリーな組版への傾向は増し、果ては
時代物的組版を生み出したが、これは
コンテンポラリー・タイポグラフィを擁護する
者に不安や苦痛を与えるものである。この
時代逆行的動きは、すべての分野、特に建築に
おいて、またスイスだけでなくきわめて広い
範囲において影響を及ぼしている。

シンメトリーな組版への道はしばしば最も
無理のない道である。なぜなら、人は優れた
アシンメトリーの要求 —— 平面上に
タイポグラフィカルなエレメントを構成すること、
そしてまた印刷してない部分をも活性化
すること —— におじづいているか、あるいは
熟達していないからである。一般に認められて
いるように、シンメトリーな組版には
大きな利点がある。たとえ貧弱な作品でも
中心を軸で支えられているので、ぐらぐら倒れる
ことがない。他方、貧弱にデザインされた
アシンメトリーは、全く別の問題である。

今日の精神、社会、科学、技術における
同時代的表明とデザインが、できるだけ緊密な
方法で織りあわされたときに初めて、
わたしたちは現代のタイポグラフィを理解
しはじめるのである。『茶の本』をわきに押し
退けてはいけない。岡倉が現在からの
逃避や歴史主義について書いていることを
まず読んでみることだ。

「芸術が充分に味わわれるためにはその
同時代の生活に合っていなければならぬ。それは
後世の要求を無視せよというのではなくて、
現在をなおいっそう楽しむことを努むべきだと
いうのである。また過去の創作物を無視せよとい
うのではなくて、それをわれらの自覚の
中に同化せよというのである。伝統や型式に
屈従することは、建築に個性の表われるのを
妨げるものである。現在日本に見るような
洋式建築の無分別な模倣を見てはただ涙を注ぐ
ほかはない。われわれ不思議に思う、最も
進歩的な西洋諸国の間に何ゆえに建築が
かくも斬新を欠いているのか、かくも古くさい
様式の反復に満ちているのかと。願わくは古人を
慕墓することはいっそうせつに、かれらに模倣
することはますます少なからんことを！
ギリシャ国民の偉大であったのは決して古物に
求めなかったからであると伝えられている。

同時代美術の要求は、人生の重要な計画に
おいて、いかなるものにもこれを無視することは
できない。今日の美術は真にわれわれに
属するものである、それはわれわれみずからの
反映である。これを罵倒する時は、ただ自己を
罵倒するのである。今の世に美術なし、
というが、これが責めを負うべき者はたれぞ。」

今日の状況にわたしたちは不安を覚える。わたし
たちはこの落ち着かない状態を抑えるために、
わたしたちの印刷物の質の高さを賞賛するが、
それに寄与しているわが職業学校の教育を
見落としてはなるまい。わたしたちは、断念を
認めている、後退を、不確実性を、継続に対する
疑問を認めている。人は、今日必要とされて
いるものは、フォルムが曖昧であった印象主義に
続く時代に求められていたものと同じであると
感じている、すなわち、原理、意識的なイメージの
形成、統一的な世界観の追求。

わたしたちは、この全世界においては、みなが
同じ諸原則に従っているという確信を持っている。
ゴシックの木版画家、ギリシャの壺を彩る
絵付師、エジプトのヒエログリフの書き手、
かれらはすべて同じ課題に向かっていた。それは
わたしたちの課題でもあるのだ。すなわち、
平面上に様々な要素を配置し、調和させ、より
高度の秩序にもっていくことである。

Three Swiss magazines merged in 1952: *Typographische Monatsblätter, Schweizer Graphische Mitteilungen, Revue Suisse de l'Imprimerie.* Under editor Rudolf Hostettler TM became the seed of swiss typography.

The first TM cover was designed by Rudolf Hostettler with logo design by Jan Tschichold.

230 x 310 mm
TM 1.1952

TM 2.1952, the special issue Basel, is a milestone in typography. Cover and page layout by Emil Ruder. the issue produced in collaboration of the Handsetzervereininung Basel, Tagesfachklasse für Buchdruck and Fachklasse für Graphic at the Allgemeine Gewerbeschule Basel. Contributions by Emil Ruder, Armin Hofmann and Robert Büchler. The spread pages of this issue are amazing in their use of space.

With this issue the Ruder typography and with his essay 'on drinking tea, typography, symmetry and asymmetry' Ruder's philosophy was born.

TM 2.1952

1952年、スイスの印刷関連の3誌（TM、SGM、RSI）は併合されて、「ティポグラフィシェ・モーナツブレッテル（TM）」一誌となった。新しいTM誌は、編集長ルドルフ・ホシュテトラーの主導のもと、スイス・タイポグラフィの源泉となった。第1号の表紙は編集長自身がデザインし、ロゴはヤン・チヒョルトがデザインした。

TM 1952年1号

TM誌1952年2号、バーゼル特集号はタイポグラフィにおける記念碑的なものとなった。表紙と本文レイアウトはエミール・ルーダーのデザイン。この号は、バーゼル植字工協会、バーゼル工芸専門学校の印刷専科とグラフィックデザイン専科の協力を得て制作された。寄稿者はエミール・ルーダー、アーミン・ホフマン、ロベルト・ビュヒラー。この号の見開きページのスペースの使い方は目をみはる見事さだ。

この号をもってルーダー・タイポグラフィは誕生し、同号上のルーダー寄稿のエッセイ「一服の茶、タイポグラフィ、シンメトリーとアシンメトリー」をもってルーダー哲学は誕生したのだ。

TM 1952年2号

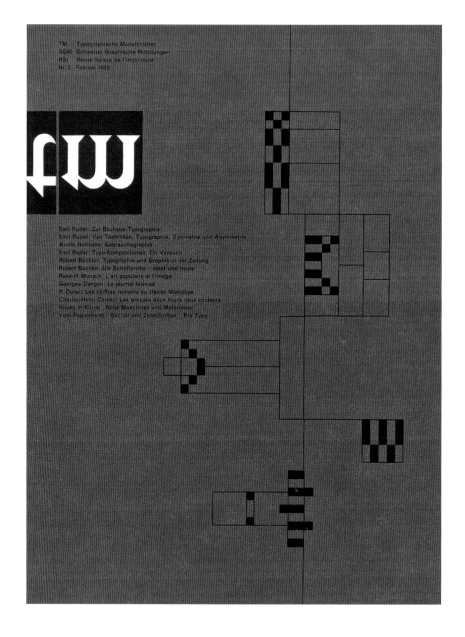

It is our conviction that, in the whole world, all of us are subject to the same principles. The Gothic woodcut artist, the Greek vase painter and the Egyptian hieroglyphic painter were all faced with the same task, our task: to place elements on a surface, to make them harmonize and to relate them to a higher order.

Emil Ruder
On drinking tea, typography, historism, symmetry and asymmetry
TM 2.1952

わたしたちは、この全世界においては、みなが
同じ諸原則に従っているという確信を持っている。
ゴシックの木版画家、ギリシャの壺を彩る
絵付師、エジプトのヒエログリフの書き手、
かれらはすべて同じ課題に向かっていた。それは
わたしたちの課題でもあるのだ。すなわち、
平面上に様々な要素を配置し、調和させ、より
高度の秩序にもっていくことである。

エミール・ルーダー
一服の茶、タイポグラフィ、歴史主義、
シンメトリーとアシンメトリーについて
TM 1952年2号

---

p r o g r a m m

für den klavierabend der abstrakten hannover am 8. april 1929 im hause des
dr. walter elsbach, hannover, hohenzollernstrasse 55
mevouw alide van uytvanck spielt

igor strawinsky	sonate
willem pyper	sonatina nr. 2
	sonatina nr. 3
karel mengelberg	divertissement I
	introduction
	danse
	finale
lou lichtveld	alger
	moderato
	adagio
	andante
	allegro
	dolce sostenuto
	allegro
	mysterioso
serge prokofieff	sonate nr. 5 opus 38
francis poulenc	sonate 1918
	presto
	andante
	vif
	sonate 1922
	allegro moderato
	andante
	rondo
erik satie	troisième gnossienne
	première gymopédie
henri sauguet	quatrième française
arthur honegger	sept pièces brèves
georges aurie	nocturne aus ‚les fâcheux‘
	sonatine
	allegro
	andante
	finale
darius milhaud	trois rag-caprices

82

**Emil Ruder:
Von Teetrinken, Typographie, Historismus, Symmetrie und Asymmetrie**

‚Der Himmel der Menschheit von heute ist tatsächlich zerbrochen in den gigantischen Kämpfen um Reichtum und Macht. Die Welt tappt im Dunkel des Egoismus und der Niedrigkeit. Wissen wird um den Preis eines guten Gewissens gekauft, Wohltätigkeit um des Nutzens willen ausgeübt. Der Osten und der Westen, zwei in eine gärende See gestürzte Drachen, streben vergeblich, das Kleinod des Lebens wiederzugewinnen. Wir brauchen wieder eine Nü-kua, um die großen Verwüstungen in Ordnung zu bringen. Wir erwarten den großen Avatara. Inzwischen wollen wir einen Schluck Tee trinken. Die Spätnachmittagssonne bescheint den Bambus, die Quellen glucksen voll Entzücken, der Wind in den Kiefern tönt in unserem Teekessel wider. Laßt uns vom Vergänglichen träumen und bei der wundersamen Torheit der Dinge verweilen.‘ (Kakuzo Okakura: Das Buch vom Tee. Im Insel-Verlag 1950.)
Im 1906 erschienenen ‚The Book of Tea‘ brachte der Japaner Okakura Europa die Tiefe und Feinheiten fernöstlichen Wesens nahe. Beim Durchlesen des schmalen Büchleins wird man überrascht inne, wieviel allgemein Gültiges hier vermittelt wird. In den Abschnitten Taoismus und Zen-Lehre, Der Teeraum, Wertung der Kunst, Blumen, Teemeister wird verblüffend einfach über die großen Probleme der Philosophie, der Architektur und der Kunst gesprochen. Die uns erneut stark bewegenden Themen der Typographie, wie Symmetrie, Asymmetrie und Historismus, erscheinen in einer uns ungewohnten Beleuchtung. So entnehmen wir dem Abschnitt ‚Der Teeraum‘:
‚Der Teeraum ist Stätte des Unsymmetrischen insofern, als er der Verehrung des Unvollkommenen geweiht ist, wobei mit Vorsatz irgend etwas unvollkommen gelassen wurde, um im Spiel der Phantasie vollendet zu werden. Im Teeraum ist es jedem Gast überlassen, in der Phantasie die gesamte Wirkung in ihrer Beziehung zu seinem Ich zu vollenden. Die Kunst des Fernen Ostens hat bewußt das Symmetrische vermieden, weil es nicht nur Vollkommenheit, sondern auch Wiederholung bietet. Einheitlichkeit des Musters wurde als verderblich für die Frische der Phantasie angesehen. Im Teeraum ist die Furcht vor dem Sichwiederholen allgegenwärtig. Die verschiedenen Gegenstände der Raumausschmückung müssen so gewählt werden, daß sich keine Farbe und kein Muster wiederholen. Wenn eine lebende Blume darin steht, ist ein Blumenbild nicht zulässig. Benutzt man einen runden Kessel, dann muß die Schöpfkelle eckig sein. Eine Tasse mit schwarzer Glasur darf nicht zusammen mit einer Teebüchse aus schwarzem Lack verwendet werden. Wenn man eine Vase auf das Weihrauchbecken der Tokonoma stellt, muß man achtgeben, daß man sie nicht genau in die Mitte setzt, damit nicht der Raum in zwei gleiche Hälften geteilt wird.
Auch hier unterscheidet sich die japanische Art der Innenarchitektur von der des Westens, wo wir Gegenstände symmetrisch auf dem Kaminsims oder anderswo angeordnet sehen. In den Häusern des Westens tritt uns oft das gegenüber, was wir als nutzlose Wiederholung empfinden.‘
Diese Gedanken erscheinen uns wertvoll genug, um hier als Bereicherung des Themas Asymmetrie/Symmetrie zu stehen. Nirgends fanden wir so schön ausgesprochen, daß Asymmetrie dem Schlichten, Einfachen, Natürlichen, aber auch dem Frischen und Phantasievollen verwandt ist. Im Gegensatze zur betonten und monumentaleren Symmetrie. Damit stehen wir aber schon im Kontraste zum heute

Gültigen. Der vermehrte Hang zur Mittelachse und damit zur historisierenden Satzweise ist für jeden Befürworter einer zeitnahen und zeitkräftigen Typographie beunruhigend und schmerzlich. Diese rückläufige Bewegung hat in allen Gebieten, am augenscheinlichsten in der Architektur, und nicht nur in der Schweiz, weiteste Kreise erfaßt.
Der Weg zur Mittelachse ist oft der Weg des geringsten Widerstandes, weil man die Voraussetzungen zu einer guten Asymmetrie scheut oder nicht mehr beherrscht: Das Bauen mit typographischen Elementen auf einer Fläche, die Aktivierung auch der unbedruckten Fläche. Zugegeben: der Mittelachse ist rascher etwas abzugewinnen, auch eine schwache Arbeit hat noch einen Halt, eben die Mittelachse. Eine schlecht gestaltete Asymmetrie hingegen ist schon eine schlimmere Sache.
Eine zeitnahe Typographie können wir nur so verstehen: die Gestaltung aufs engste verflochten mit den geistigen, sozialen, wissenschaftlichen und technischen Erscheinungen unserer Zeit.
Wir wollen das Büchlein vom Tee nicht aus der Hand legen, ohne zu vernehmen, was Okakura zur Flucht aus der Zeit und über den Historismus schreibt:
‚Um voll gewürdigt zu werden, muß die Kunst immer dem Leben ihrer Zeit entsprechen. Wir wollen die Forderungen der Vergangenheit nicht unbeachtet lassen, aber wir sollen dennoch danach trachten, die Gegenwart mehr zu schätzen. Wir wollen nicht die Schöpfungen der Vergangenheit mißachten, sondern wir sollen versuchen, sie in unser Bewußtsein aufzunehmen. Ein sklavisches Festhalten an Überlieferungen und Formeln legt den individuellen Ausdruck in der Architektur in Fesseln. Müssen wir nicht weinen über jene sinnlosen Nachahmungen europäischer Bauten im modernen Japan? Wir wundern uns, warum die Architektur gerade der fortgeschrittensten Völker des Westens so jeder Originalität entbehrt und so reich ist an einer Wiederholung früherer Stile. Ich wollte, wir liebten die Alten mehr und kopierten sie weniger! Man hat gesagt, daß die Griechen groß waren, weil sie niemals aus der Antike geschöpft haben.
Die Ansprüche der zeitgenössischen Kunst können in keiner lebenskräftigen Lebensanschauung übersehen werden. Die Kunst von heute ist die, die wirklich zu uns gehört: sie ist unser eigenes Spiegelbild. Wenn wir sie verdammen, verdammen wir nur uns selbst. Wir sagen, daß die gegenwärtige Zeit keine Kunst besitze – wer ist dafür verantwortlich?
Die heutige Situation scheint uns beunruhigend. Wir wollen nicht, unsere eigene Unruhe zurückhaltend, den anerkannt guten Durchschnitt unserer Druckerzeugnisse rühmen, mit einem Seitenblick auf den erzieherischen Beitrag unserer Berufsschulen. Wir glauben eine Resignation feststellen zu können, eine Umkehr, eine Unsicherheit, eine Frage nach dem Weiterhin. Man hat das Gefühl, es brauche heute dasselbe wie nach der Periode des formzerstäubenden Impressionismus: das Suchen nach dem Gesetz, bewußtes Bauen des Bildes, einheitliches Weltbild.
Es ist unsere Überzeugung, daß wir alle den gleichen Gesetzlichkeiten unterstehen, auf der ganzen Welt. Der gotische Holzschneider, der griechische Vasenmaler, der ägyptische Hieroglyphenmaler standen vor der gleichen, vor unserer Aufgabe: eine Fläche mit Elementen zu gestalten, sie zum Klingen zu bringen, sie einer höheren Ordnung näherzubringen.

83

The ideologies of the years that
followed the war gave an impulse to
the establishment of the Bauhaus.
To conquer the individualistic dis-
integration of the arts, the Bauhaus
announced the thought of a new
alliance, a new architecture, that
should unite all work of the arts.
Gropius proclaimed art and technique
as the new unity, to give architecture,
in itself the old thought of total art,
an impression that fits our time of the
technical.

From this correlation, typography
should not be allowed to be left aside;
she has to be observed together with
these ideas and appearances, to
fit into her time, as part of the whole.

Emil Ruder
On Bauhaus-typography
TM 1952. 2

大戦に続く数年間のイデオロギーはバウハウスの
設立に動機を与えた。諸技芸の分裂と断絶を
のり越えるために、バウハウスは、新しい統合の
思想、芸術にかかわるあらゆる仕事を統合
するための新しい構想を発表した。グロピウスは
芸術と技術の「新しい統合」を宣言し、それ
自体古来より総合芸術としての建築に、わたし
たちの技術化時代に適合する特性を与えた。

タイポグラフィは、この相関関係から取り残され
てはならない。これらの思想や形態とともに
認識され、全体の一部としてその時代に適合
しなければならない。

エミール・ルーダー
バウハウス・タイポグラフィについて
TM 1952年2号

The ornament is the formal expression of a certain style, in unison with the rhythm of the time. How many contemporaries see behind the simplest geometric forms a symbol, a creative force? For example in the vertical line the active, the rising; in the horozontal line the resting and passive. The even rhythm of the square, the uneven rhytm of the elongated rectangle and the calmness and harmonious of the circle.

At the Tagesfachklasse for printers we contributed with an attempt to the often discussed question on the ornament: the ornament in the shape of free arranged accents and ryhthms. It fascinated us, to practice the elementary rules of typography, whithout the bondage of aims: to let the rich play from black to white, form- and colour contrasts invigorate. The colleague, who does not see the usefulness of such a doing, may consider, that the attention of such values and the training of the fantasy can stimulate and enrich the every day typographic work.

Emil Ruder
Typo-compositions, an attempt
TM 2.1952

装飾とは、時代のリズムに調和するある種の
スタイルの形式的な表現である。いったい幾人
の同時代人が、もっとも単純な幾何学的
フォルムの背後にある象徴、創造的な力を見て
いるのであろうか。たとえば、垂直線の背後に
活動・上昇を、水平線に平穏・受動を見る
ように。正方形に一様なリズムを、細長い
長方形に不規則なリズムを、円に静寂や調和を
見るように。

印刷専科の授業でわたしは、度々議論の
的となっている装飾に関する問題、すなわち、
アクセントやリズムを自由に配置した装飾を取り
上げてみた。それは、わたしたちにとっては
魅力的な試みだった。タイポグラフィの初歩的な
ルールを、目的に拘束されることなく実践する；
黒から白へと自在に遊ばせてみる、フォルムや
カラーのコントラストに活気を与えてみる。
このような実践の効用を信じない同業諸氏は、
この効果に注目し、イマジネーションを
鍛えることによって日常のタイポグラフィの仕事に
刺激と豊かさをもたらせるということに関心を
払ってほしいものだ。

エミール・ルーダー
タイポ-コンポジション、ある試み
TM 1952年2号

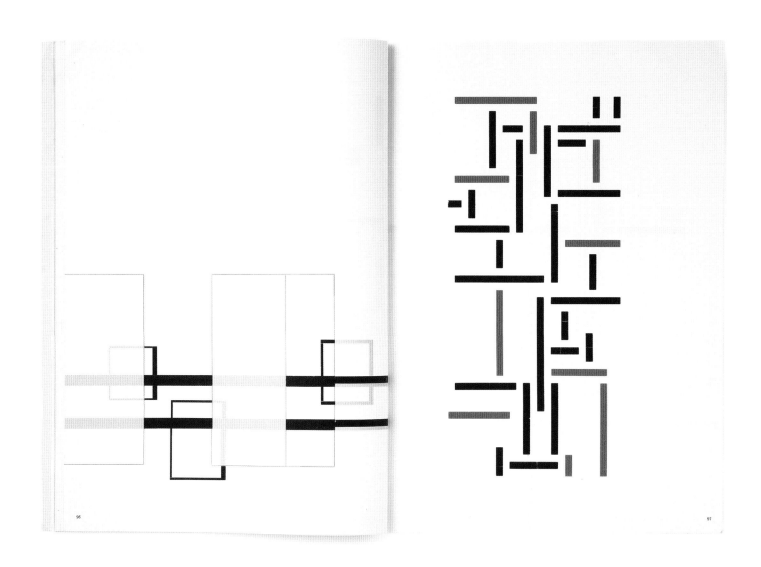

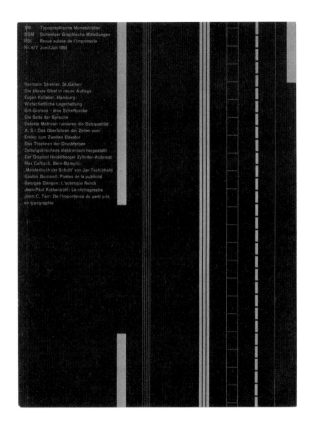

Cover design for
Typographische Monatsblätter
TM 6/7. 1953

The design of this cover has 'the line'
as theme. It shows the line in her
delicate and robust forms, the inter-
rupted and the varieted line. The
printing of white on black was pre-
ferred to a negative cliché. In this way
not a clear white arises; the whitish
grey has the intention to let the
line appear delicate and precious.

Emil Ruder

Right: cover design for the issue
'typo proof readers' of
Typographische Monatsblätter
TM 4. 1953

In TM 6/7, Emil Ruder wrote:
'An argument about this work was
expected; it had already started in the
previous committee meetings. We
were surprised but also delighted at
the intense reaction. From the vari-
ous opinions we have heard, many
colleagues judge this work to be dull,
poor, and lacking in imagination. But
how does one explain the strong
reaction to such a dull solution?
Would not a mediocre work be over-
looked in silence? The critique may
be understood in such a way, that
something unaccustomed and untried
provoked the disagreement.

In designing this cover, three forms
have been clearly and consistently
worked on: the large red plane, the
smaller white rectangle and the
smallest, grey type area, which is in
strongest contrast to the large colour
area. That the large, red area was
left without lettering seems to be the
least permitted. It was our strong
intention not to disturb the pure
action of this red area by an imprint
and not to place her in the role of
mere background. The objection that
this dominating red cannot be called
design, surely does not come from
anyone who is aware of the power
and the secrets of colour.
It was our intention to achieve a
generous and clear solution, in con-
trast to an approach that is scattered
and often all too small-minded.'

TM誌の表紙デザイン。
TM 1953年 6/7 合併号

この表紙デザインのテーマは「線」である。
線の持つ繊細なあるいは逞しい表情を、
また、中断された、あるいは変化に富んだ
フォルムを表現している。黒い用紙に白インクで
印刷する方が、その逆のいつもの方法よりも
好ましかった。この方法だと、線ははっきりした
白にならず、グレイっぽい白になり、より
繊細により高貴に見える。

エミール・ルーダー

右：表紙デザインのテーマ「校正者」
ティポグラフィシェ・モーナツブレッテル
TM 1953年4号

TM 6/7合併号にエミール・ルーダーは書いている。
「この表紙が激論を呼ぶであろうことは予測
された。編集会議の時点ですでに議論は始まって
いた。わたしたちはその激しい反応に驚いたが、
同時に嬉しくもあった。仲間たちの間では、
この作品は活気がない、貧弱だ、想像力を欠いた
ものだという声が多かった。しかしながら、
そのような活気のない作品に強い反応があった
理由はどのように説明できるのか？ 凡庸な作品は
沈黙のうちに見過ごされてしまうものではない
だろうか？ 批評とは、どことなく馴染めないもの、
あるいは前例のないものが反論を呼び起こすという
かたちにおいて、理解されるものだろう。

この表紙のデザインにあたって、3つのフォルム
についてはっきりと首尾一貫して取り組んだ。
すなわち、大きな赤の平面、小さな白い長方形、
そして、大きなカラーの部分に対して最も強い
コントラストをなす小さなグレイの文字組部分で
ある。反論者にとっては文字ひとつ置かない広い
色面が到底許容できない点だったようだ。
この赤の部分の純粋な自律性を文字を加えること
によって損なわない、単なる背景色という
役回りに落とさない、というのがわたしたちの
強い意図であった。この一面に広がる赤を
デザインと呼ぶことはできないという反駁は、色の
持つ力や神秘的な働きを心得たデザイナーから
出たものでは断じてないであろう。メリハリのない、
しばしば狭量になりすぎる手法とは正反対の、
大らかで、明晰な解決法を達成することがわたし
たちの目的であった。」

tm
typographische
monatsblätter
sgm
schweizer
graphische
mitteilungen
rsi
revue suisse
de l'imprimerie
nr. 4
april 1953

In 1953, TM held a competition to design a cover series, inside layout and advertising pages.
12 people took part including the Basel typography teachers Emil Ruder and Robert Büchler. The TM jury report on Ruder's entry:

'The designer of his competition work chose the square as design motif, which also resonates again in the page layout. This cover series is designed with sparkling fantasy; bold and new, far away from the tested solutions, in a daring refreshing attempt. Unfortunetaly the magazines information (name, year, volume) was rather pushed into the background, not to disturb the play of the elements. Clean and dignified the content page, tasteful the Satzspiegel (printing area) with very functional column width and with original position of the headings and the pagination. Title page, text and advertising section are designed to align. A really new solution which could have been an interesting change from the arrangement up to now.'

Five covers by Emil Ruder were applied to break the monotony of the winning entry of Robert Büchler: TM 1; TM 2, 1954

1953年、TM誌はデザインのコンペティションを行った。課題となったのは表紙シリーズ、本文ページレイアウト、広告ページだった。このコンペにはバーゼルのタイポグラフィ教師であるエミール・ルーダーとロベルト・ビュヒラーを含む12名が参加した。以下はルーダーの作品に対するTM誌の審査員評。

「この応募作品のデザイナーはデザインモチーフとして正方形を選んだ。これはまたページのレイアウトにも反映されている。この表紙シリーズは、輝くばかりの空想力でデザインされている。思い切ってリフレッシュしようという試みのもとで、大胆にして斬新にデザインされ、無難な解決策からはほど遠いものである。残念なことに雑誌の情報（雑誌名、年、号）は、デザイン要素の展開を邪魔しないように、目立たぬところへ追いやられている。明瞭で品格のある目次、きわめて機能的なコラム幅、見出しとノンブルの独創的な配置など、センスの光るレイアウトである。また、表題ページ、本文、広告セクションは整合性をもってデザインされている。これまでのやり方に興味深い変革をもたらすであろう、まったく新しいソリューションである。」

1位で採用となったロベルト・ビュヒラーの作品の繰り返しに変化をつけるため、ルーダーによる表紙のうち、5点が採用された。
TM 1954年1号、2号

Magazine cover series 'the square'
Typographische Monatsblätter
230 x 310 mm

TM 4, TM 8/9, TM 11, 1955

TM誌の表紙シリーズ、テーマは「正方形」。
TM 1955年4号、8/9合併号、11号

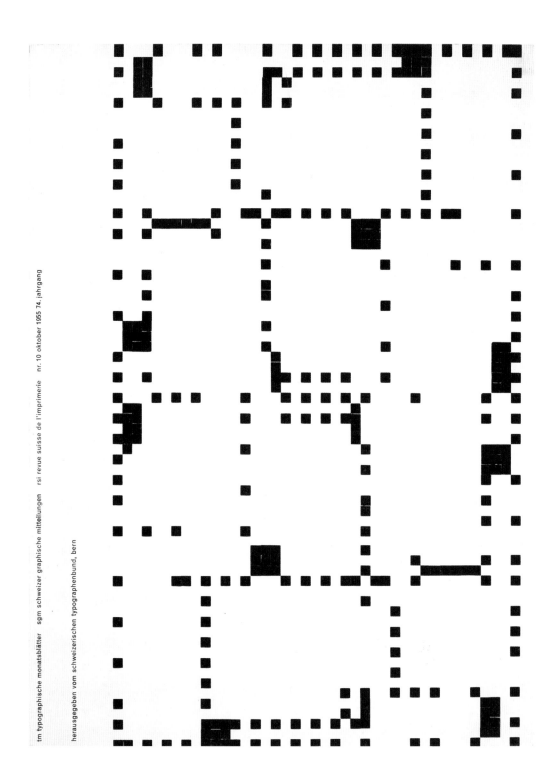

tm typographische monatsblätter   sgm schweizer graphische mitteilungen   rsi revue suisse de l'imprimerie   nr. 10 oktober 1955 74. jahrgang

herausgegeben vom schweizerischen typographenbund, bern

Magazine cover series 'the square'
Typographische Monatsblätter
230 x 310 mm

TM 10, TM 12, 1955

TM誌の表紙シリーズ、テーマは「正方形」。
TM 1955年10号、12号

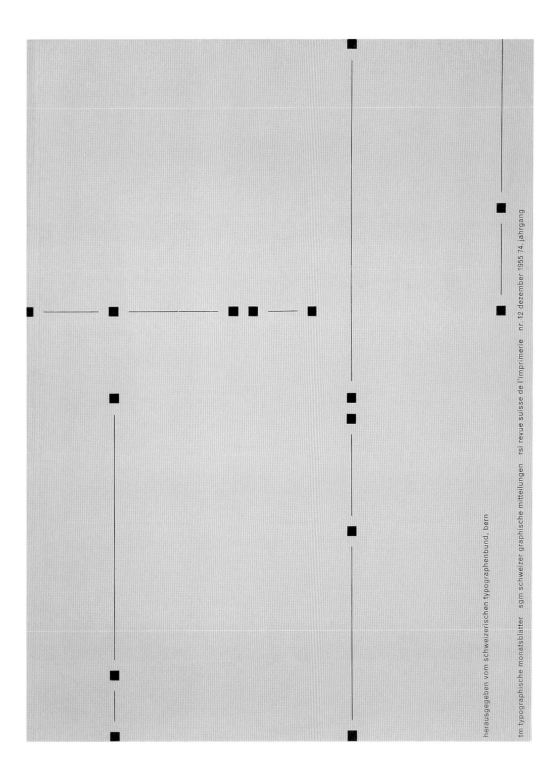

herausgegeben vom schweizerischen typographenbund, bern

tm typographische monatsblätter   sgm schweizer graphische mitteilungen   rsi revue suisse de l'imprimerie   nr. 12 dezember 1955 74. jahrgang

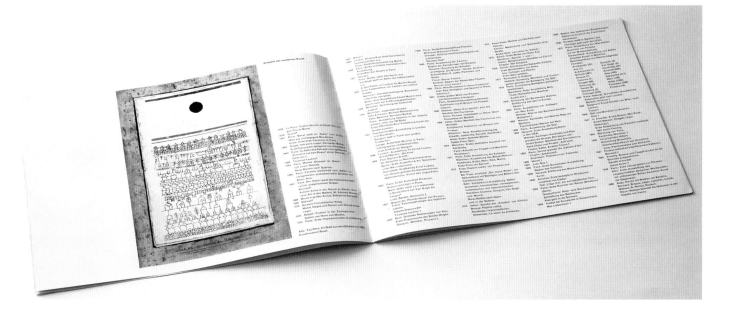

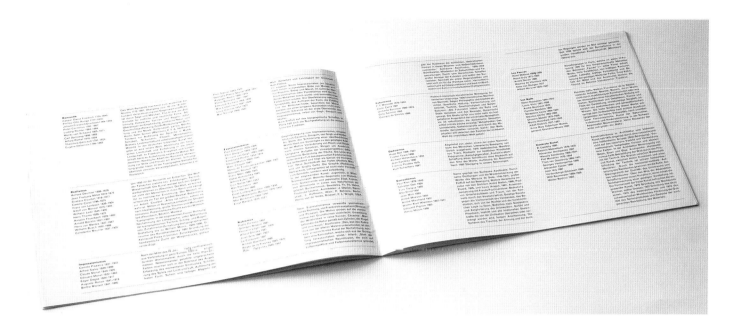

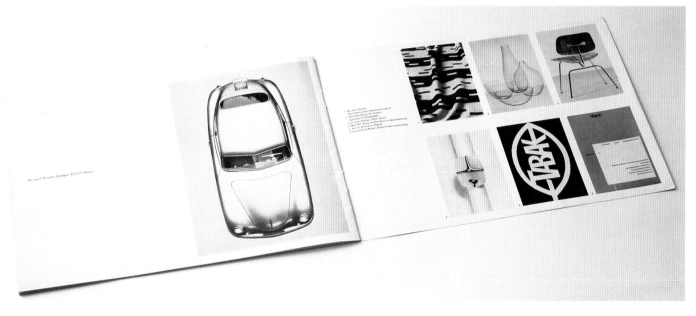

Emil Ruder
Kleine Stillehre der Moderne
Published and printed at
Allgemeine Gewerbeschule Basel.
297 x 210 mm, 20 pages
1954

エミール・ルーダー
『現代様式概論』
バーゼル工芸専門学校発刊、印刷。
1954年

The work in question has not been written by a specialist. It is a layman's work aimed at the layman. Within its confined framework, neither picture selection nor text can do no more than make perfunctory reference to what is most important, with the intention, however, of providing an incentive for further investigation.

The willingness with regard to new ways of seeing, to form and colour, the desire to dissolve oneself from what is schematically conventional and outlived, the courage to live meaningfully – all of this unseals the treasure trove of modern art. Its formal world is transmitted to those from every level of education. Its premise is an inner readiness, rather than intellectual training. It is often this very intelligence which overlooks the essence of the modern age.

Emil Ruder

この冊子は専門家ではなく、門外漢が
門外漢に向けて書いたものである。知識や資料
などの制約下、写真選択と本文の内容は、
要点を紹介する域を出ない。しかしこの冊子の
意図するところは、さらなる調査研究への
刺激を与えることである。

表現形式や色彩に新しい視点を持とうとする
意欲、型通りの旧態依然とした状況から
自分を解放しようという強い意志、意義のある
生き方に向かう勇気――これらすべてが現代の
技芸の宝庫を開く鍵なのだ。その造形の
世界はあらゆるレベルの教育の場で生かれうる。
その前提となるのは心の準備であって、知的
教養を高める訓練ではない。現代においては、
往々にして他ならぬこの教養によって、
本質的なものを見落とすことになるのである。

エミール・ルーダー

Gill normal

Aa	Bb	Cc	Dd	Ee
Ff	Gg	Hh	IJij	Kk
Ll	Mm	Nn	Oo	Pp
Qq	Rr	Ss	Tt	Uu
Vv	Ww	Xx	Yy	Zz

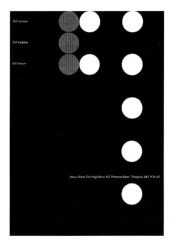

Cover and spread pages from the
Gill Sans specimen book for
Neue Didot Schriftgiesserei, Muttenz.
210 x 297 mm
ca.1953

A comment in TM from that period:
'Teacher Emil Ruder chose the stric-
test practicality for this typeface
sample. His aim was to show the type-
face free of any addition. Nothing
is in the way that disturbs the calm
flow of the typeface, no ornaments,
no line and also no application
samples, which all to often disas-
trously influence the compositor. All
in all, a beautiful and contemporary
typeface has here found a worthy
presentation.'

ノイエ・ディド活字鋳造所（ムテンツ、スイス）の
ギル・サン書体見本帳より表紙と見開き。
1953年頃

当時のTM誌に掲載された寸評より：
「教師エミール・ルーダーは、この書体見本に
対して極めて厳しい実用性を求めた。
彼のねらいは、この書体がいかなる追加要素にも
束縛されないということを示すことであった。
何ものも書体の穏やかな流れを妨げてはならない。
装飾不要、線不要、使い方見本も不要、
これらは往々にして植字工に破壊的な影響を
与えるものである。こうして、この美しく
同時代的な書体はそれ自身にふさわしい表現
方法におさまっている。」

Corps 6

Corps 8

Corps 10

Corps 30.28

Über die Berge hob sich die Sonne, leuchtete in
klarer Majestät in ein freundliches, aber enges
Tal und weckte zu fröhlichem Leben die Gesch
öpfe, die geschaffen sind, an der Sonne ihres Le
bens sich zu freuen. Aus vergoldetem Waldessa
ume schmetterte die Amsel ihr Morgenlied, zwi

Corps 12

Corps 14

Corps 36

Über die Berge hob sich die Sonne, le
uchtete in klarer Majestät in ein freun
dliches, aber enges Tal und weckte zu
fröhlichem Leben die Geschöpfe, die
geschaffen sind, an der Sonne ihres Le
bens sich zu freuen. Aus vergoldetem

Corps 18/16

Corps 24

Corps 48

Über die Berge hob sich die
Sonne, leuchtete in klarer M
ajestät in ein freundliches, a
ber enges Tal und weckte zu
fröhlichem Leben die Gesch

Activity program of the Basel
compositors association (handsetzer)
and proof readers group (korrektoren).
Printed on alternate sides on a clear
plastic and placed on carton board.
98 × 210 mm
1953

バーゼル植字工協会〈handsetzer〉と
校正者グループ〈korrektoren〉のための活動
プログラム。透明なプラスティックの表と裏に
白で印刷され、厚手の紙に乗せてある。
1953年

Handsetzervereinigung Basel | **Winterkurs 1952 - 53 an der Allg. Gewerbeschule Basel**
1. Vortrag im Zyklus | **„Zeitgemässes Schaffen"**

Rolf Gutmann Architekt | **spricht über Architektur**

Samstag, 1. November 1952 | **14 Uhr, Kollegienhaus der Universität am Petersgraben**
Hörsaal 18
Unkostenbeitrag Fr.1.- für die Kollegen, welche nicht für
den Satzkurs eingeschrieben sind
Lieber Kollege, es ist uns gelungen, vier in verschiedenen
Gebieten schöpferisch Tätige zu Vorträgen zu verpflich-
ten, in denen sie über ihr Schaffen und ihre Einstellung
zu den zeitgenössischen Problemen sprechen werden

Invitation card for a lecture
by Rolf Gutmann 'On Architecture'
at the Basel University.
148 x 105 mm
1952

バーゼル大学にて行なわれたロルフ・グットマン
による講演会「建築について」の案内状。
1952年

Daniel   9. April 1954

Gellertpark 6, Basel

Susanne, Emil und Martin Ruder

Birth announcement of Daniel.
148 x 105 mm
1954

息子ダニエルの誕生通知カード。
1954年

The supporting idea of this card
is the colour, a full red, slightly
broken with black as symbol of the
building blood. The typography
is restrained, so as not to disturb the
effect of colour.

Emil Ruder

このカードの主要なアイデアは色彩である。
血の絆の象徴としての黒でわずかに妨げ
られているほかは、全面の紅である。
色の効果を邪魔しないようにタイポグラフィは
抑制されている。

エミール・ルーダー

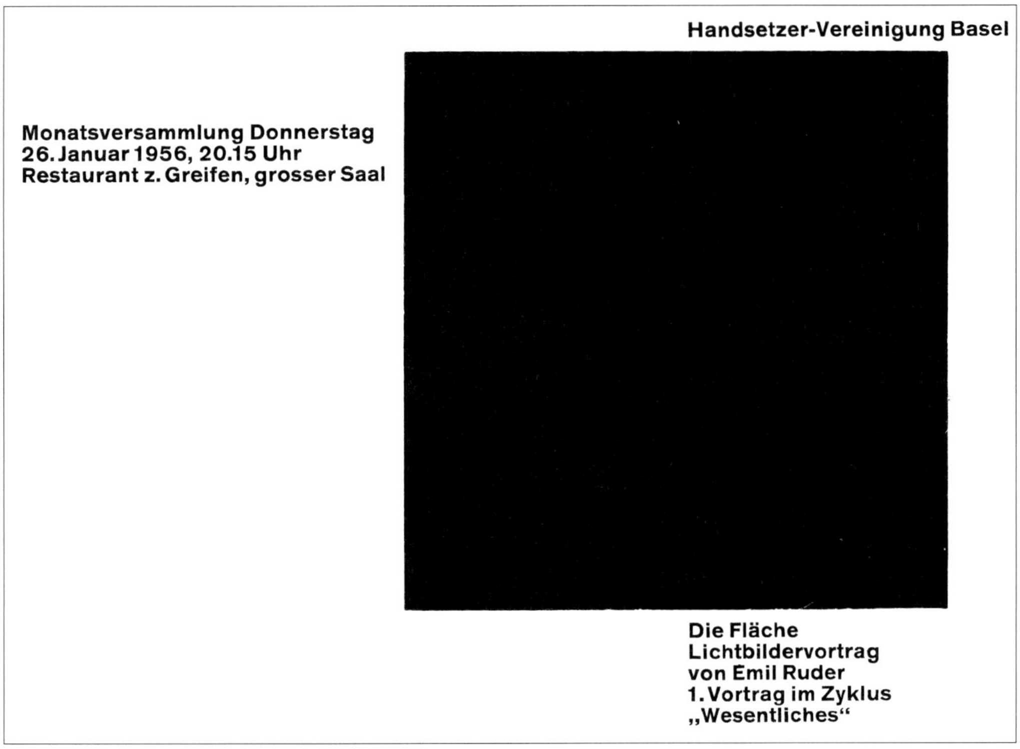

Handsetzer-Vereinigung Basel

Monatsversammlung Donnerstag
26. Januar 1956, 20.15 Uhr
Restaurant z. Greifen, grosser Saal

Die Fläche
Lichtbildervortrag
von Emil Ruder
1. Vortrag im Zyklus
„Wesentliches"

im anfang war das wort
lichtbildervortrag
von kollege emil ruder
dienstag, 25. januar 1955
restaurant greifen
greifengasse 21, basel
veranstaltet von der
handsetzervereinigung
basel

Invitation card from the lecture series
'Wesentliches' [fundamentals] by
Emil Ruder, organized by Handsetzer-
vereinigung Basel.
First lecture 'die Fläche' [the plain].
148 x 105 mm
1956

バーゼル植字工協会主催のエミール・ルーダー
による講演会シリーズ「本質的なるもの」の
案内状。第1回講演「平面」。
1956年

Invitation card for the lecture
'im Anfang war das Wort'
[at the beginning there was the word].
210 x 92 mm
1955

エミール・ルーダーによる講演会
「初めにことばありき」の案内状。
1955年

Handsetzer-Vereinigung Basel
Monatsversammlung
Montag, 18. März 1957, 20.15 Uhr
Restaurant zum Greifen
Lichtbildervortrag «Die Linie»
von Emil Ruder
2. Vortrag im Zyklus «Wesentliches»

handsetzervereinigung basel		
mittwoch 21. januar 1959 20.15 uhr		
lichtbildervortrag		
von kollege emil ruder fachlehrer		handsetzervereinigung basel
«rhythmus»		lichtbildervortrag
3. vortrag im zyklus «wesentliches»		von kollege emil ruder fachlehrer
restaurant greifen greifengasse 21		restaurant greifen greifengasse 21
	handsetzervereinigung basel mittwoch 21. januar 1959 20.15 uhr	mittwoch 21. januar 1959 20.15 uhr 3. vortrag im zyklus «wesentliches»
	lichtbildervortrag	«rhythmus»
	von kollege emil ruder fachlehrer	
	«rhythmus»	
	3. vortrag im zyklus «wesentliches» restaurant greifen greifengasse 21	

Invitation cards from the lecture
series 'Wesentliches' [fundamentals]
by Emil Ruder.
2nd lecture 'die Linie' [the line];
3rd lecture 'der Rhythmus'
[the rhythm].
210 x 105 / 206 x 105 mm
1957 / 1959

バーゼル植字工協会主催の
エミール・ルーダーによる講演会シリーズ
「本質的なるもの」の案内状。
第2回講演「線」、第3回講演「リズム」。
1957 / 1959年

Right: Private New year greeting.
Drawing: Lenz Klotz
297 x 210 mm
ca. 1958

The clear and sparse typography
stands in contrast to the movement of
the drawing. The text of the first and
third page start in the same position.

Emil Ruder

右：私用の新年挨拶状。
ドローイング：レンツ・クロッツ
1958年頃

明瞭でごく控えめなタイポグラフィと
躍動感あふれるドローイングの
コントラスト。1ページ目および3ページ目の
テキストは同じ位置から始まっている。

エミール・ルーダー

freilich,
das feld ist zerstampft.
des grimmigen hagels
gekörne
schlug vor der ernte
den halm,
gab der verwesung
die frucht.
gift auch legte
der feind,
der feind
im eigenen lande.
fiebernd taumelt
ein schwarm
wilder insekten
im sumpf.
aber
am östlichen hang,
wo eh
das feuer gewütet,
prangt wie vor jahren
und neu
weißen holunders
geleucht.
blieb
ein einziger keim.
doch bei dem
einzigen keime
erd und
nährendes salz,
himmels
erquickende flut,
zuversicht heischend.
und also,
mit nicht geringerem
worte,
ruft
über stunde und tag
dich
der lebendige geist.

albrecht goes

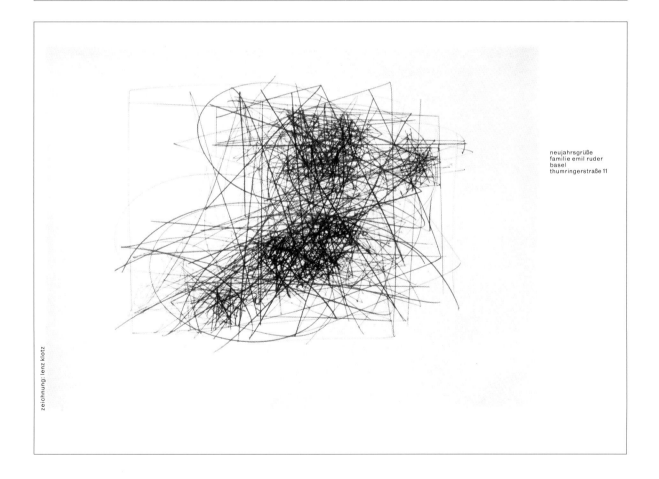

zeichnung: lenz klotz

neujahrsgrüße
familie emil ruder
basel
thumringerstraße 11

Max Beckmann exhibition
at the Kunsthalle Basel.
Catalogue with 20 reproductions
in black and white.
170 x 210 mm, 48 pages
1956

バーゼル美術館における
「マックス・ベックマン」展カタログ。20点の
モノクロ写真で作品を紹介している。
1956年

Right: The poster with the name
of the artist, Beckmann, in
dominating style is cut in linoleum.
908 x 1280 mm
1956

右：同展ポスター。リノカット印刷
によるアーティストの名前が紙面全体を
構成しているポスター。
1956年

Takeo Poster Collection

*Goldschmuck der Völker-
wanderungszeit* [gold jewelry of
the peoples migration time].
Exhibition catalogue
for the Basel Gewerbemuseum.
148 x 210 mm, 32 pages
1956

バーゼル工芸博物館における
「民族大移動時代の金装身具」展カタログ。
1956年

Goldschmuck der Völkerwanderungszeit
Die Sammlung Diergardt, Köln, im Gewerbemuseum Basel
10. März bis 6. Mai 1956
Geöffnet täglich von 10—12 und 14—18 Uhr

Der aber war zu allen Zeiten mehr Brücke als Grenze. Unzählige Male gingen in der Folge germanische Scharen auf das linke Ufer hinüber, ja drangen tief nach Gallien ein und kehrten mit Beute beladen wieder zurück. Wenn auch schon damals der eine oder andere von ihnen auf dem linken Rheinufer zurückblieb, so konnten sie doch zunächst noch nicht in größerem Ausmaß und in geschlossenen Verbänden von Grund und Boden Besitz ergreifen. Aber nicht weniger wichtig wurde die immer stärker werdende friedliche Durchdringung des Landes mit germanischen Elementen. Germanen gelangten im Laufe des 4. Jahrhunderts bis in die höchsten Stellungen in Heer und Verwaltung, andere übten Einfluß auf Kunstgewerbe und Kunsthandwerk aus. So entstand im Zuge dieser friedlichen Durchdringung im Westen eine letzte Blüte der provinzialrömischen Kunst; in ihr liegen z. T. die Quellen für den fränkischen Tierstil des 6./7. Jahrhunderts, der die lebensware Darstellung von Mensch und Tier bewußt verneint, sie vielmehr zum Ornament aufzulösen versucht. Als im Jahre 406 die letzten römischen Truppen das Rheinland verließen, war so der Boden für eine neue Kunstrichtung schon auf das beste vorbereitet. Denn inzwischen waren die Franken zu Föderierten im römischen Reichsverband geworden, es konnte ihnen der Schutz des Landes übertragen werden, das sie gegen die einbrechenden Stämme der Alanen, Vandalen und Sueben schützen sollten. Eigentlich wurde erst der Hunnenzug die Veranlassung zum wirklichen Untergang der römischen Herrschaft am Rhein und in Gallien. Denn in der großen Entscheidungsschlacht auf den katalaunischen Feldern im Jahre 451 wurden die Hunnen mit Hilfe der germanischen Verbündeten besiegt; nun gründeten Goten und Burgunder selbständige Reiche in Gallien. «Römisch» blieb nur ein kleines Stück in Mittelgallien unter Syagrius, der 486 bei Soissons durch Chlodwig besiegt wurde.
Zwischen dem Fall des Limes, d.h. dem ersten stärkeren Wiedereindringen von Germanen ins linksrheinische Gebiet, und der Schlacht bei Soissons liegen zwei volle Jahrhunderte. Während dieser Zeit kamen sie — wie angedeutet — mit der provinzialrömischen Kultur der Spätzeit in engste Berührung und hatten so Gelegenheit, das ihnen Artgemäße auszuwählen und weiterzubilden. Unter diesem Gesichtspunkt verstehen wir, daß uns in der merowingisch-fränkischen Zeit vielerlei Erzeugnisse begegnen, die wie eine Weiterentwicklung der spätrömischen anmuten. Andererseits treten aber auch Formen und Verzierungsweisen auf, die bis dahin unbekannt gewesen waren. Das Gesagte wird verständlich, wenn man bedenkt, daß die Vertreter von Handwerk und Kunstgewerbe keineswegs um das dünnen Oberschicht um 400 abgewandert waren, sondern an Ort und Stelle verblieben. Das gilt ebenso vom Töpfer wie vom Schmied, dem Maurer oder Glasmacher. Wenn auch ein beträchtlicher Rückgang der Bedürfnisse des täglichen Lebens eingetreten war, so gaben die Handwerker doch ihre uralten Kenntnisse und Fähigkeiten auch jetzt wieder von Generation zu Generation weiter, so daß ein unmittelbarer Bruch nicht ein-

trat. Allerdings hatten sich die Wirtschaftsformen von Grund auf verändert. Hatten in römischer Zeit Handel und Industrie mit einem leistungsfähigen Unternehmertum die größte Rolle gespielt, war damals eine kapitalistische Wirtschaft mit allen Mitteln gefördert und ausgebaut worden, so war davon jetzt kaum noch die Rede, all das war durch ein reines Bauerntum ersetzt worden.
Ähnlich lagen die Verhältnisse im Osten bei den Ostgoten. Um die Mitte des zweiten nachchristlichen Jahrhunderts verließen sie ihre Wohnsitze in der Gegend der Weichselmündung und zogen in südöstlicher Richtung nach Südrußland und dem Norduufer des Schwarzen Meeres. Dort kamen sie auf uraltem Kulturboden in unmittelbare Berührung mit den reichen griechischen Koloniestädten und Kulturzentren wie Olbia, Kertsch u.a., in denen sich von alters her die Einflüsse verschiedener Kulturströmungen trafen: zu den letzten Ausläufern des Hellenismus kamen die Einflüsse von Skythen und Sarmarten (d.h. indirekt auch chinesische und sibirische Elemente), von Sassaniden, den asiatischen Reitervölkern und auch Byzanz. Mit der Eroberung dieser Städte fielen den Goten nicht nur ungeheure Mengen von Edelmetall in die Hände, sondern sie lernten nun auch die Arbeiten der dortigen Goldschmiede mit ihren kunstvollen Techniken der Edelsteinfassung, des Filigrans (d.h. der Auflage feiner Golddräte) und der Granulation (d.h. Auflage kleiner Goldkörner) unmittelbar kennen. In der Folge haben sie aber diese Vorbilder nicht einfach übernommen oder sklavisch kopiert, sie vielmehr in ihrem Sinne und nach ihrem eigenen Geschmack weiterentwickelt, teils durch eigene Handwerker, teils durch pontische Goldschmiede, die in ihrem Auftrag und Geschmack arbeiteten. So entstand bei den Goten Südrußlands im Gegensatz zu den wohlabgewogenen Formen der früheren Jahrhunderte etwas ganz Neues, der sog. «polychrome Stil», d.h. die Verbindung von Edelmetall mit rotschimmernden Steinen (Granaten, Karneolen, Almandinen) und Glasflüssen. Diese wurden jetzt nicht mehr nur in vereinzelten Stücken und genau symmetrischer Anordnung angebracht, sondern in großer Zahl, oft genug gar nicht richtig zurechtgeschliffen und mehr oder weniger willkürlich, über die Fläche hin verteilt. Manchmal hat man den Eindruck, als seien sie einfach über das Schmuckstück hingestreut worden, um die vorhandene Fläche nach Möglichkeit aufzulösen. So entstand ein lebhafter Wechsel von Licht und Schatten. Unruhe und Bewegung sowie das Spiel der Farben von Metall und Steinen sind die Leitmotive dieser Verzierungsweise. Die subtilen Techniken des Filigrans und der Granulation, die schon fast im Jahrtausend früher zur höchsten jemals erreichten Höhe ausgebildet worden waren, wurden nun grober und derber. Dennoch wäre die Bezeichnung «barbarisch» für diese Arbeiten durchaus nicht am Platz. Zwar sind sie weniger bis in die allerletzten Feinheiten und Einzelheiten durchdacht und ausgeführt, aber gerade deshalb sprechen sie oftmals um so lebhafter auf uns ein. Der so gewordene gotische Stil verbreitete sich rasch und gelangte durch den Hunnenzug

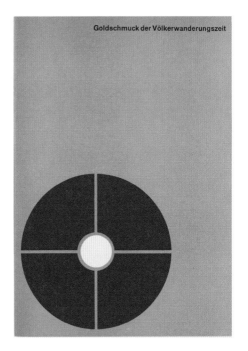

Goldschmuck der Völkerwanderungszeit

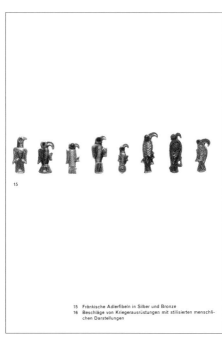

15

16

15 Fränkische Adlerfibeln in Silber und Bronze
16 Beschläge von Kriegerausrüstungen mit stilisierten menschlichen Darstellungen

Sammlung Richard Doetsch-Benziger:
Bücher Ostasiatische Kleinkunst
[books and east asian minute art].
Catalogue for the exhibition
at the Basel Gewerbemuseum.
148 x 210 mm, 96 pages
1957

バーゼル工芸博物館における
「リヒャルト・ドッチュ - ベンツィガー・コレクション
東アジアの書物と小美術」展カタログ。
1957年

Sammlung Richard Doetsch-Benziger

Bücher. Ostasiatische Kleinkunst
Ausstellung im Gewerbemuseum Basel
26. Januar bis 3. März 1957

---

gabe aus dem Jahre 1909 zu den schönsten und am meisten geschätzten Büchern der Presse gehört.
Die Doves Press wird 1900 in Hammersmith-London von Emery Walker und T. J. Cobden-Sanderson gegründet, die bis 1898 mit Morris an der Kelmscott Press als Buchdrucker und Buchbinder tätig gewesen sind. Walker entwirft eine Type nach dem Vorbild des Venezianers Jenson. Die Bücher der Doves Press zeichnen sich durch strenge, schmucklose Schönheit aus, und dieser Verzicht auf zu üppiges Schmuckwerk gibt den Drucken etwas Zeitloses. Walker scheidet 1909 als Mitarbeiter aus, und 1916 versenkt Cobden-Sanderson die Stempel, Matrizen und Typen der Doves Press in der Themse.
Die deutschen Privatpressen lassen in den Werken und im Aufbau das englische Vorbild deutlich erkennen; eine Entwicklung, vergleichbar mit der englischen, setzt eine reichlich dafür später ein.
Die Janus-Presse wird 1907 in Leipzig durch Carl Ernst Poeschel und Walter Tiemann gegründet. Bis zur Einstellung der Arbeit im Jahre 1923 erscheinen 5 Drucke. Im selben Jahre wie die Janus-Presse wird die Ernst-Ludwig-Presse als Privatdruckerei des Großherzogs Ernst Ludwig von Hessen gegründet. Ihr Leiter ist Friedrich Wilhelm Kleukens, dessen Schriften für alle Drucke Verwendung finden. Sein Bruder Christian Heinrich wirkt als Setzer und Drucker. 1914 tritt F. W. Kleukens von der Leitung zurück, und sein Bruder führt die Presse weiter.
Die Officina Serpentis wird 1911 von E. W. Tieffenbach in Berlin-Steglitz gegründet. Die Officina Serpentis druckt nur auf Handpressen mit einer eigenen, der Schöfferschen Bibeltype nachgezeichneten Schrift. Die Drucke werden künstlerisch ausgeschmückt von Marcus Behmer, Felix Maseck u. a.
Die Bremer Presse, 1911 in Bremen durch Ludwig Wolde und Willi Wiegand gegründet, sichert sich Anna Simons als Mitarbeiterin. Die unter Leitung von Carl von Kraus 1930 herausgegebene fünfbändige Lutherbibel mit 2000 Folioseiten ist das umfangreichste Handpressenwerk der neueren Zeit. Der 1922 gegründete Verlag der Bremer Presse gibt mit den Schriften der Presse gesetzte Schnellpressendrucke heraus.
1913 wird in Weimar die Cranach-Presse von Harry Graf Kessler gegründet. Eine Antiqua von Emery Walker nach Vorbild einer Schrift von Jenson wird von Edward Prince geschnitten. Der Schnitt einer Kursiv erfolgt unter der Leitung von Edward Johnston. Die Drucke der Cranach-Presse sind illustriert von Aristide Maillol, Eric Gill, Edward Gordon Craig, Renée Sintenis u. a. Die Presse besitzt eine eigene Papiermühle bei Marly zusammen mit Aristide Maillol und dessen Neffen Gaspard.
Die Rupprecht-Presse, München, gegründet von F. H. Ehmcke, verwendet die Schriften des Gründers. Das Mitteilungsblatt der Presse, der Almanach der Rupprecht-Presse, erscheint bis 1928.
Noch vereinzelt tätige Pressen können nicht über die Tatsache hinwegtäuschen, daß die große Zeit der Pressendrucke erloschen ist. Unsere Zeit formuliert ihre Ein-

wände gegen die Bibliophilie: Das «nur» schöne Buch ist nutzlos und von der Entwicklung entwertet; das Buch unserer Zeit hingegen ist handlich und nähert sich dem Gebrauchsgegenstand. Wir erstreben das schöne **und** billige Buch ohne Auflagenbeschränkung. Die Bibliophilie wird gerne als überwundene oder zumindest antiquierte Daseinsform des Buches belächelt.
Das Gefühl und Verständnis für die Schriftform, die richtige Reihung der Typen zum Wort, zur Zeile und zur Seite, Raffung der Typen zu kompakten Flächen, die zu den unbedruckten Teilen des Papieres in schönen und reizvollen Beziehungen stehen, die Bearbeitung des Buches von der Doppelseite aus, die Beschränkung in den Graden, Einheitlichkeit des Schriftcharakters in einem Werk – diese Errungenschaften der modernen Buchgestaltung sind ohne die Pionierarbeit der Schriftschöpfer, Drucker und Buchliebhaber undenkbar. Durch ihre oft fanatische Hingabe an das Werk, durch die Liebe zum Buche haben sie erst den Weg für eine wirkliche zeitnahe Buchgestaltung geebnet. Es wird die vornehmste Aufgabe des Buchdruckers sein, mit den neuesten Mitteln der Technik die Schönheiten, die einem beschränkten Kreis von Liebhabern erschlossen wurden, auf breiter Grundlage am optischen Bild unserer Zeit teilnehmen zu lassen.

Emil Ruder

Inrō mit Netsuke, Elfenbein. Japan. Photo Maria Netter.

---

sammlung
richard doetsch-
benziger
bücher
ostasiatische
kleinkunst
gewerbemuseum
basel
26. januar bis
3. märz 1957

Right: *Japanische Kalligraphie und westliche Zeichen* [japanese calligraphy and western signs]. Exhibition poster with a dominating chinese ideogram for Basel Kunsthalle. 905 x 1280 mm 1956

右：バーゼル美術館における
「日本の書と西洋の記号」展ポスター。
漢字の「千」を主要なモチーフに用いている。
1956年

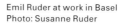

Emil Ruder at work in Basel
Photo: Susanne Ruder

In the art of Eastern Asia script and picture make a single enyity,
for writing is drawing and drawing is writing.
Brush technique in fine art and the wood graver in reproductive graphic art
determine the form of script and picture.

Emil Ruder
1967

東アジアの芸術では、文字と絵は一体化した存在である。
なぜなら、書くことは描くことであり、描くことは書くことであるから。
美術における筆の技と複製のための印刷美術における
木版の技が、文字や図像のフォルムを決定するのである。

エミール・ルーダー
1967年

Kunsthalle Basel 18.2. bis 18.3. **Japanische Kalligraphie und westliche Zeichen**

Entwurf: Ruder Druck: VSK Basel

Catalogue cover and spread for
the exhibition *die Zeitung* [newspaper]
at the Basel Gewerbemuseum.
148 x 210 mm, 48 pages
1958

Right: Poster for the exhibition
with the images cut in linoleum and
printed in letterpress at AGS.
905 x 1280 mm
1958

バーゼル工芸博物館における
「新聞」展のカタログ表紙と見開き。
1958年

右：「新聞」展ポスター。
Zの字と写真はリノリウムで彫られ
AGSにて活版で印刷された。
1958年

die
Zeitung

Wer war denn dieser Leser? Im frühen Mittelalter ist es der schreib-
kundige Mönch. Im Gegensatz zum Altertum, das eine hochent-
wickelte städtische Kultur gekannt hatte, bildeten nach dem Ver-
fall der Städte seit der Völkerwanderung die *Klöster* die einzigen
Zentren geistiger Überlieferung und Forschung. Hier werden alte
Texte abgeschrieben und Werke literarischen und wissenschaft-
lichen Inhalts verfaßt. Wir müssen uns den Austausch zwischen
diesen Klöstern sehr lebhaft und international vorstellen, wenn wir
das Wort «international» für eine Epoche, die der Bildung europäi-
scher Nationen vorausgeht, überhaupt brauchen dürfen. Zwischen
irischen, italienischen, französischen und deutschen Klöstern be-
stand ein reger persönlicher und schriftlicher Verkehr. Die Grund-
lage, auf dem sich diese klösterliche Kultur des frühen Mittelalters
bilden konnte, war das *Bauerntum.*
Dieses in seinem jahreszeitlichen Rhythmus lebende Bauerntum
führte aber noch ein weitgehend ungeschichtliches Dasein, d.h.
es hatte an der Kultur der Klöster kaum einen Anteil.
So findet der Austausch brieflicher Mitteilungen für diese Epoche
nur innerhalb eines sehr eng gezogenen Kreises statt, und nur in
einzelnen Fällen kommt es vor, daß sich der des Schreibens Un-
kundige von einem Mönche ein «*Breve*» (daraus ist unser Wort
Brief entstanden!) abfassen läßt. Das bleibt Ausnahme. Das breve
vermittelt vor allem den Austausch von Mitteilungen zwischen den
Mönchen und Gelehrten. Solchen Briefen wurde häufig ein An-
hang mit aktuellen Berichten beigefügt, für die wir im hohen Mittel-
alter das Wort «*Zeitung*» lesen.
Erst im ausgehenden Mittelalter ändert sich das Bild. Die Zentren
kulturellen Lebens sind nicht mehr die Klöster und Hofhaltungen;
in den neu aufblühenden Städten entsteht ein Handwerker- und
Kaufmannsstand, dessen politisches Selbstbewußtsein sich in den
Privilegien der *Freien Reichsstädte* und im *Zunftwesen* ausdrückt.
Behörden mittelalterlicher Städte tauschen regelmäßig miteinander
Nachrichten. So erhält im Jahre 1444 die Stadt Frankfurt über die
Schlacht bei St. Jakob an der Birs einen offiziellen Bericht von den
Städten Basel, Zürich und Straßburg. In England wird 1513 nach
der Schlacht von Flodden Fields von *Richard Faques* ein Flugblatt
mit der Überschrift *"The trewe encountre of the battle of Flodden
Fields"* verbreitet. Auch in anderen Ländern mehren sich Flug-
blätter dieser Art, etwa über die Schlacht bei Pavia (1525) oder den
Seesieg bei Lepanto (1571).
Solche Einzelblätter, die nur aus besonderen Anlässen erschie-
nen, fanden große Verbreitung, sie wurden in vielen Fällen sogar
in fremde Sprachen übersetzt.
Gleichzeitig büßt die ältere Mitteilungsform des *Briefes* nicht an
Bedeutung ein. In den großen Städten, die durch ihre Verkehrs-
lage begünstigt waren, entstanden Handelshäuser, die mit ähn-

lichen Unternehmungen anderer Städte Handel trieben. Als Bei-
spiel sei hier nur *Augsburg* genannt, das einen wichtigen Um-
schlagplatz für den Güterverkehr zwischen Norden und Süden und
zwischen Rheinebene und Donaubecken bildete. Der weltweite
Handel des *Fugger'schen* Handelshauses im 16. Jahrhundert knüpfte
Beziehungen mit fast allen damals bekannten Ländern an. Ein so
umfangreicher Handelsverkehr vermehrte das Bedürfnis nach ge-
nauer Information über Warenpreise, freie Straßen, Kriegszüge
u. dgl. Das Haus der Fugger richtete zu diesem Zwecke einen regel-
rechten *Korrespondenzdienst* ein, etwa in der Art, wie es dann im
19. Jahrhundert das Bankhaus *Rothschild* wieder tat. In den be-
rühmten sog. «Fuggerbriefen», die das Handelshaus mit seinen
auswärtigen Filialen tauschte, dienen selbstverständlich alle Mit-
teilungen handelspolitischen Zwecken; bemerkenswert für uns ist
an ihnen, daß sie schon früh eine Art redaktioneller Verarbeitung
der Nachrichten zeigen, dergestalt, daß sie oft die Dinge so dar-
stellen, wie sie das reine Handelsunternehmen vom Standpunkt
seiner Kunden und Handelspartnern gesehen wünscht! Im allge-
meinen aber dienten diese (vervielfältigten!) Briefe doch eher der
internen Information und waren nur in einzelnen Fällen für die
Konkurrenz bestimmt.
Augsburg ist für unsere Betrachtung auch deshalb von besonderer
Bedeutung, weil in dieser Stadt – dank den Fuggern – im Jahre
1500 eine «*Posterey*» eingerichtet wurde.

Ganz anderer Art waren die Briefe, die Gelehrte und Humanisten
an ihren Bekanntenkreis verschickten. Dem Briefe rein persön-
lichen Inhalts, der außer unserem Interesse liegt, fügten sie einen
Anhang «*novissima*» bei, dessen Inhalt demjenigen unserer poli-
tischen Zeitungen schon viel näher kommt. Solche *novissima* wur-
den allmählich die übliche Form des Nachrichtenverkehrs, an dem
auch mehrere Adressaten teilnehmen konnten. Der Theologe und
Freund Luthers *Philipp Melanchthon* unterhielt von Wittenberg aus
ein Netz mit zahlreichen Korrespondenten, von denen ihm regel-
mäßig Nachrichten zukamen. Melanchthon sammelte die Nach-
richten zu Bulletins und verschickte davon Abschriften an befreun-
dete Gelehrte und Theologen. Die Korrespondenten, auf die sich
Melanchthon stützte, übten ihre Aufgabe *gewerbsmäßig* aus – die
Nachricht ist also zu einer *Ware* geworden! Später ließen es sich
nicht einmal Fürsten verdrießen, dieses Amt zu üben: 1596 über-
nahm der Herzog Otto von Braunschweig-Lüneburg gegen ein
Jahresgehalt die Übermittlung geschriebener Zeitungen an den
englischen Hof.
Überblicken wir noch einmal alle diese Mitteilungsformen, so stel-
len wir fest, daß sie – mit Ausnahme der Flugblätter, von denen
noch zu sprechen sein wird – an einen oder auch an mehrere be-

14

15

noch erleben, wie sein Unternehmen nachgeahmt wurde. Schon
1591 erschien unter dem Namen *Jacobus Francus* eine «Wahrhaff-
tige Beschreibung» in Frankfurt. Der wirkliche Name des Verfas-
sers lautete *Konrad Lautenbach.* Dieser, ein protestantischer Pre-
diger, fügte – als Neuerung – seinen Relationen Kupferstiche hinzu.
Auch einige andere Verbesserungen, etwa der Ersatz der Über-
schriften durch Marginalien, treten in der «Historicae Relationis
Continuatio », wie der lateinische Titel seiner «Wahrhafftigen Be-
schreibung » lautet, zum ersten Male auf.
Eyzinger wehrte sich in scharfen Worten gegen diese Nachahmung
und griff den Prediger, der ihm unbekannt war, persönlich an. Da
dieser in seiner Relation sehr viel über religiöse Dinge in prote-
stantischer Sicht geschrieben hatte, vermutete Eyzinger mit Recht
in ihm einen «Praedicanten».
1599 gab *Theodor Meurer* seine ersten Meß-Berichte heraus, die
unter allen übrigen das längste Leben hatten.
Den in den nächsten Jahren zahlreich auftauchenden Nachahmun-
gen dieser ersten Relationen nachzugehen, ist hier nicht der Ort.
Sie müssen jedenfalls ein einträgliches Geschäft gewesen sein,
denn selbst primitive Kompilationen und plumpe Plagiate konnten
mit Erfolg abgesetzt werden. Daraus ersehen wir auch, wie sehr
das Bedürfnis nach solchen Berichten inzwischen angewach-
sen war. Die «Neuen Zeitungen» mußten noch mit marktschreie-
rischen Schlagzeilen für sich werben; das eher trocken-sachliche
oder gelehrt-verschnörkelte Titelblatt der Meß-Relationen kann
darauf verzichten. Das Zeitunglesen wird zur Gewohnheit.
Ein wichtiges Dokument aus dem Jahre 1597 stellt der «*Annus
Christi*» des *Johannes Dilbaum* dar, zugleich die älteste in der
Schweiz gedruckte Zeitung. Dilbaum, der Augsburger war, ließ
aus uns unbekannten Gründen seine Zeitung bei Straub in Ror-
schach drucken. Von den Meß-Relationen unterscheidet sich der
Annus Christi insofern, als er *monatlich* herauskam. Jede Monats-
ausgabe trägt einen Titel, der sich auf das wichtigste ge-
schilderte Ereignis bezieht, also ganz in der Art der «Neuen
Zeitungen» des früheren 16. Jahrhunderts. Da diese Monatshefte
weder durchpaginiert sind, könnte man sie den
«Neuen Zeitungen» zuzählen, wenn nicht Dilbaum in ihnen den
periodischen Charakter ausdrücklich betonte. Es fehlt nicht an Hin-
weisen auf die folgenden Hefte und vor allem: der Herausgeber
plante von Anfang an, sämtliche Hefte des Jahres 1597 am Ende
zusammenzufassen und als zusammenhängende Chronik zu ver-
kaufen, worauf schon der Name «Annus Christi» hinweist. Man
denke an die Herausgabe einer Jahreschronik in Einzellieferungen
könnten. Die Stadtbibliothek Bern besitzt ein (unvollständiges)
Exemplar dieser kostbaren ersten auf Schweizerboden gedruckten
Zeitung, ein anderes befindet sich in der Stadtbibliothek Augsburg.

24

Joseph Görres
Rheinischer Merkur (1814)

25

Gewerbemuseum Basel
Ausstellung «die Zeitung»
9. April bis 18. Mai 1958
Geöffnet
werktags 10-12 und 14-18
sonntags 10-12 und 14-17
Eintritt frei

die
Zeitung

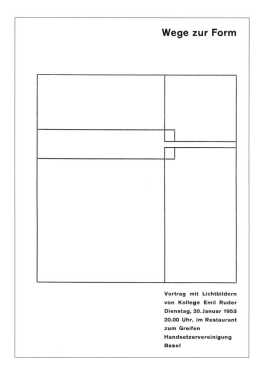

Takeo Poster Collection

Invitation card for the lecture
'ways to the form' by Emil Ruder,
at Restaurant Greifen, Basel.
105 x 148 mm
1953

バーゼルのレストラン、グライフェンで
開催されたエミール・ルーダーの講演会
「フォルムへの道」の案内状。
1953年

Exhibition poster *die gute Form*
[good design] at Mustermesse Basel.
905 x 1280 mm
1954

バーゼルの工業見本市で行なわれた
「ディ・グーテ・フォルム」展ポスター。
1954年

'Die gute Form' was an activity initiated by the Schweizer Werkbund together with the Schweizer Mustermesse Basel, to award good designed products and items. The activity lasted from 1952 to 1969 to improve the quality of the Swiss product design.

「ディ・グーテ・フォルム」はスイス工作連盟が スイス工業見本市バーゼルとともに 行なってきた、よいデザインの製品を表彰 する活動である。スイスのプロダクトデザインの 質向上のためのこの活動は、1952年から 1969年まで続いた。

Our time bears the imprint of an incredible deterioration of our experience of form.
This destruction is the inevitable result of an outpouring of visual images through newspapers, magazines, films, television etc. This assault of forms can only lead to a dulling of the senses, that means to a slow mortification of any capacity to really experience form.

In parallel to the problem of form: an intense experience of music is likewise threatened through the endless sound producing machinery of the radio.

Emil Ruder
1954

わたしたちの時代の顕著な特徴は、 フォルムを体得する力が考えられないほど 低下しているということである。この 壊滅的低下は、新聞、雑誌、映画、テレビ などを通してもたらされるビジュアル イメージの氾濫による、必然的な結果 である。このフォルムの氾濫は、フォルムを 体得する能力を徐々に失わせる、つまり、 感覚の鈍化につながるのだ。

フォルムの問題と並行して、豊かな音楽の 体験もまた、絶え間なく音を生産してる ラジオという機械によって、脅威にさらされて いるのである。

エミール・ルーダー
1954年

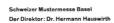

In 1956, Emil Ruder, a member of the SWB and of the SWB awarding jury, designed the award certificate and the red identification seal *Die gute Form*.

In the same year, Ruder also designed the special exhibition *Die gute Form* at Mustermesse Basel.
Photo: Main entrance to the show.

1956年、スイス工作連盟の会員であり、 賞の審査員であったエミール・ルーダーは、 「ディ・グーテ・フォルム」の表彰状と赤いシールを デザインした。

同年、ルーダーはバーゼル見本市で 行なわれた「ディ・グーテ・フォルム」特別展の デザインも手がけた。写真は展示会場の 正面入り口。

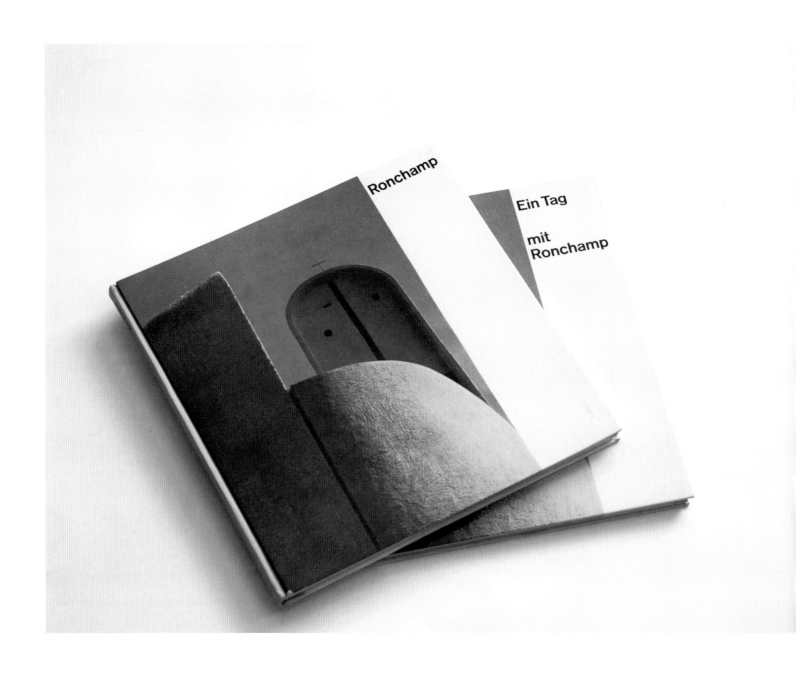

Ronchamp, the book on Le Corbusier's chapel, is a highlight of modern typography. Free of the heaviness of the Bauhaus, it is in a new typography which was so fresh and new compared to the typography of that time.

A book of 48 photos of the chapel in Ronchamp by Paul and Esther Merkle. Text by Robert Th.Stoll, preface by Hans Urs von Balthasar.

Ronchamp (French edition)
Publisher: Desclé de Brouwer, Paris.
Ein Tag mit Ronchamp (German edition)
[A day with Ronchamp]
Publisher: Johannes Verlag, Einsiedeln.
250 x 255 mm, 104 pages
1958

ル・コルビュジエの礼拝堂を紹介する本
『ロンシャンの1日』は、モダンタイポグラフィの
名作である。それはバウハウスの重苦しさ
から解放された、まったく新しいタイポグラフィ
だった。当時のタイポグラフィに比べて
あまりにも新鮮で新しかったのだ。

ロンシャンにある礼拝堂を、パウルおよび
エスター・メルクレによる48点の写真で
紹介する。テキストはロベルト・シュトル、序文は
ハンス・ウルス・フォン・バルターザー。

『ロンシャン』（フランス語版）
発行：デスクレ・ドゥ・ブルエール、パリ
『ロンシャンの1日』（ドイツ語版）
発行：ヨハネス出版、アインズィーデルン
共に1958年

Pages from *Ein Tag mit Ronchamp.*
Vertical and horizontal arranged
photos on the right page,
with text in one or two columns
on the left page and with pagination
aligning with the column.

『ロンシャンの1日』より見開き。
右ページに写真が縦あるいは横に、左ページに
テキストが1または2コラムにレイアウトされ、
ノンブルの位置はコラムに揃えられている。

Cover for the special issue of
Typographische Monatsblätter
'integrale typographie'
TM 6/7.1959

TM特集号「タイポグラフィの統合」の表紙
TM 1959年 6/7号

The cover, set in two sizes and two weights of Akzidenz Grotesk, designed in utmost simplicity, is a light house of Swiss typography, of Basel typography, of Ruder typography.

integrale typographie, the title of the eleven page contribution by Karl Gerstner is the only one set in flush left. All other articles, including Emil Ruder's contribution, On Present-day Typography, are set within the TM guidelines set by Robert Büchler. Further articles are by Armin Hofmann, Robert Büchler and Hans Neuburg. The issue includes works by Max Bill, Lohse, Vivarelli and Odermatt.

TM editor Rudolf Hostettler wrote in the introduction to the issue, 'this special issue is dedicated to the optimistic people, who believe in improvement and who unperturbed search for new solutions.'

アクチデンツ・グロテスクの2つのサイズ、2つのウエイトで組まれ、究極の簡潔さをもってデザインされたこの表紙は、スイス・タイポグラフィの、バーゼル・タイポグラフィの、そしてルーダー・タイポグラフィの灯台である。

「タイポグラフィの統合」と題されたカール・ゲルストナーによる11ページの寄稿記事が、この号で唯一ラギットで組まれたものであった。エミール・ルーダーの寄稿「今日のタイポグラフィについて」を含むその他すべての記事は、TM誌のガイドラインに従ってロベルト・ビュヒラーによって組まれた。さらにこの号には、アーミン・ホフマン、ロベルト・ビュヒラー、ハンス・ノイブルクらが寄稿し、またマックス・ビル、ローゼ、ヴィヴァレッリ、オーダーマットらの作品が掲載されている。

TM誌の編集長ルドルフ・ホシュテトラーはこの号の序文に次のように書いている。「この特集号は、発展を信じ、新しいソリューションに向かって、迷うことなく探究を続けるオプティミストたちに捧げるものである。」

It is in the attempt to allow a printed typeface to develop freely without constraint
that we see one of the most valuable dictates of modern type arrangement.
We strive for the greatest possible harmony between form and function.
We have free rein over the available working space without being constrained by any
mandatory schema such as that of symmetry.

印刷された文字を自由に解放させる試み、これこそが活字を使ったモダンデザインにおけるもっとも重要な要求のひとつであると考える。わたしたちは、機能とフォルムの可能な限り最良の組合せを求めて奮闘するものである。シンメトリーなどの束縛的形式に縛られることなく、与えられたスペース内で活字は自由に配置されるのだ。

Emil Ruder
1959

typographische monatsblätter / schweizer graphische mitteilungen / revue suisse de l'imprimerie / juni/juli, juin/juillet 1959

sondernummer integrale typographie

Emil Ruder
Zur Typographie der Gegenwart
On Present-day Typography

published in German and French in
'integrale typographie'
special issue of
Typographische Monatsblätter
TM 6/7.1959

In edition number 11 of the German professional journal 'Der Druckspiegel' from the year 1958 there appeared in the form of a typographical supplement an essay by Jan Tschichold entitled 'On Present-day Typography'. A strong corrective urge here would seem to us to be justified by the fact that certain aspects of Tschichold's elaborations are seen from a somewhat distorted point of view, even if we have no hesitation or compunction in adhering to many of his viewpoints.

Tschichold commences his work with a confrontation between typesetter and graphic designer, a topic which understandably elicits more excitement with the former than the latter. It is immediately apparent that Tschichold ranks these two professional counterparts differently: 'A competent craftsman who can properly handle text has a truly better understanding of type composition than the average graphic designer.' Without doubt true. Yet this cannot be the whole story. One needs to compare the average graphic designer with the average typesetter, and the 'competent craftsman' must pit his expertise against the creative energy of the fine graphic designer. Moreover, Tschichold paints a falsified picture of the graphic designer, describing him as someone who is 'primarily a visual person competent at handling colour and form, one who is more a painter or draughtsman than a thinker and for whom the content is merely a pretext for a display of graphic pyrotechnics intended to show what he can do.' We do not wish to deny that there is more than one graphic designer to whom this portrayal applies, but it is not true of the good ones. The graphic designer who has received an earnest and thorough schooling (at a college of applied arts – one preliminary year followed by four years of specialised training) is unreservedly on a par with the typesetter. We are well aware that a plethora of would-be graphic designers threaten the existence of the true exemplar and sully relations with the typesetter. Psychologically, too, it is understandable that the emergence of this much younger profession is regarded by the typesetter as an intrusion into his sphere. Not that he is guiltless in this development. All too long have our 'colleagues at the type case' stubbornly adhered to meaningless and outlived rules, a highly regimented way of thinking which excluded all outside influences.

There are a number of good Swiss graphic designers who, with an open mind and free from professional prejudice, have provided valuable impulses to typography: Alfred Willimann, Pierre Gauchat, Heiri Steiner, Hans Neuburg, Max Bill, Josef Müller-Brockmann, Richard P. Lohse, Carlo Vivarelli, Hans Falk, Armin Hofmann, Karl Gerstner and others. Typesetters will do well to pay heed to these stimuli, to assess their feasibility, to refine them as necessary and to incorporate them into their daily work. May the typesetter be so expert in what he does that he is esteemed and consulted by the graphic designer. The goal is collaboration based on mutual respect.

It really is time to set aside the rivalry between typesetter and graphic designer, and to replace it with a strengthening of the design colleague's position. In most firms, the typesetter who designs finds himself in an invidious situation. The ceaseless churning out of designs precludes any degree of creative input and forces him into a rut. Only a comprehensive and thorough training in typeface arrangement would herald a fresh evaluation of the 'creative colleague' on the part of management and customers.

Tschichold states the following: 'Nowadays asymmetry occurs frequently and is often wholly appropriate. Yet the natural form of typography is symmetry. Nowhere is symmetry more legitimate than in typography. Someone writing by hand is hard put to centre a line correctly. For the typesetter it is the easiest thing in the world.'

Yet it is **asymmetry** which is the most effortless and congruous technique within typography. The beginning of the line is fixed, resulting in a width which is determined by the number of letters and spaces, its end being determined by the right-hand margin. This simple and commensurate principle already prevails in early printing and is self-evident for contemporary typesetters.

Not so self-evident, however, is the centring of a line. Within the technique of typesetting by hand or by machine, centring means additional work. In hand-setting, positioning something in the middle means ensuring that equal amounts of space are distributed to the left and right of the line, and this is very time-consuming.

We would happily calculate such technical complications into our work were they to be justified by the fruits of our labours. Much more serious than technical reservations are our objections to symmetry with regard to effortless intelligibility of the text and formal considerations.

We unreservedly subscribe to Tschichold's opinion that it is the task of the typographer to set the text in such a way that it is pleasant to assimilate without the slightest strain. Yet how is one to read several centred lines? The eye needs to locate a new beginning for every line, making it more onerous to apprehend the text; it is something which has been forced upon the reader for purely formalistic reasons and for which there is no compelling rationale.

Actual writing forms the basis of printed lettering and thus also of typography. The process of type-founding (outlining, punchcutting, moulding or forming and casting) must be visible in the shape of the letters, yet it must not completely water down the original written form. The form of a letter which is too far removed from its hand-written antecedent is rightly seen as degenerate. Printing takes its flow from written script, in other words there is a propensity to the right. In the case of majuscules, static and quiescent letters without any sense of motion are rather more common: A, H, I, M, O, T, U, V, W, X and Y. The minuscules, on the other hand, show a stronger tendency to the right, and only i, l, o, v, w and x abstain from this movement. In the golden age of written script prior to Gutenberg, but also in subsequent masterpieces of calligraphy, one will search in vain for symmetry. For the scribe, centred writing goes against the grain and can only be achieved with considerable effort.

Printing which has clear directional movement cannot be centred. Certainly one can place the static majuscules A, H and O beneath each other around a single axis; but what about with the capitals E, K and L? Where precisely is the centre of these letters? The problem of centring around a single axis becomes especially clear in the case of italics in which the written flow is particularly pronounced.

Eras are reflected in
typography,
in architecture as well as
in all other creative
fields.
At times the emphasis
may be more on
legibility, at other times
more on formal
aspects.
However, typography
is always rooted in
its own time.

Tschichold writes: 'Apparently it is the style of the present that is being sought' – before going on to add that our times do not have a single all-embracing style to show for themselves.

Only in the heads of truly naive contemporaries can the belief arise that the form assumed by the typeset must externally resemble skyscrapers and coach-work. Nor can we remember ever having read of such an absurd requirement being proclaimed as a postulate of modern typography. The self-respecting designer does not give a jot about contemporary style. He knows that style cannot be created – it emerges, often unconsciously. Similar thinking and feeling give rise to commonality between various fields of creativity. The architecture of a house or the composition of a book can scarcely be said to have external, hard and fast features. And yet, the same unifying idea can be at work in both entities. The house is conceived from the inside to the outside. Spatial requirements are calculated in terms of cubes; it is the sum of these cubes which determines the construction, not the design of a façade to which other criteria must then adapt. The same approach will be taken by a good book designer: choice of type-face, size of type, line width and line spacing coalesce to make up the page, which in turn forms the core and the essence of book design. Questions such as title page, cover and dust-jacket remain from a design point of view peripheral.

This central idea, namely that the process of design advances from the inside to the outside, connects objects which can be externally so diverse.

If Tschichold is of the belief that the forms of today's architecture are primarily the result of new building materials and working practices, then we are almost tempted to read a materialistic *Weltanschauung* into this conclusion. At the fount of this new way of construction was a new way of feeling, a new way of seeing as well as new and real contemporary demands. Modern architecture has its roots in the human need for the elemental, for truthfulness in the constructive and in the ethically social. Humanity entered into a new relationship to light, to air, to the sun, to nature. New materials and methods helped in the realisation of these postulates as well as being conspicuous in the shape of objects.

Creative domains have not become autonomous and it is impossible to sever typography from the general context. This would be to condemn it to sterility. It can, and should, maintain its own technically determined sovereignty even if closely linked with other fields.

Admittedly legibility has for centuries placed constant demands on typography and will continue to do so in the future. However, this unchanging factor has not been able to prevent the contribution of typography to all temporal manifestations throughout the ages since Gutenberg's invention. These eras are reflected in typography, in architecture as well as in all other creative fields. At times the emphasis may be more on legibility, at other times more on formal aspects. However, typography is always rooted in its own time. It is also creative in its aberrations, be they the creepers of Art Nouveau, the irrationality of Dada or the constructivist ambitions of the Bauhaus. Its participation in experimentation is as necessary as are its periods of calm and consolidation. Even if one might sometimes regret the way in which typography almost frivolously embraces the vagaries of the *Zeitgeist*, this is still better than being disconnected and standing aloof.

The exclusivity with which Tschichold approaches the subject of Grotesque typefaces leaves an unpleasant aftertaste: 'Thus Grotesque lives up to its historical name with complete justification. In fact it is a monstrosity... Whoever encounters it too often as a basic form will very quickly tire of it, for Grotesque lacks any charm or appeal – to say nothing of gracefulness. Its demeanour is one of coarseness, and nobody wants to be continuously shouted at.'

First of all, which Grotesque are we talking about here? The Grotesque typefaces from between the wars which hold hardly any further interest for contemporary typographers? Or those Grotesque creations from our own times which are all more or less variations of the 'Berthold'(Akzidenz Grotesk)? Or Adrian Frutiger's 'Univers', which we do regard as an accomplishment worthy of being taken seriously? Or is this disdain directed at the character of Grotesque typefaces in general? This can hardly be the case, since Tschichold expressly excludes Gill Sans Serif from his crushing verdict.

It is incomprehensible to us who one is grappling with here. One talks of devotees of Grotesque, of fanatics, of the impoverishment of the Grotesque adherents in matters of typeface. We also have little time for these kinds of professionals; they are not the exponents of a typography which is in keeping with and appropriate to its time. The constriction of typographical possibilities to Akzidenz Grotesk, at the most with the addition of Monotype Grotesque, is just as absurd as the belief that Old Style Serif is the only typeface for our times and for all future ages. There really is no point in trading one dogma for another.

Time and again, and not only in the work being discussed here, Grotesque has had to endure attacks on its form and its legibility.

The beauty of a typeface arises fundamentally out of its proportions. Its basic form, the relationship between printed and unprinted areas, is what determines its artistic merit. The black of a letter interacts with the white of the counters and that of the gaps between letters. The degree to which serifs protrude i.e. the final strokes, can scarcely make any significant difference to the basic conception of a letter. A letter can be varied in the manner and degree with which it is made to protrude; this is what often provides its stylistic feature. From this it must follow that a Grotesque letter, if expertly proportioned, need shirk no comparison with Old Style Serif. On the other hand a well proportioned Old Style Serif letter is of course superior to a poorly constructed Grotesque one. We concur with the author in the view that as far as legibility is concerned the majority of today's Grotesque typefaces are inferior to other typefaces. The most readily legible Grotesque typeface, and one which does not break with tradition, is Gill Sans Serif. The altering of thickness in the strokes and their proportioning show that Old Style Serif retains its potency in Gill.

All of our typefaces can be traced back to Old Style Serif. The written form is the basis for each and every printed letterform. We consider that the preeminent characteristic of handwriting lies not in its final strokes but rather in the change of stroke thickness which is created as the nib pen travels across the page: full breadth in diagonal strokes from top left to bottom right, reduced breadth in vertical and horizontal strokes, least breadth in diagonal strokes from top right to bottom left.

Grotesque is the typeface with the most succinct form of expression. To accuse it of being unrefined is inadmissible. Its shapes are very vulnerable as there are no distracting embellishments.

We must insist on these differences in thickness being clearly discernible in good Grotesque typefaces. The type gains in legibility whilst remaining firmly anchored to tradition. Sans Serif fonts from between the wars were trying to break with tradition; their intention was to 'create the typeface of our times'. This demonstrative aspect made these typefaces typical children of their time, rendering it impossible for them to be used nowadays. One cannot keep up a demonstration for thirty years.

Grotesque fills a legitimate present-day need, and its place besides the classical typefaces is assured. This need has become so deeply entrenched that it must not be misinterpreted as mere fashionable speculation. Within the whole spectrum of applied arts there is an unmistakable lure towards the essential, the elemental, the basic. Here at the core one is immune from the voguish allures of the moment. The best forces of our time are united in their repudiation of everything that is mere façade, histrionics or ornamentation. Forms are created from the inside to the outside, and a well designed object achieves its beauty precisely from this simple and expedient attitude.

Grotesque is the typeface with the most succinct form of expression. To accuse it of being unrefined is inadmissible. Its shapes are very vulnerable as there are no distracting embellishments. Every formal weakness is immediately apparent, and to design a good Grotesque typeface requires a high degree of proficiency.

The classification still so often used according to which printed typefaces are divided between those of a more refined and those of a more robust nature should be shunned once and for all – along the lines of Old Style Serif for projects of a refined nature, Modern Serif for the more fashionable, Grotesque for functional and technical (soulless!) assignments, Fraktur for folkloristic and historicised print matter. A good Grotesque typeface is a sufficiently sensitive and artistic configuration for us to consider it usable in all fields.

There is, however, a further consideration which speaks in favour of using Grotesque: the classic typefaces used today such as Bodoni, Garamond, Baskerville, etc., are not products of the German-speaking world. Baskerville when applied in English reveals its full beauty, whereas in German texts its overall character changes. An accumulation of majuscules as well as other word patterns lead to an appreciable devaluation of its formal qualities. The same holds for all other national typefaces. Fraktur is the only typeface which is fused exclusively to the German language. Tschichold profoundly regrets that today this typeface should be fighting a virtually losing battle, and we may indeed concur with this regret. The demise of Fraktur constitutes a sorely felt cultural loss.

European unity and unmitigated cultural exchange seem to us today to be what is most pressing. This unity is the final political card left in Europe's hand. It is regrettable that Fraktur should stand in the way of this evolution. As a national typeface with a singularly separatist character (from a European perspective) it can, within a united Europe, play at most a provincial role, never a leading one. Grotesque, on the other hand, would seem to us to slightly transcend national idiosyncrasies. Not being particular to any single European language, it is consequently a vehicle through which any language can speak to us. One might even be tempted to call it neutral.

All this commotion about Grotesque – and here we share Tschichold's opinion – is anything but gratifying. We know that type foundries today bring out Grotesque fonts against their own better judgement simply so as to keep their business. We are also acquainted with graphic designers and typographers for whom Grotesque is just good enough for the execution of things they have not properly thought through or assimilated. There have always been excesses. Every genuine impulse has always been accompanied by any number of parasites feeding on it who have often brought worthy attempts into disrepute. This should not, however, unsettle us in our quest for the right typography.

It would be foolhardy to assume that Old Style Serif could satisfy all demands placed upon a typeface today. It has its roots in a time in which advertising and journalism were unknown concepts, and in its original form shows only normal width, regular and italic type. Its essence is one of intimacy, and one should think twice before using it for printing advertising material or for large-formatted pieces of work. We have observed for example how increasing the size of Garamond beyond its norm has a detrimental effect.

Yet our times also need print which in the competition of ideas and products will attract attention. We need large letters and semi-bold, bold, narrow, broad, italic and normal fonts. Only Grotesque can arguably fulfil such wide-ranging requirements – and not any Grotesque typeface, only a good one. Here we permit a reference to the twenty fonts of 'Univers'. We by no means see in them 'a vociferous wilderness, a strident orgy of heedlessness and blatant violence' (Tschichold), but rather the reflection of the wholly legitimate demand which scholarship, technology and commerce place on typography.

In summary, we regard the manner in which Tschichold gives vent to his discontentment as being injurious. Such publications will endlessly perpetrate radicalisation within our fine profession – Sans Serif here, Serif there! Symmetry here, asymmetry there! One cannot engage in a discussion on modern typography and only take note of its shortcomings, except, that is, if one were to believe that modern type arrangement consisted of nothing but shortcomings. This can scarcely be presumed.

In actual fact we all share the same worries. We too are disconcerted by the gimmickry to be found in script creation and in typography. We too reject the denigrating of letters and typeset to mere blots and grey patches. The art of typesetting is a utilitarian art which first and foremost services a specific purpose. As long as the laws governing ease of text legibility and comprehensibility are not fulfilled, it is futile to rhapsodise over form or art.

Modernism, namely the fact – in many cases still incomprehensible to us – that battle cries going back for decades have prevailed, poses us with problems. The decline of craftsmanship frequently presents itself in a modern guise, and it is up to us to uncover it. Nor are such concerns exclusive to our own profession. Fine arts as well as applied arts have all been assailed by the modern wave. Scarcely a furniture shop omits to promote its modern creations. 'The New Direction' is eating its way into all sectors of human co-existence. Finding itself no longer able to distinguish between modern and modern, the poor public can often only be pitied.

The best forces
of our time are united
in their repudiation
of everything
that is mere façade,
histrionics or
ornamentation.

However, we are not prepared on account of this to take flight from the domains of contemporary design and escape into a world of void space, a world bereft of problems. All the more is the pleasant obligation now incumbent upon us to learn to distinguish the genuine from the bogus, and to direct our scrutiny to the essential. We are well aware that the manifesto age is over. Now is not the time to demonstrate, now is the time to work. It is a matter of implementing insights which have been gained and of their refinement – which means, however, working for years with painstaking attention to detail and without any hope of gaining the spotlight.

From the certainty that Grotesque caters to a genuine contemporary need stems the onus to create the optimum Grotesque typeface, and moreover one which is well suited for printing.

We need typefaces which do not take up too much space, which are economical and which are sufficiently robust to be able to deal with moulding, embossing and large print-runs. We also need once and for all typefaces with a suitable width, that is to say with a proper lateral set width, so that, whatever the sequence, a flawless image will always be the result.

What we can dispense with are typefaces with pseudo-manual irregularities, or those so-called 'character' typefaces which might reflect the emotional disposition of the artist but are not suitable for universal application. Nor do we have the slightest need for the spontaneity of handwriting in printed lettering. Writing and printing are subject to different jurisdictions and we do not appreciate the two realms being blurred. We would be happy to finally see Grotesque letters having proper differentiations in stroke thickness.

We do not have the least presumption of achieving compact typefaces or even block effects by means of Grotesque letters. It is in the attempt to allow a printed typeface to develop freely without constraint that we see one of the most valuable dictates of modern type arrangement. We strive for the greatest possible harmony between form and function. Once legibility has been guaranteed we can tackle the form which a print assignment will assume. We have free rein over the available working space without being constrained by any mandatory schema such as that of symmetry. What matters is maintaining the right proportion between printed and unprinted areas, ensuring that shades of grey and point sizes are correctly gradated, and finally arranging all elements satisfactorily.

But without the typesetter's love for his work, these are all but idle sentiments, all but empty words...

Translation: Graham Welsh

エミール・ルーダー

現代のタイポグラフィのために

TM 1959年6/7合併号

ドイツの業界誌『ドゥルック・シュピーゲル』の1958年11号に、
タイポグラフィに関する補遺という形で、ヤン・チヒョルトによる論文
「現代のタイポグラフィのために」が掲載された。彼の意見は
かなり偏ったものなので、それを正しておくことが緊要と思われる。
他方で、彼の意見のなかには、留保することなく喜んで同意
できるものも多くある。

チヒョルトはその論文の冒頭でグラフィック・デザイナーと
植字工との本質的な差異を当然のものとして想定している。これは、
両者を対立関係に持ち込むことに他ならない。わたしたちは彼が、
植字工とグラフィック・デザイナーという職業上のパートナー同士を、
異質の範疇に分けようとしていることに気づく。「文字原稿を
適切に取り扱える有能な植字マイスターは、平凡なグラフィック・
デザイナーよりも活字の組み方についてよく理解している」。
その通りであろう。しかし、ことはそれほど単純ではない。平凡な
グラフィック・デザイナーは平凡な植字工と、有能な植字工の
マイスターは優れたグラフィック・デザイナーの創造力と比較される
べきである。また、チヒョルトのグラフィック・デザイナー像は
歪曲している。「グラフィック・デザイナー、つまり、もっぱらの視覚
人間であり、色と形の扱いが上手く、思索家というよりは画家や
図案家であり、見かけだおしの打ち上げ花火を上げるために、
自らの技能を使っている」というのだ。

これに当てはまるグラフィック・デザイナーが少なからず存在する
ことに異議をとなえるつもりはないが、優れたグラフィック・
デザイナーには当てはまらない。堅実で徹底的な職業教育を受けた
グラフィック・デザイナー（工芸専門学校における職業訓練：
予備コース1年、専門コース4年）は、植字工と対等のパートナー
なのである。凡庸なグラフィック・デザイナーの大群が真の
グラフィック・デザイナーたちの評判を貶め、植字工との関係を
害していることを、わたしたちはよく知っている。また、植字工の
心情からすれば、グラフィック・デザインという新しい職能の
台頭が、縄張り荒らしと映ったとしても無理はない。しかし、その
ように事が進んだ背景には、植字工の側にも問題がある。彼らは
あまりに長いあいだ、非合理で時代遅れの規範を固持し続け、
ギルド的思考に染まりきって、あらゆる外部からの影響を遮断して
しまった。

ギルド的思考に束縛されない優れたスイスのグラフィック・デザイナー
たちがタイポグラフィに重要な影響を与えてきている —— アルフレート・
ヴィリマン、ピエール・ゴーシャ、ヘイリ・シュタイナー、ハンス・
ノイブルク、マックス・ビル、ヨーゼフ・ミュラー-ブロックマン、
リヒャルト・P・ローゼ、カルロ・ヴィヴァレッリ、ハンス・ファルク、
アーミン・ホフマン、カール・ゲルストナー等々。植字工は
彼らが生み育てたものを受けいれ、評価し、必要に応じてさらに
改善して、自らの仕事にとりいれるべきである。グラフィック・
デザイナーもまた植字工という職能を評価するべきであり、お互いの
尊敬に基づく協働を目的としなければならない。

植字工とグラフィック・デザイナーとが対抗しあうのではなく、
植字工を創造的な対等のパートナーとして認めるべき時がきている。
多くの印刷会社で、デザイナーや植字工たちの状況は過酷である。
デザインの作業は手を休める暇もない速いペースでこなさなければ
ならならず、創造的な仕事に充てられる時間の余裕がない。
経営者と顧客の双方が植字工に対する評価を改めるようになるには、
広範で緻密なタイポグラフィ教育が必要となる。

チヒョルトは言う。「左右非対称は今日では妥当な形式である。
しかし、タイポグラフィの本来の形式は左右対称なのである。
タイポグラフィほど左右対称が正当性を持つ分野は他にない。
手書きの場合には、行を中心に揃えるには苦労がともなうが、
植字工にとってはきわめて簡単なことだ」。

その反対である。左右非対称こそが、タイポグラフィのもっとも
単純で論理的な一貫性のある方法である。行の開始位置を
定め、文字とスペースを収容する行の長さを決め、右側を充填して
調整する。このような単純で合理的な原則は印刷術初期にも
見られたもので、今日の植字工にとっても至極自然な方法である。
それに対して、行を中心で揃えるのは合理性に欠ける。手組み
であれ機械組みであれ、中心揃えには余計な作業が必要となる。
手組みの場合、中心揃えは、行の右側と左側に込め物を均等に
分割することを意味し、手間がかかる。（中略）

努力に見合う結果が得られるのであれば、手間をいとうことはない。
しかし、そのような技術的な見地から左右対称に反対するよりも、
視覚的な配慮とテキストの読みやすさの方が重要である。

タイポグラファの使命は、テキストを快適に容易に読めるように
組むことである、というチヒョルトの考えには留保なく同意できる。
しかし、複数行を中心揃えに組んだ場合、どのように読まれる
であろうか? 改行ごとに、目は読み始める位置を確かめなければ
ならず、テキストを障害なく読み進むことは難しくなる。しかも
純粋に様式上の理由だけのために、これらの負担を読者に強いる
のである。

手書きの文字の基礎の上に印刷した文字があり、タイポグラフィが
ある。活字鋳造の工程（原図の作成、父型彫刻、母型の作成
および鋳造）は文字の形態に明らかな影響を与えるが、手書き文字の
本来の形を消し去ってはよくない。手書きの文字の規範から
あまりにかけ離れてしまったアルファベットの形を退廃と呼ぶこと
には、理由がある。印刷活字は手書き文字から流れるような
動き、つまり右に進もうとする推進力を継承している。A、H、I、M、
O、T、U、V、W、X、そしてYのように、大文字の形は内向的に
静かにたたずみ、動きのない堅固な文字ばかりである。小文字の
場合は、右方向へ進もうとする動きがより強い。ただし、その動きは
i、l、o、v、wとxだけについては強くない。グーテンベルク
以前の手書き文字の全盛期にも、以後のカリグラフィの傑作に
おいても、左右対称は存在しない。中心に揃えて書くなどという
ことは書くことの本質に反し、一般に多大の努力を要する。

動きの方向がはっきりしている文字を活字で中心揃えに組むのは
不可能である。静的な大文字のA、H、Oを上下に垂直軸上に配置
することはできる。しかし、大文字のE、K、Lを中心揃えで
組むことが可能であろうか? そもそも、これらのアルファベットの
中心はどこにあるのか? このような中心揃えの問題点は、
書き進もうとする運動がより明瞭なイタリック体の場合に明らか
となる。

時代というものは、
タイポグラフィに、建築に、
そして他のあらゆる
創造的領域に反映される。

ある時代には明瞭な
読みやすさが、
またある時代には外形的な
様式性が強調される。
タイポグラフィは
いつもその時代と関係して
いるのである。

チヒョルトは「現代の様式が求められているのは明らかである」
と書いている。そして、すぐに続けて「わたしたちの時代は、
提示すべき共通の様式を持っていない」とも書いている。活字
組版が摩天楼や自動車のボディと様式的に相似すべきなど
という考えは、よほど無邪気な者の想像でしかない。現代のタイポ
グラフィに対するこれほどまでに馬鹿げた要求を、私はいまだ
かつて読んだことがない。誠実なデザイナーであれば、同時代の
様式について考え込んだりはしない。様式とは故意に創り
だすことはできず、むしろ思いがけなく出現するものであることを
知っているからである。これと似たような考え方、感じ方が、
あらゆる創造的な技芸に共通して見受けられる。住宅建築と製本と
のあいだには、ほとんど共通点がない。しかし、同一の原則が
その両者にあてはまることがある。住宅というものは、立体的な
要素の集積であり、その総和が建築物を成立させている。
ファサード（建物の正面外観）を辞定し、その必要条件に合わせて
住宅建築ができあがるわけではない。同じ原則が、優れた
ブックデザイナーの手法にもあてはまる。書体、活字の大きさ、
行長、行間、これらが書籍のページを形成する。これらの要素が
書籍というものの核であり出発点なのである。タイトル・ページや
外装やジャケットなどは、書籍にとっては周辺的な課題である。
この内部から外部へとデザインを進めようとする思想が、外面的には
大きく異なる書物と建築に通底していて、両者を結びつける。

もしチヒョルトが今日の建築の形が、ただ新しい建材と工法の
結果にすぎないと考えているなら、そこにある種の唯物主義を読み
とりたくなる。新しい建築様式が生み出される揺籃期にあっては、
新しい感覚、新しい視覚、そしてその時代に固有の真に
新しい欲求がある。近代建築は、要素的なもの、つまり構造に
おける率直さ、および倫理的-社会的な配慮、これらに対する
人間的な欲求に根ざしている。人間は、光、空気、太陽といった
自然との新たな関係に足を踏みいれた。新しい素材と方法は、
このような要請を実現する助けとなって、そのデザインに
反映されている。

創造的な技芸は自律的ではありえない。タイポグラフィもまた、
時代の動きから切り離して考えることは不可能である。仮に
そうなったとすれば、タイポグラフィは死に体も同然となる。しかし、
タイポグラフィに固有の技術的な特性を尊重することは可能で
あって、尊重すべきなのである。

幾世紀にもわたり「読みやすさ」は、タイポグラフィに求め
られる要件のひとつであり続けてきた。それは今後も変わらない
であろう。しかし、グーテンベルクの発明以来どの時代においても、
そのことが、タイポグラフィの時代精神の表明への参加を
抑制することはなかった。時代というものは、タイポグラフィに、
建築に、そして他のあらゆる創造的領域に反映される。ある
時代には明瞭な読みやすさが、またある時代には外形的な様式性が
強調される。タイポグラフィはいつもその時代と関係している
のである。また、タイポグラフィはその過剰・逸脱状態 ── アール・
ヌーヴォーの絡みあう蔓草、ダダイズムのナンセンス、あるいは
バウハウス時代の構成主義的な野望のなか ── にあっても
創造的である。安らぎと明澄さがタイポグラフィに必要なのと同じく、
さまざまな実験にタイポグラフィが参加することもまた必要なの
である。タイポグラフィが、時代精神の動きにほとんど軽薄なまでに
擦り寄ることを遺憾に思うとしても、そうしたものから孤立し、
隔絶した状態にあるよりははるかに好ましい。（中略）

チヒョルトによるグロテスク体〈＝サンセリフ体〉に対する言及は
不快なまでに過剰である。例えば、「このように、グロテスク体は
その歴史的名称にまったくふさわしい。それは本物の怪物
である。グロテスク体を本文に用いると、すぐに飽きてしまう。
なぜならグロテスク体は趣と魅力に欠けている。優美さなど望むべく
もない。そのふるまいは粗野で、人は始終大声で叫ばれて
いたくはない」などと述べられている。

さて、ここで問題にしているのは、いったいどのグロテスク体のこと
なのか？ 今の世代のタイポグラファ達がほとんど興味を
示さないような、両大戦間に作られたグロテスク体のことであろうか？
あるいは現代に作られた、多かれ少なかれベルトルト社製の
アクチデンツ・グロテスク体と同傾向の、種々のグロテスク書体の
ことなのか？ あるいは、わたしたちが重要な成果として評価
しているアドリアン・フルティガーのユニバース書体のことなのか？
それとも、その侮蔑はグロテスク体全般に向けられているので
あろうか？ しかし、それはありえない。チヒョルトはギル・サンに
ついては、彼の厳しい判断の対象外に置いているからである。

わたしたちはいったい誰と議論しなければならないというのか。
グロテスク体を賞賛する者、グロテスク体の狂信者、グロテスク体の
衰退を指示する者。わたしたちはその種の専門家たちにまったく
関心を持っていない。というのは彼らは、同時代性を意識し、
時代に即したタイポグラフィを代弁する者ではないからである。
タイポグラフィの可能性をアクチデンツ・グロテスクに限定する、
あるいはせいぜいモノ・グロテスク程度の範囲までにしか
広げないというのは、セリフの付いた書体だけが現代そして
未来にわたる唯一の書体である、ということを信じるのと同じくらい、
馬鹿げたことである。ある狂信を他の狂信に取り替えても、
まったく意味がない。

ここで取り上げた（チヒョルトの）評論に限らず、グロテスク体は
その形態と可読性に関して、繰り返し攻撃されてきた。

書体の美しさは原理的には、その形態の比例的な均整から生まれる。
骨格、そして印刷される部分とそうでない部分との均整が書体の
美的な価値を決定する。印刷される文字の基本的な設計理念に
ついて、セリフはほとんど何も影響を与えることができない。
セリフの様式や太さなどによって、文字の形に変化が加えられ、
様式上の特徴が備わる。すなわち、グロテスク体の文字であっても、
それが比例的に均整のとれた形態を有する限り、セリフ付きの
書体と比較されることを恐れる必要はない。他方、均整のとれた
セリフ付き書体の活字が、粗雑に構成されたグロテスク体活字
よりも優れていることはいうまでもない。今日の多くの
グロテスク書体の活字が、読みやすさにおいて他の活字書体よりも
劣っているということについては、わたしたちもチヒョルトと
同意見である。もっとも読みやすいグロテスク体は、伝統から
逸脱することのないギル・サンである。ギル・サンは、
その形態の比例上の均整、画線の太さの変化において、古典的な
セリフ付き活字書体の精神をその内に宿している。

わたしたちが用いる活字書体は、すべてローマン体活字（オールド・
スタイル）に起源を持つ。あらゆる印刷活字の基礎には手書き
文字がある。そのもっとも顕著な特徴は、広いペン先のペンで書く
ことから生じる画線の太さの変化にあるのであって、セリフに
あるのではない。すなわち、もっとも幅の広い左上から右下にかけて
の斜めの画線、それよりもやや細い垂直と水平の画線、さらに
細い右上から左下への画線という具合である。

グロテスク体は
もっとも簡潔な構成の
書体である。
それが粗野であるという
非難には意味がない。

装飾に眼がそらされる
ことがないため、
きわめて繊細な形を
しているのだ。

この画線の幅の変化がはっきりと視認できることが、優れた
グロテスク書体に要求される。そのような書体は読みやすく、伝統の
系譜に連なるものとなる。両大戦のあいだに作られたグロテスク体は、
伝統から脱却しようとし、「自らの時代の書体」の創出を企てた。
その自己顕示的な性質は、これらの書体を典型的な時代の申し子に
してしまい、わたしたちの時代にはふさわしくないものにしている。
30年間も自己顕示し続けるのは所詮無理なのである。

わたしたちの時代はまさしくグロテスク体を必要としており、種々の
古典的書体と並んでその地位は確固たるものがある。これは
もはや一過性の現象と見なすことはできない、確かな事実なので
ある。応用芸術の歴史をとおして、そこには本質的なもの、
要素的なもの、基礎的なものへと向かう動きがはっきりと見て
とれる。その基礎をふまえていれば、誰も見せかけの様式に影響され
ることはない。わたしたちの時代の諸勢力は、表層的なもの、
感情的で装飾的なものを忌避する点で一致している。内部から
外部へとデザインは展開する。これを基本姿勢とすることで、
巧妙に作られた形に美が宿るのである。

グロテスク体はもっとも簡潔な構成の書体である。それが粗野である
という非難には意味がない。装飾に眼がそらされることがないため、
きわめて繊細な形をしているのだ。どのような外形上の欠点も
すぐに目につくため、優れたグロテスク体書体をデザインするには
十全で成熟した知識が必要となる。

よく語られる、優美さ、力強さ、などで書体を分類する方法は、
いずれ克服されねばならない。たとえば、威厳が必要なたぐいの
仕事にはオールド・スタイル、流行を追ったものにはモダン・フェイス、
実用本位で技術的なものにはグロテスク体、伝統的で歴史的な
印刷物にはフラクトゥールなどという分類のことである。優れた
グロテスク体の活字書体は、十分に繊細優美であり、どのような
分野の仕事にも使うことができる。

グロテスク体の使用については、さらに別の観点から考える
ことができる。今日使用されている古典的な活字書体、たとえば
ボドニ、ガラモン、バスカーヴィルなどはドイツ語圏の活字書体
ではない。バスカーヴィルは英語のテキストを組む時には真性の
美しさを発揮するが、ドイツ語のテキストでは、性格が変わって
しまう。大文字が多用される結果、グレー値の異なる個所が増えて、
組み上がりの結果を悪くしてしまう。他の国民的な活字
書体についても同じことがいえる。ドイツ語と完全に結びついた
活字書体としては唯一フラクトゥールがある。チヒョルトは
フラクトゥールの地位が今日ではほとんど失われてしまっていることを
遺憾に思っているが、それについては同意できる。フラクトゥールの
衰退は、憂慮すべき文化的喪失である。

ヨーロッパの統合と自由な文化的交流は、目下必要とされる
最重要の課題である。統合こそがヨーロッパに残された、最後の
政治的カードなのである。しかし悲しむべきことに、この事態の
展開にあって、フラクトゥールは邪魔者でしかない。フラクトゥールは
（ヨーロッパという視点からは）極端に分離主義的な性格をもつ
ドイツの国民書体として、地域限定の役割を担うことはできるが、
指導的な役割を担うのは無理である。しかしグロテスク体は、
このような地域的な特殊性を超越しているように思える。
グロテスク体はヨーロッパのどの言語とも特定の関係をもたない。
どのような言語もグロテスク体によって語ることができるので、
グロテスク体を「中立的」と呼びたくなる。

グロテスク体に関する混乱した状況は決して喜ばしいものではない。この点ではチヒョルトと同意見である。商機を逃すまいと、活字鋳造所が自らの信念に反してまでグロテスク体書体を作っている。また、グロテスク体をうまく使いこなせず、未熟さ・浅はかさを露呈するグラフィック・デザイナーやタイポグラファがいることも知っている。濫用はいつの時代にもある。たかってきては、真摯な努力にけちをつける寄生虫のような連中はいつの世にもいる。それでも、わたしたちは真のタイポグラフィの探求を怠ることがあってはならない。

ローマン体が今日の活字書体のあらゆる必要条件を満たすことができる、などという考えは馬鹿げていて、到底受けいれられない。ローマン体はまだ広告や広報というものが存在しなかった時代に生まれ、もともとはローマン体、ライトとイタリック体だけしかなかった。身近さがローマン体の特長であって、広告印刷物や大型の判型の仕事に使用するには慎重さが必要である。わたしたちが見るところでは、ガラモン書体をその本来の活字の大きさ以上に拡大すると、書体の特質が損なわれてしまい、うまく機能しない。

現代のアイデアと製品の激化する競争にあっては、目立つ印刷物も必要となる。大きい文字、セミ・ボールド、ボールド、コンデンス、エキスパンド、イタリック、そしてノーマルなど種々のフォントが必要となる。このような要求に応えられる書体はグロテスク体だけである。しかも優れたグロテスク体でなければならない。そこで、ユニバースの20種類のフォントについて触れることにしたい。ユニバースに「騒音の寄せ集め、金切り声に満ちた冷酷非情と暴力の狂宴」（チヒョルト）を見いだそうとしても無理である。そこに見えるのはむしろ、タイポグラフィにおける、科学、技術、経済上の正当な要求を完璧に満たしている姿である。

したがって、チヒョルトが不満を吐露したやり方は、きわめて有害であることが認められよう。立派なわたしたちの職業にあって、そのようなものを公表することは、際限のない過激な極論の横行を招くだけである。「グロテスク体だ！」、「いやローマン体だ！」、「中心揃えだ！」、「いや左右非対称だ！」、云々。現代のタイポグラフィについての議論は成立しえず、その欠点をあげつらうばかりである。あるいは、現代のタイポグラフィックなデザインは欠点の数々だけによって成り立っているとでも考えているのであろうか。もちろん、そんなことはない。

他方で、わたしたちがみな共通に危惧していることもある。タイプデザインとタイポグラフィにおける安っぽいショーマンシップには困ったものである。また、文字とテキストを、単なるインクのシミやグレーのかたまりにとみなすことも、お断りしたい。活字を組むことは、特定の具体的な目的を達成するための、実用的な技術である。テキストの読みやすさ、理解のしやすさを無視したままでは、たとえ芸術や形態に夢中になったとしても無意味である。

数十年にわたるモダニズムの努力がついに受けいれられるようになったという事実が、わたしたちには、まだ信じられないでいる。しかし、この事実それ自体が、問題を生みだしてもいるのだ。しばしば現代的な装いをまとって粗悪な仕事が行われている。その正体をわたしたちは暴露しなければならない。このことはタイポグラフィだけに限らない。美術も応用美術も現代という時流に巻き込まれている。「モダン」な製品を展示していない家具屋などほとんどない。この新しい傾向は、人々の生活のあらゆる領域に浸透している。「モダン」なものと現代のものとを見分けられない一般人は混乱するに違いない。

わたしたちの時代の諸勢力は、表層的なもの、感情的で装飾的なものを忌避する点で一致している。

とはいえ、わたしたちは現代のデザインの領域から、何も苦労のいらない真空状態に逃避したいとは思わない。いまこそ、わたしたちは物事の本質をとらえ、本物を偽物から峻別する重要な責務を負っているのである。わたしたちはマニフェストの時代が過ぎ去ったことをよく知っている。いまは示威運動をするときではない。仕事をするべきときである。つまり、すでに得た知識をさらに改良して遂行していく、そのことに尽きる。つまりそれは、脚光を浴びることを期待せず、これからの何年かを、苦心しながら細かな仕事を丁寧に続けていくことを意味する。

グロテスク体が現代の実際の要求に十分に応えられるという確信にもとづき、優れたグロテスク体を創りだす責務、さらにいえば、良質の活字書体を創りだす責務が、わたしたちにはある。

種々の書体のヴァリエーション、鋳造技術、広範な用途などに対応可能な、字幅が広すぎず効率的で安定した活字書体が必要である。そして、各文字の字幅の設定が精確な活字書体、すなわち考えうるすべての文字の組み合わせにおいて均質な印象を与えられる、精確なショルダーをもつ活字書体が必要なのである。

手仕事に見せかけた不規則性を持つ活字書体や、芸術家の感情を反映し、そのため一般の使用にはふさわしくない、いわゆる「個性的な活字」は不要である。手書き文字のような衝動的な特長をもたなくても、活字は機能する。書くことと印刷することとは、別個の異なる領域であって、その境界を曖昧にすることを高く評価はしない。グロテスク体における画線の太さの正しい変化についてはあらためて考えたい。

グロテスク体を用いて、グレーのテキストのブロックをつくりだそうなどとは、わたしたちは決して考えない。印刷文字がその姿を自由に展開させられるようにすることが、現代のデザインにおいて活字を用いることの最重要の課題である。そのように、わたしたちは理解している。わたしたちは機能と形態との最良の組み合わせを目指して努力する。まずは読みやすさを十分に達成してから、印刷物全体のデザインに取り組むのである。制約となる左右対称のような手法に縛られることなく、自由に活字を利用可能な場所に配置する。そこでは、印刷面と非印刷面との適切なバランス、適切なグレーの値と活字の大きさ、そしてすべての要素をいかに構成してまとめ上げるか、ということが重要となる。

しかし、植字工が印刷物に愛着をもつことがなければ、こうした言葉もすべて空虚に、耳障りに、煙たく響くばかりである。

和訳：雨宮郁江
監修：山本太郎、室賀清徳

Ägyptische Kinder weben
Bildteppiche [aegyptian children
wave picture carpets],
exhibition catalogue for the
Basel Gewerbemuseum.
Cover and spread pages.
148 x 210 mm, 32 pages
1958

das Kinderbilderbuch
[the children picture book],
exhibition catalogue
for the Basel Gewerbemuseum.
Cover and spread pages.
148 x 210 mm, 32 pages
1958

バーゼル工芸博物館における
「絨毯を織るエジプトの子どもたち」展の
カタログより表紙と見開き。
1958年

バーゼル工芸博物館における
「子どもの絵本」展カタログの表紙と見開き。
1958年

das Kinderbilderbuch

バーゼル工芸博物館における
「絨毯を織るエジプトの子どもたち」展の
カタログより表紙と見開き。

Vorwort Auf dem Gebiet der textilen Kunst hat Aegypten der Welt die kostbaren koptischen Wirkereien des 3. bis 5. Jahrhunderts geschenkt, die heute in allen großen Textilsammlungen Europas und Amerikas anzutreffen sind. Meist sind es seltsame bildliche und ornamentale Darstellungen von Menschen, Pflanzen und Tieren, beeinflußt von den alten Kulturen Afrikas, des Abendlandes und Asiens. Diese koptischen Bildwirkereien sind als Zeugen einer ersten christlichen Kultur weit über Sammlerkreise hinaus allgemein bekannt. Davon jedoch, daß diese alte Kunst Aegyptens heute noch, vornehmlich in koptischen Kreisen, lebendig geblieben ist und von Kindern mit spielerischer Freude und erstaunlichem handwerklichem Geschick geübt wird, haben nur wenige Besucher Aegyptens Kenntnis erhalten.

An der Peripherie von Kairo, wo die Gegend wieder ländlicher zu werden beginnt, hat der Architekt und Kinderfreund Ramses Wissa-Wassef vor Jahren ein Atelier im koptischen Stil erbaut, in welchem die koptischen und arabischen Kinder der Umgebung in freiem Spiel, ohne jeden Zwang und ohne vorherige Zeichnung, ihre kindliche Vorstellungswelt unmittelbar zu Bildteppichen gestalten können. Webstuhl und Material werden ihnen zur Verfügung gestellt und die Technik des Wirkens erlernen die jüngeren von den älteren unter unauffälliger Assistenz ihres Gönners. Gerade für uns in Basel mag es von besonderem Interesse sein, im Anschluß an den kürzlich zu Ende gegangenen internationalen Kongreß für Kunsterziehung, diese Form der Erhaltung einer uralten Tradition und ihre Ergebnisse anhand einer reichlich dotierten Ausstellung einer näheren Betrachtung zu unterziehen.

Es wäre verfehlt, etwa einen Vergleich zwischen den Bestrebungen Frankreichs, Deutschlands und der Schweiz zur Erneuerung der Kunst der Bildwirkerei und diesen unbeschwerten kindlichen Arbeiten ziehen zu wollen. Trotzdem dürfen wir die Tatsache nicht übersehen, daß in ihnen wertvolle Hinweise enthalten sind, deren Bedeutung für eine Renaissance des Bildteppichs nicht unterschätzt werden darf. Diese Kinder weben ohne Vorbilder und ohne vorherigen

Entwurf ihre Bildvorstellung direkt aus dem textilen Material heraus. Daher wirken denn auch fast ausnahmslos alle Arbeiten primär textil. Sie lernen von Anfang an mit dem Material sehen und denken, so daß auch die Formen sich in die Technik einfügen. Auf diese Weise kommen sie gar nicht in Versuchung, auf dem Webstuhl zu malen oder zu zeichnen, oder gar Malerei oder Zeichnung nachzuahmen. Die Wirktechnik ist ihnen dadurch schon früh zu einem selbständigen und direkten Mittel der Bildgestaltung geworden. Das erklärt uns auch, weshalb diese Arbeiten so ursprünglich und selbstverständlich wirken. Sie wollen nicht Kunstwerke sein, sondern einfache Bildberichte aus der unmittelbaren Umwelt, mitgestaltet durch eine im Unbewußten vorhandene alte Tradition. Trotz allen diesen Feststellungen bleibt für den geschulten oder erfahrenen Pädagogen der Weg der stufenweisen Entwicklung dieser Kinder sichtbar, der von der waagrechten Basis über die geographische Aufteilung bis zum Stimmungsbild des Pubertätsalters führt. Die in Reihen übereinander gesetzten Bildzeichen lösen sich langsam zur Fläche auf und schließen sich dann im späteren Stadium der Entwicklung zu einem Gesamtbild zusammen. Aufschlußreich ist dann auch die Bildgestaltung der Teppiche von älteren, bereits volljährig gewordenen Zöglingen. Die kindliche Darstellungsweise macht hier schon einer reiferen Umsetzung der Menschen-, Tier- und Pflanzenwelt Platz, ohne dabei den Charakter oder die Lebendigkeit einzubüßen. Ornament und Figur erfahren eine harmonische Gliederung, innerhalb derselben sich die Farben fast ausnahmslos zu einem geschlossenen Ganzen verbinden und verdichten. Es muß einem eingehenderen Studium, das auch die Quellen der traditionell gebundenen Einflüsse erfassen müßte, überlassen werden, festzustellen, wie weit persönliches künstlerisches Talent, äußere Umwelteinflüsse und Tradition zu diesen Resultaten geführt haben. Für uns bergen sie in jedem Fall eine Fülle von Anregungen auf diesem, in neuerer Zeit auch bei uns wieder auflebenden Gebiet der angewandten Kunst.

Die Vermittlung dieser Ausstellung verdanken wir Frau Dr.

---

abzubilden, daß es auch ohne «Genialität» wohl bestehen konnte. Wir haben dieses Handwerk nicht mehr, wir benötigen es nicht mehr, da unsere Kunst auf anderen Wegen wandelt. Aber für das Bilderbuch brauchten wir diese zuchtvolle Bescheidenheit dringend, die sich liebevoll über das einzelne Ding beugt, um es dem Kinde verständlich darzustellen.

Allerdings: auch die geschlossene häusliche Welt besteht nicht mehr, in der alle Dinge ganz nahe rücken; wenn wir ältere Kinderbücher durchblättern, so erstaunt die Gleichförmigkeit des Inhalts: die Wohnstube, die Küche, der Garten, Tiere der nächsten Umgebung, Blumen, Felder, bekannte Verrichtungen des Alltags machen meist den Inhalt dieser Bilderbücher aus. Anfangs oft noch trocken belehrend, dann aber – im Zeitalter der Romantik – liebenswürdig und von heiterem Ernst.

Es fällt auf, daß fast alle dieser Bilderbücher ungefähr die gleiche soziale Niveau zeigen; zunächst gibt es noch die Bilderbücher für «Kinder gebildeter Stände», aber sie spiegeln alle dieselbe schlicht-bürgerliche Welt. Kurz: das Bilderbuch ist volkstümlich! Es macht nur langsam und zögernd die Entwicklungen der großen Kunst mit (etwa der Malerei), es bewegt sich auf einer Ebene, für die aktuelle geistige Strömungen zunächst irrelevant sind. Dabei wird – technisch gesehen – der Illustration oft größere Sorgfalt zugewendet, als im Buche für die Erwachsenen. So werden viel weniger Holzstiche und Lithographien für Erwachsene koloriert als für Kinder! Es mag primitiv erscheinen, daß das eigentliche Märchenbilderbuch viel später auftaucht als das sachlich schildernde, doch das hat guten Grund: Märchen wurden seit jeher erzählt; so bestand hier am wenigsten Bedarf einer bildhaften Darstellung. Und vielleicht ist das Vorherrschen der erzählenden Bilderbücher in der Gegenwart nicht zuletzt ein Symptom eines Verlustes: daß das Kind immer mehr allein gelassen werden muß, daß man ihm allzuoft ein Bilderbuch in die Hände legt, um es zu «beschäftigen».

Am meisten aber muß uns die künstlerische Form des heutigen Bilderbuches beschäftigen. Sie scheint in ihrer Aufgabe, dem Kinde faßbar zu sein, vor allem durch zwei Einflüsse bedroht, die von außen kommen: von der Werbegraphik und der Karikatur.

Bei beiden trifft zu, daß sie der kindlichen Welt allzu fremd sind, als daß sie hier nicht bedenkliche Einflüsse ausüben müßten. Die Welt des Werbeprospektes, des Plakates mit ihrer lapidar-hämmernden Eindringlichkeit oder ihrer optischen Aggressivität («Blickfang»), die immer wieder durch neues überraschen, gefangennehmen und überzeugen will – oder auch durch Wiederholung einer Formel, sei es Bild oder Schlagwort – bietet für die Kinderbilderbuch keinen sinnvollen Ausgangspunkt, wie es noch die Illustrationskunst in ihrer Blütezeit war. Die Gefahren sind klar: es gibt eine Fülle sehr reizvoller, artistischer Bilderbücher, denen man das graphische Arrangement von weitem ansieht. Effektvolle Graphismen, «Stilisierungen», die zuletzt vom Vorbild eines Matisse oder Braque abgeleitet werden können, tauchen auf dem Umweg über die Graphik für merkantile Zwecke im Kinderbuch wieder auf. Das soll nicht heißen, daß diese Graphik in ihren Formen an sich bedenklich sei; die Übertragung ihrer Gesetze auf unser Gebiet muß indessen als Irrweg erkannt werden. Die ärgste Gefahr, die dem Kinderbilderbuch droht, ist schließlich die, daß

12

es zur grotesken oder zynischen Witzigkeit absinkt. Immer wieder erstaunt eine Art forcierter Lustigkeit in modernen Kinderbüchern, die ihre Gegenstände ironisiert, bevor das Kind sie in ihrem Wesen überhaupt erst erkannt hat. Auch Wilhelm Busch hat in seinen – wenigen – Bildergeschichten für Kinder Humor und Ironie walten lassen, ja, er ist sogar oft ausgesprochen grausam, aber er wird niemals zynisch. Diese Grenze zu wahren, jenseits derer der menschliche Gehalt einer Form in Frage gestellt wird, gehört zu den ernstesten Aufgaben des Künstlers, der «lustige» Bilderbücher schaffen will. Das feine Lächeln über die Schwächen einer Figur tröstet und wärmt, das brüllende Gelächter zerstört – vor allem in Betrachter.

Hier liegen die Schwächen allzu vieler moderner Bilderbücher, über die ihre prächtige Ausstattung nicht hinwegtäuschen kann. Daß oft die bescheideneren die besseren sind, mag tröstlich erscheinen. Wir wollen uns an ihnen freuen.

A. Hernandez

13

Polen

Anny Gramatyki-Ostrowskiej – Zofia Rogoszowna
Klituś Bajduś
Warszawa, ca. 1925

Lewitt – Him – Julian Tuwim
La locomotive. Le navet. La radio des oiseaux (Traduction de Paul Cazin)
Editions Arts et Métiers Graphiques, Paris (1938)

Jan Lenica – Julian Tuwim
Die Lokomotive. Das Rübchen. Vogel-Radio (Deutsch von Helene Lahr)
N. J. Hoffmann Verlag, Köln-Berlin (1958)

Irena Pokrzywnicka – Kornel Makuszynski
Moje zabawki (Mein Zeitvertreib)
Instytut «Bibljoteka Polska», Warszawa (o. J.)

Olga Siemaszko – Czesław Janczarski
Zaczarowana fajeczka
Nasza Ksiegarnia, Warszawa 1956

Marcin Szancer – Julian Tuwim
Lokomotywa. Rzepka. Ptasie radio (Die Lokomotive. Das Rübchen. Vogel-Radio)
Nasza Ksiegarnia, Warszawa 1955

Schweden

Eva Billow
Ta av dej mössan, Mårten!
Nordisk Rotogravyr,
Stockholm 1957

Ylva Källström – Jerrold Beim
Der verlorene Ball (Aus dem Schwedischen von Margot Franke)
Verlag Friedrich Oetinger, Hamburg 1958
(Originalausgabe: Bollen som kom bort, Rabén & Sjögren, Stockholm)

Stig Lindberg – Lennart Hellsing
Krakel Spektakel kauft einen Bonbon (Aus dem Schwedischen von Margot Franke)
Verlag Friedrich Oetinger, Hamburg 1957
(Originalausgabe: Spektakel köper en klubba)

Einar Norelius – Elsa-Kajsa Larsson
Trollet Trix
Albert Bonniers Förlag, Stockholm 1934

26

Postage stamp in three languages
German, French, Italian:
'Kampf dem Krebs' [fight cancer]
PTT, Bern
1960

Newspaper advertisement for
the film *Es geschah am hellichten Tag*
[It happened in bright daylight].
Student work.
1959

Right: Poster for the exhibition
ungegenständliche Photographie
[non-objective photography]
at the Basel Gewerbemuseum.
The abstract pattern for the poster
was cut in linoleum by Emil Ruder.
905 x 1280mm
1960

ガン撲滅郵便切手
「ガンと闘おう」がドイツ語、フランス語、
イタリア語で書かれている。
スイス郵便・電話・電信局、ベルン
1960年

映画『それはある晴れた日に起こった』の
新聞広告。学生作品。
1959年

右：バーゼル工芸博物館における
「非具象的写真」展ポスター。
ポスターに使われている抽象パターンは
ルーダーがリノリウムで彫ったものである。
1960年

ungegenständliche Photographie

Gewerbemuseum Basel 27. Februar bis 10. April 1960   Täglich 10-12 und 14-17 Uhr Eintritt frei

Gärten Menschen Spiele
[gardens people play]
Hardcover. Text by Adolf Portmann
and Richard Arioli.
Photo: Paul and Esther Merkle
Design: Emil Ruder / Armin Hofmann
Publisher: Pharos Verlag, Basel
250 x 260 mm, 268 pages
1960

『庭・人・遊び』
上製本。テキストはアドルフ・ポートマン
およびリチャード・アリオリ。
写真：パウルおよびエスター・メルクレ
デザイン：エミール・ルーダーおよび
アーミン・ホフマン
発行：ファロス出版、バーゼル
1960年

Emil Ruder introduced spread pages
from this book in his design
manual *Typographie* on page 226.

'A book containing pictures and text
based on a grid pattern of nice
squares. The pattern is the means of
establishing a formal unity between
the different amaounts of text and
different sizes of shapes of pictures.
The pattern should not be con-
spicious in the final result but rather
be concealed by the diversity of
pictorial subjects and typographic
values.'

エミール・ルーダーはこの本の見開きを自著
『タイポグラフィ』の226ページで紹介し、次の
ようにコメントしている。

「この写真とテキストを含む本は9個の正方形
からなるグリッドに基づいている。
このグリッドは、量の異なるテキストと、サイズや
形の異なる写真との間に、造形上のまとまりを
もたせるための手段である。グリッドは、
最終デザインでは目につくべきではない、むしろ
写真の多様性やタイポグラフィ構成の背景に
隠れてしまうものだ。」

Johannes Froben and the Basel Printing of the 16th century, exhibition at the Basel Gewerbemuseum on the occasion of the 500th anniversary of the University of Basel. Spread pages and catalogue cover. 148 x 210 mm, 64 pages 1960

バーゼル大学500周年記念として、
バーゼル工芸博物館で「ヨハネス・フローベンと
16世紀バーゼルの印刷」展が開催された。
同展カタログより見開きと表紙。
1960年

Johannes Froben
Alte Kopie nach Hans Holbein d. J. Um 1523
Öl auf Eichenholz
Kunstmuseum Basel

Johannes Froben und der Basler Buchdruck des 16. Jahrhunderts

Ausstellung im Gewerbemuseum Basel
aus Anlaß der 500-Jahrfeier der Universität Basel
19. Juni bis 24. Juli 1960

Johannes Froben (1460?–1527)

Die Bedeutung, die Basel als Druckerstadt in den ersten Jahrzehnten des 16. Jahrhunderts gewann und ihren Ruhm in alle Welt trug, ist vornehmlich das Verdienst Johannes Frobens. Aus seiner Offizin gingen zu seinen Lebzeiten 320 Bände hervor, davon 85 in Folio, 122 in Quart und 113 in Oktav, rund 50 000 Druckseiten in 15 Jahren. Schon diese Zahlen geben einen Begriff von der Leistungsfähigkeit seiner Druckerei. Was aber viel wichtiger ist: Froben schuf in Basel durch Form und Ausstattung den neuen Typus des Renaissancebuches. Seine Drucke wurden auch für die anderen Offizinen beispielgebend, so daß wir heute erstaunt sind über die formale Geschlossenheit und Einheitlichkeit des Basler Buchdrucks in jenen Jahren. Format, Typographie und Buchschmuck sind zwischen 1516 und 1522 dank der Zusammenarbeit Frobens mit Urs Graf und Hans Holbein von einer Ausgewogenheit, die das Buch zu einem Kunstwerk machen. Die Überwindung der schwerfälligen Folioformate, die durchgängige Verwendung von Antiquatypen, der Schmuck mit der klassisch-heiteren Renaissanceornamentik, die in feiner Weise nicht illustriert, sondern den Geist des Buches versinnbildlicht – das alles hat damals dem Buch ein neues Gesicht gegeben.
Wohl hatten Basler Drucker vereinzelt schon in den letzten Jahren des 15. Jahrhunderts Antiquatypen verwendet; Johannes Amerbach war, wie wir gesehen haben, der erste, der in Basel ein in Gehalt *und Form* humanistisches Buch druckte, aber auch in der Amerbachschen Offizin sind das erst Ansätze. Ebenso bleiben die Briefe des Hieronymus, die Niklaus Kessler 1497 in einer Folioausgabe mit einer Antiquatype herausgab, ein Sonderfall. In solchen Büchern wird der Einfluß italienischer Typographie, etwa derjenigen von Jenson in Venedig (Aldus Manutius begann erst 1495 zu drucken) spürbar. Manches ist unverstanden geblieben, etwa der Gebrauch der Versalien in der Überschrift. Es sind – aus Sparsamkeitsgründen, vielleicht auch, weil nur wenige Schriftgrade zur Verfügung standen – Versalien aus der Textschrift. Sie sind aber sehr eng gesetzt, so daß der ursprünglich gemeinte Eindruck einer «Lapidarinschrift» nicht entsteht. Froben geht hier schöpferisch weiter und begründet so einen neuen Basler Buchstil.
Johannes Froben war um 1460 in dem fränkischen Städtchen Hammelburg geboren worden, also ein engerer Landsmann von Johann Amerbach und Johann Petri. Über seine Jugend wissen wir nichts näheres, seine Ausbildung scheint er in Nürnberg erfahren zu haben. Ein Exemplar des 1482 bei Amerbach er-

schienenen Vocabularius breviloquus trägt auf dem vorderen Deckel den handschriftlichen Eintrag: Johannes froben von Hammelburg, dann nochmals: Joannis froben ex Hamelburg. Auf der Innenseite des hinteren Deckels steht – von derselben Hand geschrieben: «Anno Dm 1486 Jar war Ich zu nurmberg bey dem koberger.» Ob Froben dort als Korrektor, Setzer oder Drucker tätig war, entzieht sich unserer Kenntnis; die schriftlichen Berichte drücken sich in diesen Berufsbezeichnungen oft sehr unklar aus, ein Zeichen dafür, daß sie noch nicht so streng voneinander getrennt waren wie später. Es ist immer wieder vermutet worden, Froben könnte in Basel zuerst die Universität besucht haben, indessen ist darüber nichts Sicheres überliefert. Zum erstenmal wird er 1491 urkundlich erwähnt: das Wohltäterbuch der Kartause bezeichnet ihn als jungen Drucker und ehemaligen Famulus von Johann Amerbach. Schon 1490 hatte er das Basler Bürgerrecht erworben, im Mai 1492 wird er safranzünftig, später (1522) trat er noch der Schlüsselzunft bei.
Aus dem Jahre 1491 ist uns der erste eigene Druck Frobens überliefert: eine lateinische Bibel in Oktavformat. Das Kolophon lautet: per Johannem Froben de Hammelburck. Das Buch ist zweispaltig in Amerbachs kleinster Type gedruckt. Die Schrift ist eine Rotunda nach italienischem Muster. Froben ließ diese Schrift später auf noch kleinere Kegel schneiden und schuf damit eine eigentliche «Taschenausgabe» der Bibel. Die technische Vollendung des Druckes erregte schon bei den Zeitgenossen Bewunderung.
Bis 1496 druckt Froben nur wenige Bücher auf eigene Rechnung, auch lehnen sie sich typographisch noch ganz an das Vorbild Amerbachs an. Es mögen Kapitalschwierigkeiten gewesen sein, die ihn veranlaßten, sich von 1496 bis 1509 mit seinem Landsmann Johannes Petri zusammenzutun, der schon 1488 Basler Bürger und zünftig zu Safran geworden war. 1498 beginnen beide den Druck einer sechsbändigen Foliobibel; der sechste Band (1506/08) zeigt noch gotische Missaltypen; nur vereinzelt treffen wir jetzt den Gebrauch von Antiqua an. – 1500 druckt Amerbach gemeinsam mit Froben. Das Decretum Gratiani nennt «Froben de Hammelburg» im Kolophon; die «Margarita poetica» von 1503 nennen Froben als «consocius» im Kolophon.
Es sind alles Werke, die sich nicht grundsätzlich von der herrschenden Basler Typographie unterscheiden. Dasselbe gilt auch von der Druckersozietät Amerbach, Petri und Froben,

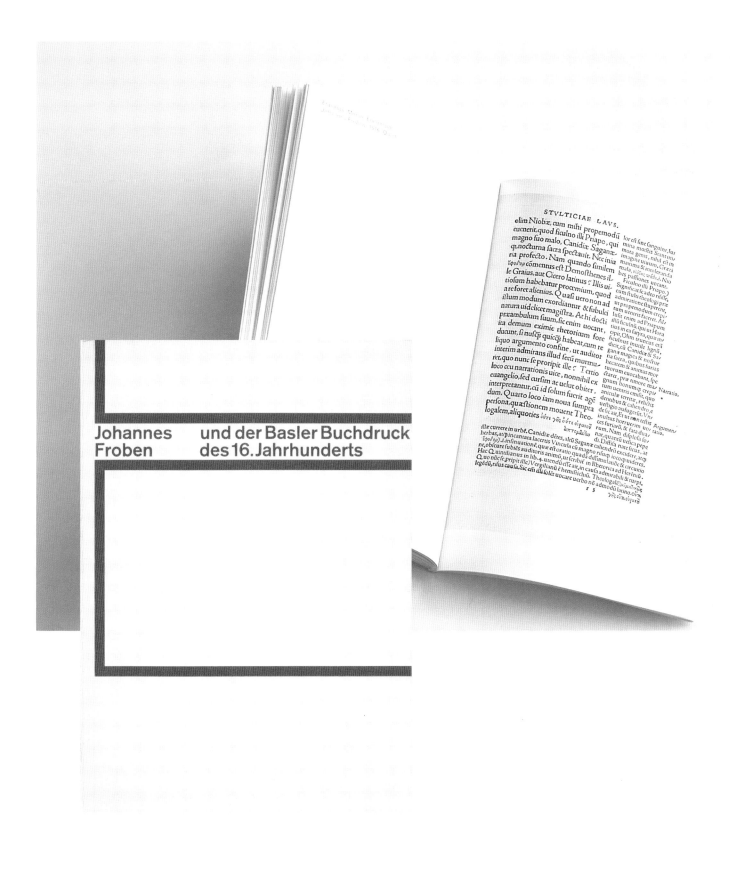

Exhibition catalogue *Typographie*
celebrating the 50th anniversary of
Handsetzer Vereinigung Basel
[Basel Typographers Association].
Structured in four sections with a
short introduction by Antonio
Hernandez: Anfänge der Erneuerung
und Jugendstil; Futurism, Dada,
Surrealism; Elementare Typographie;
Gegenwart.
The four sections of the catalogue
are illustrated with 104 typographic
specimen including quotations of
designers from that period.
148 x 210 mm, 68 pages
1960

バーゼル植字工協会50周年を祝う
「タイポグラフィ」展カタログ。アントニオ・
ヘルナンデスによる短い序文をそえて、以下の
4つのセクションにわけて構成されている。
復活の始まりとユーゲントシュティール / 未来派、
ダダ、シュールレアリズム / エレメンターレ・
ティポグラフィ / 現代。
これらのセクションは、その時代の
デザイナーたちのタイポグラフィ作品例104点と
引用文で描写されている。
1960年

a bcd
e fgh
ij kl
   mn
o pqr
   s
   typographie
   u v
   wxyz

A BCD
E F
  GH
IJ K
  LMN
O PQ
  RST
U VWX
  Y
  Z

Gegenwart

Allmählich setzte nach dem letzten Kriege eine «Wiederent-
deckung» der zwanziger Jahre ein. Schrittweise war zu verfolgen,
wie Architektur, Möbelbau, Gebrauchsgerät, Graphik und Typo-
graphie jener fruchtbar bewegten Jahre wieder aktuell wurden.
Bei den wirklich schöpferischen Hervorbringungen der Gegen-
wart handelt es sich freilich keineswegs um Formkopien, aber die
Auseinandersetzung (vor allem mit den Ideen des Bauhauses)
ist intensiv und dauert weiter an. Eine «Renaissance» des so
lange Verfemten ist angebrochen. Die Konjunktur mit ihrem
mächtig gesteigerten Konsum von Gebrauchsgütern und Bedarf
an Drucksachen fördert diesen Zustand. Indessen sind die
Probleme, vor die sich die Typographie der Gegenwart gestellt
sieht, gänzlich verschieden von denen der zwanziger Jahre.
Heute handelt es sich kaum noch darum, einer neuen, funktio-
nalen Anwendung der Typographie im täglichen Leben zum
Durchbruch zu verhelfen. Die Forderungen von damals können
heute nicht einfach wiederholt werden, und zwar aus dem ein-
fachen Grunde, weil sie in unserem Bewußtsein selbstverständ-
lich geworden sind. Es gibt heute jene Alternative «reaktionär
oder fortschrittlich» nicht mehr. Kein größeres Unternehmen
würde es heute wagen, seine Drucksachenwerbung in stilistisch
veralteten Formen zu betreiben. Nicht darum geht es, das «Neue»
durchzusetzen; nein, da heute jede ernstgemeinte Gestaltung
sich als neuzeitlich präsentiert, gilt es vielmehr das echt Moderne
vom Modernistischen zu unterscheiden. Auch auf dem Gebiete
der Typographie wird in unserer Zeit vorwiegend von den reichen
Beständen gezehrt, die uns zur Verfügung stehen. In diesem
großen Arsenal von Möglichkeiten sinnvoll auszuwählen, ist die
Aufgabe des Schaffenden. Denn auch das formalistisch-auto-
nome «Gestalten» ist möglich geworden; die Gefahr des Manie-
rismus ist groß für diejenigen, die über einen Vorrat erarbeiteter
Formen verfügen. Der Akzidenzdruck ist heute zu einem außer-
ordentlich einflußreichen Informationsmittel geworden. Der
Funktionsbegriff für die Typographie der Drucksachen muß da-
her immer exakter und differenzierter gefaßt werden. Und wir
wissen, daß auch dieser Funktionsbegriff Wandlungen unter-
worfen ist. Die funktional richtige Lösung von heute ist es morgen
nicht mehr. Viel bleibt noch zu tun, zum Beispiel in der typogra-
phischen Gestaltung unserer Zeitungen. Das Buch wird natur-
gemäß von formalen Neuerungen weniger erfaßt als von druck-
technischen. So war das Taschenbuch in Rotationsdruck vor
allem eine technische – und darum eine wirtschaftliche und
soziale! – Revolutionierung des Buchwesens. Mit gutem Ge-
wissen konnte vorerst nicht von einer neuen **Form** gesprochen
werden. Langsam zeichnen sich Ansätze zu einem würdig
gestalteten Taschenbuch ab. Auch das belletristische Buch
normalen Formates ist in seinem Innern kaum anders als vor
Jahren; dafür hat der Schutzumschlag seine ursprüngliche
Funktion verloren und ist zu einem kleinen Werbeplakat im
Schaufenster der Buchhandlung geworden. Hier wurde die
typographische Gestaltung weitgehend von der freien graphi-
schen abgelöst, was zur Folge hat, daß formal zwischen Buch
und Schutzumschlag keine Beziehung mehr besteht. Beim
Taschenbuch übernimmt der Buchdeckel selbst die werbende
Funktion des Plakätleins mit «Blickfang», was dem Buche in dem
Augenblick nicht mehr angemessen ist, wo es der Käufer seiner
Bibliothek einverleibt. Die heutige Aufgabe der Typographie be-
steht nicht darin, radikal neue Formen zu erfinden und mit ihnen
zu experimentieren, sondern den Reichtum an Mittel, die ihr heute
zur Verfügung stehen, so einzusetzen, daß sie der sinnvollen
Übermittlung eines Gehaltes in der bestmöglichen Weise diene.
Sie kann dies heute tun, ohne einen selbstverständlich gewor-
denen Funktionalismus programmatisch zu demonstrieren. A. H.

The exhibition was a collaboration of the Handsetzervereinigung Basel, Gewerbeschule and Gewerbemuseum Basel and was prepared in one semester under the guidance of Emil Ruder. The cover design is an application of the exhibition poster by Robert Büchler.

Emil Ruder's article 'Typography as communication and Form' is published in *typography today* pages 50 to 54.

この展覧会は、バーゼル植字工協会、工芸専門学校、工芸博物館の共同作業により、エミール・ルーダーの指導の下、1学期かけて準備された。カタログの表紙デザインは、ロベルト・ビュヒラーによる展覧会ポスターの応用である。

本カタログ所収のエミール・ルーダーのエッセイ「コミュニケーションとして、フォルムとしてのタイポグラフィ」は、『タイポグラフィ・トゥデイ』の50–54ページに採録されている。

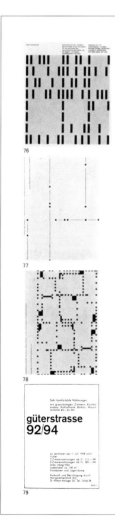

ben, ohne daß eine klar erkennbare Formwandlung einzutreten braucht. Sobald jedoch beide Eckpfeiler der Gebrauchsform ausgewechselt werden – der Werkstoff an einem, die Funktion am anderen Endpunkt –, dann bedeutet dies unweigerlich den Beginn einer neuen Formgebung. Die uns bisher gewohnte Gebrauchsform hat damit ihre Erfüllung gefunden und tritt ihre großen, kaum ermeßbaren Dienste an eine neue Form ab.
Die Materialerfahrung, das heißt das Wissen um die Ausgangsstoffe des Materials, seine Herstellung, seine Eigenschaften, im Verein mit der Beherrschung seiner Bearbeitung und Verarbeitung, ist das wertvollste Erbe, das wir Handwerker von unseren Vorfahren übernommen haben. Diese Erfahrung, diese innerliche Fähigkeit und dieser dienende Wille, Eigenschaften und Charakter der Werkstoffe unseres Handwerkes vorbehaltlos zu erfühlen, flüstert uns jenes Vorgehen zu, welches zur allein richtigen Formung des Gebrauchsobjektes führt. Wir erleben damit, wie sinnlos, ja herzlos es ist, dem Material andere, fremde Eigenschaften anzudichten, die ihm nicht zustehen. Wir entdecken die immer mehr um sich greifende, erschreckende Geringschätzung, die wir den Werkstoffen, diesen treuesten Helfern unseres Willens, zollen. Wir bauen dem Material keine Altäre mehr. Wir finden es gerade noch wert genug, verschleudert zu werden. Wir verraten damit unsere Herkunft, unsere Tradition und uns selbst. Alle die uns umgebenden, als lebensnotwendig erachteten Dinge, die wir gedankenlos und als selbstverständlich hinnehmen, wären nicht in Jahrhunderte andauernder Entwicklung entstanden, wenn die Vergangenheit unsere heutige Einstellung zum Werkstoff gehabt hätte! Material ist ein steter Freund des Werktätigen. Es hält jenem die Treue, der es schätzt und ehrt, mit ihm Zwiesprache hält. Es verschließt sich jedoch jenem, der seiner gering achtet, bleibt spröde und unerbittlich.

Emil Ruder, Ordnende Typographie, Graphis, 1959.
Die Typographie wird in erster Linie als Mittel zum Ordnen verschiedener Dinge aufgefaßt. Es geht nicht um anspruchsvolle künstlerische Postulate und Kreationen, sondern um das Bemühen, den täglichen Ansprüchen formal und funktionell gerecht zu werden. Dabei soll das Gesetz der mühelosen Lesbarkeit eines Textes unbedingt erfüllt werden. Die Textmenge einer Seite soll so bemessen sein, daß vom Leser leicht bewältigt werden kann; Zeilenbreiten von über 60 Buchstaben werden schwerer lesbar, Wortabstand und Durchschuß stehen in Beziehung zueinander und sind für ein flüssiges Lesen von großer Bedeutung. Erst nach Erfüllung dieser elementaren Forderungen stellt sich das Problem der Form. Diese Regeln bedeuten jedoch keineswegs eine Einengung der künstlerischen Freiheit zugunsten eines starren Systems.
Die Typographie, charakterisiert durch die maschinelle Herstellung der einzelnen Typen und das Setzen mit präzisen Maßen innerhalb des rechten Winkels, verlangt einen klaren Aufbau der einzelnen Typen und das Setzen mit präzisen Maßen innerhalb des rechten Winkels, verlangt einen klaren Aufbau der einzelnen geordneten Verhältnissen und eine knappe, straffe Formulierung. Im Gegensatz dazu bildet die freie und entspannte Linie einer Illustration den schwerer stärksten Kontrast.
Alle Versuche, diese Regeln zu durchbrechen, schaden der Typographie: sogenannte «handwerkliche» Unregelmäßigkeiten in Buchstabenformen und Alternativbuchstaben zur Variierung der gleichbleibenden Typen sind Fremdkörper, die aus anderen Reproduktionstechniken in die Typographie eingedrungen sind. Die Typographie ist in beinahe noch größerem Ausmaß als die Gebrauchsgraphik ein Ausdruck unserer Zeit der Technik, der Präzision und der Ordnung.

Emil Ruder, Zur Typographie der Gegenwart, Sonderheft «Integrale Typographie», Typographische Monatsblätter, 1959.
Nur in der Vorstellung von wirklich naiven Zeitgenossen kann die Meinung entstehen, ein Satzgebilde müsse eine äußerliche Ähnlichkeit mit Wolkenkratzern und Autokarosserien aufweisen. Wir können uns auch nicht erinnern, eine solch lächerliche Forderung je als Postulat der modernen Typographie gelesen zu haben. Der ehrlich bestrebte Gestalter kümmert sich keinen Deut um den Zeitstil. Er weiß: Stil kann nicht geschaffen werden, er entsteht, oft ohne sein Wissen. Ähnliches Denken und Fühlen läßt das Gemeinsame in den Gebieten des Schöpferischen entstehen. Die Architektur eines Hauses und der Aufbau eines Buches haben kaum äußerlich verbindliche Merkmale. Und doch: In beiden Gebilden kann der selbe Gedanke wirksam sein, der sie verbindet. Das Haus wird von innen nach außen entwickelt. Der Raumbedarf wird in Kuben errechnet; die Summe dieser Kuben ergibt den Bau, nicht ein Fassadenschema, dem sich die Bedürfnisse enfügen müssen. Das selbe wird der gute Buchgestalter unternehmen: Schriftart, Schriftgröße, Zeilenbreite und Durchschuß verdichten sich zur Buchseite, die zum Kern und Ausgangspunkt der Buchgestaltung wird. Fragen wie Innentitel, Einband und Schutzumschlag liegen an der Peripherie der Gestaltung.
Der zentrale Gedanke, das Gestalten von innen nach außen, verbindet die äußerlich so ungleichen Gebilde.
Die Schaffensgebiete sind nicht autonom geworden, und es ist unmöglich, die Typographie aus dem gesamten Geschehen auszuklammern. Damit aber wäre sie zur Sterilität verurteilt. Ihre technisch bedingte Eigengesetzlichkeit kann und soll sie auch bei enger Verkettung mit anderen Gebieten bewahren.
Die Lesbarkeit freilich ist eine konstante Forderung an die Typographie während Jahrhunderten und wird es auch in Zukunft bleiben. Diese Konstante hat aber nicht verhindern können, daß durch die Epochen seit der Erfindung Gutenbergs die Typographie an allen Erscheinungen der Zeiten partizipiert hat. Diese Zeiten spiegeln sich in der Typographie, in der Architektur wie in allen anderen Schaffensgebieten. Dabei liegt der Akzent einmal auf der guten Lesbarkeit, dann wieder vermehrt auf dem Formalen. Aber immer ist Typographie eingebettet in ihre Zeit. Sie ist auch schöpferisch in ihren Verirrungen, sei es in den Schlinggewächsen des Jugendstils, im Unsinn des Dadaismus oder in den konstruktivistischen Ambitionen der Bauhauszeit. Die Beteiligung am Experiment ist für sie so notwendig wie die Zeiten der Beruhigung und der Abklärung. Wenn man es auch manchmal bedauern möchte, daß sich die Typographie den Regungen des Zeitgeistes fast zu leichtfertig an den Hals wirft, so ist es immer noch besser als die Loslösung und das Beiseitestehen.
Der Modernismus, die für uns vielfach noch unbegreifliche Tatsache, daß jahrzehntealte Kampfparolen sich durchgesetzt haben, stellt uns vor Probleme. Die handwerkliche Verlotterung präsentiert sich häufig im modernen Gewande, und es ist an uns, sie zu demaskieren. Mit diesen Sorgen sind wir in unserem Berufe nicht allein. Die große Kunst wie die angewandte Kunst sind von der modernen Welle erfaßt worden. Kaum ein Möbelgeschäft, das nicht auf seine modernen Kreationen pocht. «Die neue Richtung» frißt sich in alle Bezirke des menschlichen Zusammenseins. Das arme Publikum ist oft zu bedauern, wenn es Modern von Modern nicht mehr zu unterscheiden vermag.
Wir sind aber nicht gewillt, deswegen aus den Bezirken zeitgemäßer Gestaltung in eine Welt des luftleeren Raumes und des Problemlosen zu flüchten. Nun erst recht erwächst uns die schöne Verpflichtung, Echtes vom Unechten unterscheiden zu

Emil Ruder
Election propaganda – well designed,
article from the article series
'Aus der Werkstatt unserer Zeit'
[from the workshop of our time]
TM 2.1960

エミール・ルーダー
選挙広告 —— 良くデザインされた
連載「わたしたちの時代の工房から」
TM 1960年2号

With good reason can the reader in election periods describe the masses of printed propaganda material as linguistically and visually inferior. Like an unavoidable event one accepts the embarrassingly low instincts and appealing language of party strategists and at the same time the visible squandering. All this seems to be unavoidable and somehow necessary for the functioning of our democracy. The situation would be hopeless, if there would not have emerged in the past years a clear change. It seems that the insight slowly emerges, that it can not continue in the old style.

With each election period we get printed matter, which shows a conversion. The language of demagogy is not seen so often anymore; one tries to make oneself understandable in clear sentences, and the quality of the visual presentation gets better and better.

One can now talk of a good, even of an excellent typography in advertising, in election newspapers, in leaflets and in posters. By this we understand not a typography, that cares about aesthetics, that is satisfied with itself and which does not achieve its purpose. We talk about a good typographic design in the printed matter, in which the advertised and the suggested are stressed, in which the law of readability and form are at the same time fullfilled.

Our examples show the first page of an election newspaper and a full page advertising from the time of the last federal assembly election. The title page of the election newspaper intentionally omits all characteritics of an election newspaper in the old sense; the slogan and the photo unite to a clear, optimistic expression. The full page ad (Gerstner and Kutter) impresses in quality of photos and text and through a typographic composition, which by all objectivity is beautiful. Both printed matters generate a change of opinions, about which one can honestly be happy and a wish for a continuous development.

選挙戦の宣伝用印刷物の大半が、言語的にも視覚的にも劣っているのは当たり前であると言うかもしれない。人は党の戦略家たちが用いるめんくらうほど感受性に欠ける宣伝文句、それに付随して見られる視覚面での無駄を、避けられないこととして受け入れているのだ。これらのことはすべて不可避であり、民主主義における政治機能を果たすためにはいくらか必要なものである、と捉えているように思われる。過去数年間に出現した明確な変化がなかったら状況は絶望的だっただろう。古いやり方ではもはや先行きがないという認識は、徐々に浸透していたものと思われる。

選挙戦ごとに手にする印刷物には、その都度変化が見られる。煽動的な文句は以前に比べ目立たなくなった。候補者は明快な文章で理解を求めるようになり、視覚表現の質は確実に向上している。

今日では、チラシ、選挙公報紙、冊子、ポスターにおける良いタイポグラフィ、さらには優れたタイポグラフィについて語れるまでになった。すなわち自己満足に陥り目的を見失っているような美意識に捉えられたタイポグラフィではなく、伝える内容、主張が明確に示され、読みやすさと造形の法則が同時に満たされている良いタイポグラフィによるデザインである。

ここに示されている例は、前回の連邦議会の議員選挙のための広報紙のタイトルページと、新聞の全面広告である。このタイトルページでは、従来の選挙広報紙の典型的手法はすべて意図的に回避され、スローガンと写真とが、ひとつの明快で希望にあふれた語りかけになっている。全面広告（ゲルストナーおよびクッター）のほうでは、質の高い写真とテキストそしてタイポグラフィの構成が魅力的で、そこには客観性の美がある。どちらの印刷物も変革への意志にあふれている。これは喜ぶべきことであり、今後の発展に大いに期待したい。

Top: 'to want and to dare'
Title page of election newspaper.
270 x 350 mm
ca.1960

上：「意志と勇気」
選挙広報紙のタイトルページ。
1960年頃

Bottom: 'Who represents Basel in Bern?' Full page newspaper ad for Swiss federal assembly election.
Design: Karl Gerstner
Text: Markus Kutter

下：「ベルンでのバーゼル代表は誰か？」
スイス連邦議会選挙のための新聞全面広告。
デザイン：カール・ゲルストナー
テキスト：マルクス・クッター

Right: Poster for the reunification of Basel city and Basel land.
Designed with Akzidenz Grotesk in rhythmic information flow.
905 x 1280 mm
1960

右：バーゼル市とバーゼル州の再統一のためのポスター。アクチデンツ・グロテスクを使って、情報がリズミカルに配置してある。
1960年

für
einen geeinten
starken
sozialen
Kanton
Basel

Garanten
für eine gute
Verfassung:

Radikale
Liste
1

National-Zeitung AG Basel

Höhe

Auf der
der Zeit

Am Scheideweg

Unser Land ist an einem Kreuzweg seiner Geschichte angelangt. Nie ist uns eine bewußter geworden, als gerade in diesen rasch lebigen und bewegten Zeiten.

Auf der einen Seite ist die Welt in unaufhörlicher Veränderung begriffen. Gewaltige Errungenschaften der Technik revolutionieren die menschliche Zivilisation. Neue Kräfteverhältnisse, großzügige und ungewohnte Organisationen verändern und formen in unvorstellbarer Weise das äußere Los der Menschen. Mit wachen Augen verfolgen wir Schweizer das Zeitgeschehen. Doch Wachsamkeit allein genügt nicht. Wir werden mit der dynamischen Entwicklung Schritt halten müssen, um unser Land auf die Höhe der Zeit zu bringen.

Besinnung auf das Grundsätzliche

Zudem stellen uns die Bestrebungen zum wirtschaftlichen und politischen Zusammenschluß in Europa vor grundsätzliche und schwerwiegende Entscheidungen. Die selbständige Existenz der Schweiz könnte eines Tages zur Diskussion stehen. In einer solchen Lage ist eine Selbstbesinnung der Bürger unseres Landes ein dringendes Gebot. Es erhebt sich die Frage, ob das, was in der Vergangenheit gut und förderlich war, auch vor den Ansprüchen einer ungewissen Zukunft bestehen kann.

Diese Frage stellt sich für das ganze Land. Sie stellt sich aber auch für uns Basler. Beide – die Schweiz im Herzen Europas und die Stadt Basel an exponierter Lage unseres Landes – stehen mitten im Kraftfeld politischer und wirtschaftlicher Auseinandersetzungen. Doch wir dürfen nicht vor den Problemen zurückschrecken. Auch wir haben unsere Chance. Wir müssen nur ständig neu bewähren, die uns gestellten Aufgaben voraussschauend lösen und ihnen nicht einfach nachhinken.

Vertrauen in die Zukunft

Die Radikal-Demokratische Partei Basel-Stadt, kantonale Organisation der Freisinnig-Demokratischen Partei der Schweiz, zögert nicht, verantwortungsbewußt und führend an der Lösung der heiklen Probleme unserer Zeit mitzuarbeiten. Wir haben Vertrauen in die Zukunft.

Diese Zukunft sehen wir allerdings nicht bloß unter dem Zeichen der Verteidigung des Bestehenden, denn unsere demokratischen Einrichtungen sind nicht einfach historisches Denkmal. Andrerseits besteht aber auch kein Anlaß, die bewährten Grundlagen unserer Lebens- und Staatsform unbesehen über Bord zu werfen. Auf ihnen können wir auch in unserer modernen Zeit vertrauensvoll weiterbauen. Unabhängigkeit und Selbstbehauptung, Weltverbundenheit und Zusammenarbeit, Selbstbestimmungsrecht des Volkes, Förderung der Persönlichkeit entsprechend Begabung und Leistung, freie Entfaltung politischer, sozialer, wissenschaftlicher und kultureller Energien, Freiheit des Glaubens und des Gewissens: All dieses überkommene Gedankengut löst die auch

Freiheit und Selbstverantwortung – Leitmotive für politische, wirtschaftliche und soziale Stabilität

Spiegelbild unseres Volkes

heute noch gültige Basis für die Gestaltung unseres staatlichen Zusammenlebens.

In den Mittelpunkt politisch verantwortlichen Handelns stellen wir den Menschen. Zu seinem Wohlergehen erstreben wir gesunde und stabile politische Verhältnisse im Rahmen einer freiheitlich geordneten Gesellschaft. Weil eine echte menschliche Entfaltung nur in Freiheit möglich ist, setzen wir uns überall für weltbezügige Lösungen und für eine freiwillige und verantwortungsbewußte Mitarbeit des Bürgers am Wohle der Gemeinschaft ein. Jeder Mann und jede Frau soll ein aktives Glied dieser Gemeinschaft sein. So kann das unerläßliche Wirken des Staates auf die durch das Gesamtwohl geforderten Maßnahmen beschränkt werden. Seine vornehmste Aufgabe soll darin bestehen, Verhältnisse und Voraussetzungen dafür zu schaffen, daß möglichst viele Bürger unseres Landes aus eigener Kraft durchs Leben bringen!

Die Radikal-Demokratische Partei Basel-Stadt ist eine Volkspartei. Sie vereinigt Menschen aller Schichten, aller Stände, aller Landessprachen und aller Konfessionen. Ein Drittel ihrer Mitglieder sind Angestellte und Arbeiter, ein Drittel kantonale und eidgenössische Beamte und ein Drittel Selbständigerwerbende, Ärzte, Rechtsanwälte usw. Frauen und Männer, Junge und Alte, gehören zu den Radikalen.

Diese breite Basis hat den Vorteil, daß die Partei zu einem Teil des Volksganzen wird. Sie erkennt die Gegensätze und muß einen Ausgleich, eine Synthese schaffen. Die Basler Radikalen vertreten keine wirtschaftlichen, sozialen und konfessionellen Sonderinteressen, sondern wollen sie tragbare und praktische Lösungen erreichen, die allen zugemutet werden können.

Dieser Wille zum Ganzen und das Suchen nach einer wahrhaft wirtschaftigen und gerechten sozialen Gestaltung des Lebens befähigten die Radikalen zu einer Politik des Ausgleichs der Gegensätze. Nur so ist es möglich, daß in Basel über 230 000 Menschen auf so engem Raume in Eintracht zusammenleben und fortschrittlich wirken können.

Ein Mann für einen Kanton

Wir leben im kleinsten Kanton der Schweiz. Aber in der räumlichen Enge seiner knapp 37 Quadratkilometer ist Basel dennoch gross geworden. Seine Universität, seine Museen, seine chemische Industrie, seine Rheinhäfen und so manche andere seiner «Spezialitäten» besitzen Weltruf. Basler Witz, Leckerli und die Fasnacht der Basler sind berühmt im ganzen Schweizerland.
Über 225 000 Menschen leben heute innerhalb unserer Kantonsgrenzen. Bei weitem nicht alle sind Basler Bürger. Aber es lebt kaum einer unter uns, der nicht stolz ist auf Basel und auf den aus zahllosen Einzelzügen geprägten Charakter der Rheinstadt an der Dreiländerecke. Gerade ihre Vielfalt, die von Kleinhüningen bis zur Dalben, von

der Santihans bis zur Sankt Chrischona so viele Eigenarten und Eigenheiten umfasst, ist typisch für Basel.
Trotzdem: Im eidgenössischen Ständerat, der Kammer der Kantone, haben unsere vielgestaltige Stadt und ihre 225 000 Einwohner nur einen einzigen Repräsentanten zu stellen. Nur ein Mann ist es, der in der schweizerischen Ständekammer für Basel-Stadt sprechen und stimmen kann. Einer von 225 000 – einer für unseren ganzen Kanton.

Top: Leaflet for a political campaign. The slogan 'Auf der Höhe der Zeit' [at the hight of the time] is visualized.
148 x 210 mm
ca. 1960

上：政治キャンペーンのための小冊子。
スローガン「時代の頂点にて」が活字サイズの
コントラストにより視覚化されている。
1960年頃

Bottom: spread page from a leaflet for the upper chamber in Switzerland. The slogan reads 'One man for one Canton'
148 x 210 mm
1960

下：スイス連邦議会上院のための小冊子より
見開き。スローガンは「1州に1代表を」である。
1960年

Right: three pages of a four page election newspaper appealing for the reunification of Basel city and Basel country:
'For a united Canton Basel'
'Why reunification?'
'Though a modern constitution towards a reunificantion'
270 x 350 mm
ca. 1960

右：バーゼル市とバーゼル州の再統一をアピール
するための4ページの選挙広報紙から3ページ：
「統一州バーゼルのために」
「なぜ再統一なのか？」
「現代的憲法を通して再統一へ」
1960年頃

Für einen geeinten Kanton Basel

So unnatürlich verläuft die Grenze zwischen Stadt und Land! Wie lange noch diese Trennung?

Basel hat seine mittelalterlichen Stadtmauern längst gesprengt und niedergerissen, weil ihm die bedrängende Enge nicht mehr gut bekam. Die Stadt wollte wachsen, sich entwickeln. Und wie ist sie aufgeblüht! Das ganze Land hat von dieser Entfaltung Nutzen getragen.

Heute ist Basel aber erneut eingeschnürt. Es sind zwar nicht mehr die altertümlichen Stadtmauern, die jedes natürliche Wachstum unterbinden und den Lebensnerv der Stadt abzuschneiden drohen. Weit unüberwindlicher und einengender als sie sind die durch die seinerzeitige Kantonstrennung geschaffenen widernatürlichen Grenzen. Diese sind es, die eine weitere Entfaltung unseres Lebens, unserer Wirtschaft und damit auch das Gedeihen vieler kultureller und sozialer Einrichtungen im gesamten nordwestlichen Raum unseres Landes hemmen.

Es gilt, diese sowohl geographisch wie politisch unnötigen und unsinnigen Schranken zu beseitigen. Heute weiß kaum noch jemand, aus welchem Grunde es vor bald 130 Jahren zu jener unglücklichen Trennung kam. Es ist auch nicht nötig, heute darüber rechten zu wollen. Viel wesentlicher ist die Erkenntnis, daß Stadt und Land aufeinander angewiesen sind und zusammengehören. Aufgabe unserer Generation ist es, den Notwendigkeiten unserer Zeit Rechnung zu tragen, die Trennung zu überwinden und einen neuen Kanton aufzubauen.

Die Radikalen gelten als die Gründer und Gestalter unseres Bundesstaates. Sie schufen nach vielen Kämpfen und Wirrnissen die eidgenössische Verfassung von 1848 und die Bundesverfassung von 1874, die allen Erschütterungen des letzten Jahrhunderts standgehalten haben und bis auf den jetzigen Tag das Grundgefüge unseres Landes bilden. Ebenso entschlossen wie damals treten die Radikalen heute für die Schaffung eines starken, geeinten und sozialen Kantons Basel ein. In Zusammenarbeit mit allen gutgesinnten Kräften wollen sie ihren besten Beitrag leisten, damit der künftige Kanton Basel eine fortschrittliche, moderne und freiheitliche Verfassung erhält.

Warum Wiedervereinigung?

Vor 130 Jahren sind unnatürliche Schranken aufgerichtet worden. Doch heute sind sie nicht mehr nötig!

Die Schranken zwischen Stadt und Land sind künstlich errichtet. Darum müssen sie wieder fallen. Die Wiedervereinigung ist nicht graue Theorie. Sie entspricht dem Willen der Bürger diesseits und jenseits der unnatürlichen Grenze. Die Notwendigkeit des Zusammenschlusses entspricht den realen Erfordernissen unserer Zeit, denn:

1. Basel-Stadt und Baselland gehören geographisch zusammen. Heute fehlt der Stadt das Hinterland, und dem Baselbiet fehlt das natürliche Zentrum.

2. Ein wiedervereinigtes, wirtschaftlich stärkeres Basel vermag im Bunde der Eidgenossen mit viel mehr Gewicht aufzutreten als die halbkantonalen Gebilde.

3. In einem wiedervereinigten Kanton stehen mehr Kräfte und Mittel zur fortschrittlichen Lösung künftiger Aufgaben zur Verfügung.

4. Heute sind die beiden Halbkantone wirtschaftlich und verkehrstechnisch so eng zusammengewachsen, daß die Kantonsgrenze jede gesunde Weiterentwicklung stören muß.

5. Weder Basel-Stadt noch Baselland vermögen auf die Dauer ihre großen Aufgaben für die Gemeinschaft, z. B. die Spitalfrage, die Erziehungs-, die Ausbildungs-, die Verkehrs- und die Wohnbauprobleme, allein zu lösen.

6. Grund und Boden in Basel-Stadt sind heute praktisch überbaut. Das Gewerbe hat Mühe, sich zu erhalten. Es können sich keine neuen Industrien mehr niederlassen, und die bestehenden Unternehmungen müssen sich für ihren weiteren Ausbau den nötigen Raum außerhalb des Kantons suchen.

7. Die zwischen Basel-Stadt und Baselland bestehenden Probleme sind viel zu umfangreich und zu weitschichtig, als daß ein sogenannter Zweckverband oder Lösungen von Fall zu Fall auf längere Sicht zu befriedigen vermöchten.

8. Schließlich gehört es zur bewährten politischen Eigenart der Schweiz, daß Stadt und Land nicht nur im Bunde, sondern auch innerhalb eines Kantons zusammen leben und wirken.

Durch eine moderne Verfassung zur Wiedervereinigung

Unser Raum ist zu eng geworden. Basel muß seine öffentlichen Anlagen ennet der Grenze bauen. Tag für Tag spüren wir die Nachteile der Trennung. Muß das wirklich immer so sein?

Die Verfassung ist das Grundgesetz des Staates. Die Ausarbeitung einer neuen Verfassung ist die verantwortungsvollste politische Aufgabe, die einer Versammlung von Volksvertretern übertragen werden kann. Seit vielen Jahrzehnten hatte in der Schweiz keine Behörde die Möglichkeit, ein von Grund auf neues Verfassungswerk zu schaffen und dem Volke vorzuschlagen. Der neue Kanton Basel wird die fortschrittlichste Verfassung unseres Landes erhalten. Sie soll das bewährte Alte sichern und zugleich für neue Gedanken offen sein.

Die Radikal-Demokratische Partei Basel-Stadt wird durch ihre Vertreter für eine Verfassung eintreten, die folgenden Richtlinien entspricht:

1. Festigung und konstruktiver Weiterbau der Demokratie. Der Bürger soll alle wesentlichen politischen Entscheidungen selbst treffen können.

2. Erweiterung und wirksame Sicherung der Rechte des Bürgers. In unserer technisierten Zeit sind neue Bedrohungen der menschlichen Freiheit entstanden; dagegen hat die neue Verfassung Schutz zu bieten.

3. Schaffung einer starken Stadtgemeinde Basel. Eine Stadtgemeinde Basel besteht heute nicht; sie zu schaffen wird eine der wichtigsten Aufgaben der neuen Verfassung sein.

4. Sicherung der Rechte der Minderheiten durch Betonung der lokalen Autonomie. Im neuen Kanton Basel darf es keine Minderheiten geben, die sich zurückgesetzt fühlen; der Landschaft sind wirksame Garantien zu geben.

5. Wahrung der sozialen Errungenschaften der Stadt und Erhaltung eines lebensfähigen Bauernstandes auf dem Lande. Stadt und Land sollen nicht eine unterschiedslose Einheit werden; jedem soll seine und sein sozialer Besitz gewährleistet sein.

6. Fortschrittlicher Ausbau der öffentlichen Schulen. Es soll eine Schulordnung geschaffen werden, die einerseits die allgemeine Volksbildung hebt und andererseits in großzügiger Weise die Begabten fördert.

7. Schaffung eines großzügigen und modernen Steuersystems. Eine weitblickend gestaltete Finanzordnung soll dazu beitragen, die wirtschaftliche, kulturelle und soziale Zukunft des neuen Kantons zu sichern.

dänisches

silber und hand werk

Die Ausstellung steht unter dem hohen Patronat von
Herrn Julius Bomholt
Kulturminister Dänemarks
Herrn Dr. Hans Schaffner
Bundesrat, Bern
Frau Bodil Begtrup
Königlich Dänischer Botschafter in der Schweiz
Herrn Dr. Peter Zschokke
Präsident des Regierungsrates des Kantons Basel-Stadt

Der Landesverband Dänisches Kunstgewerbe und die Dänische Handwerksgilde stehen unter dem hohen Patronat Ihrer Majestät Königin Ingrid von Dänemark.

Ausstellungskomitee:
Herr Anders Hostrup Pedersen
Präsident des Landesverbandes Dänisches Kunstgewerbe – Landesforeningen Dansk Kunsthaandværk
Frau Gertie Wandel
Präsidentin der Dänischen Handwerksgilde – Selskabet til Haandarbejdets Fremme
Frau Ibi Trier Mørch
Ausstellungsarchitektin
Gewerbemuseum Basel

Die Ausstellung findet mit Unterstützung der Schweizerisch-dänischen Gesellschaft statt.

Leihgeber

Ihre Majestät Königin Ingrid

Museen
Det Danske Kunstindustrimuseum, Kopenhagen

Private
Bo Bramsen, Kopenhagen
Carsten Folker, Kopenhagen
Karen Harhoff, Kopenhagen
A. Michelsen, Kopenhagen
Ole Palsby, Kopenhagen
Arne Bruun Rasmussen, Kopenhagen
Gunnar Wandel, Kopenhagen

Vorwort

Dankbar haben wir die Gelegenheit benützt, die Ausstellung «Dänisches Silber und Handwerk, welche aus Anlaß der «Dänischen Wochen» für das Kunstgewerbemuseum Zürich zusammengestellt wurde, auf ihrem Rückweg auch in Basel zu zeigen. Das dänische Kunsthandwerk hat in Basel viele Freunde und ist im Gewerbemuseum schon wiederholt zu Worte gekommen. Die letzte Ausstellung «Kunstgewerbe aus Dänemark» fand anläßlich der «Dänemark-Woche» in Basel im Jahre 1955 statt.
Die gegenwärtige Veranstaltung unterscheidet sich von den früheren dadurch, daß ihr in gedrängter Form eine kleine historische Schau vorangestellt ist, welche die Entwicklung der neuen Formen im Rahmen einer alten Tradition belegt. Es ist ein glücklicher Zufall, daß zur gleichen Zeit in Basel die Schweizer Mustermesse stattfindet, an der auch die im vergangenen Jahr ausgezeichneten, industriell und handwerklich hergestellten schweizerischen Objekte unter der Bezeichnung «Die gute Form» ausgestellt sind. Wenn auch Vergleiche nur in einem beschränkten Maße möglich sein werden, mag doch eine solche Gegenüberstellung des Formschaffens von zwei befreundeten Ländern nützlich und von allgemeinem Interesse sein.
Unser Dank gilt vor allem den Veranstaltern der Ausstellung, dem Landesverband Dänischen Kunstgewerbes und seinem Präsidenten, Herrn Anders Hostrup Pedersen, der Dänischen Handwerksgilde und ihrer Präsidentin, Frau Gertie Wandel, dem Dänischen Institut in Zürich und seinem Leiter, Herrn Dr. Hans Joakim Schultz, der uns auch beim Zustandekommen der Ausstellung in Basel persönlich geholfen und die Verbindung mit den dänischen Stellen in Kopenhagen vermittelt hat, der Schweizerisch-dänischen Gesellschaft, deren Unterstützung die Ausstellung ermöglicht hat, und nicht zuletzt danken wir Frau Ibi Trier Mørch, Architektin, unter deren Leitung die Ausstellung eingerichtet wurde, wie auch Herrn Direktor Alfred Altherr vom Kunstgewerbemuseum der Stadt Zürich. Das Plakat und den Katalog gestaltete Herr Emil Ruder, Fachlehrer an der Allgemeinen Gewerbeschule Basel.

Der Direktor des Gewerbemuseums
B. von Grünigen

1
Sivert Thorsteinsson
Gleichgebrochene Kaffeekanne mit Servierbrett, 1744
Privateigentum
2
Jens Sander Schouw
Rokokoleuchter, 1765
Privateigentum
3
Christian Werum
Silberlöffel, 1782 (rechts); Silberlöffel, 1776 (links)
Privateigentum
4
G.F. Hetsch
Teekanne, 1843
Hersteller: A. Michelsen
Privateigentum
5
Johan Rohde
Zuckerschale und Sahnekännchen, 1906
Hersteller: Georg Jensen Sølvsmedie A/S, Kopenhagen

Dänisches Silber und Handwerk
[danish silver and handicraft],
exhibition catalogue
for the Basel Gewerbemuseum.
148 x 210 mm, 40 pages
1962

バーゼル工芸博物館における
「デンマークの銀細工と手工芸品」展カタログ。
1962年

dänisches

Gewerbemuseum Basel
Spalenvorstadt 2
21. März bis 29. April 1962
Täglich geöffnet
10-12 und 14-17 Uhr
Mittwoch auch 20-22 Uhr
Eintritt frei

silber und hand werk

22. Januar bis 13. März 1966
Polnische Plakate Gewerbe Museum Basel

Danish Silver and Craft /
Polish Posters /
Neuerwerbungen und Geschenke

Three exhibition posters for the
Basel Gewerbemuseum
using large wooden types, probably
designed by Emil Ruder.
These posters are printed in two
parts, letterpress at the AGS
workshop.
905 x 1280 mm
1962, 1966

「デンマークの銀細工と手工芸品」展
「ポーランドのポスター」展
「工芸博物館の新規購入作品と贈与作品」展

おそらくルーダーのデザインである、大きな
木活字を使った、バーゼル工芸博物館での展覧会
ポスター3点。これらのポスターは
工芸専門学校の実習室で、上下ふたつの部分に
分けて活版で印刷された。
1962年　1966年

Hermann Hesse

Im Nebel

Seltsam, im Nebel zu wandern!
Einsam ist jeder Busch und Stein,
Kein Baum sieht den andern,
Jeder ist allein.

Voll von Freunden war mir die Welt,
Als noch mein Leben licht war;
Nun, da der Nebel fällt,
Ist keiner mehr sichtbar.

Wahrlich, keiner ist weise,
Der nicht das Dunkel kennt,
Das unentrinnbar und leise
Von allen ihn trennt.

Seltsam, im Nebel zu wandern!
Leben ist Einsamsein.
Kein Mensch kennt den andern,
Jeder ist allein!

13 poems by 13 poets.
Spread pages and cover jacket,
typeset, printed and bound
by Fachklasse für Buchdruck Basel.
143 x 262 mm
1964

13人の詩人による『13篇の詩』より
見開きと表紙カバー。
バーゼル工芸専門学校の印刷専科にて
組版、印刷、製本された。
1964年

'Now you really did something'
lauded Emil Ruder when he saw
schwarzer Frühling [black spring],
a book title by Henry Miller.
The student was Peter Teubner from
Typographische Gestaltungsklasse
[typography course].
1964

「とうとう傑作をものにしたね」
エミール・ルーダーは、ヘンリー・ミラーの
小説『暗い春』をタイポグラフィカルに
表現した作品を目にしたとき賞賛の声を
あげた。それは当時工芸専門学校のタイポ
グラフィ特別コースに在学中のペーター・
トイブナーの作品であった。
1964年

There are two essential aspects to
the work of the typographer:
he must take into account knowledge
already acquired and keep his mind
receptive to novelty.

There must be no letting up in the
determination to produce vital work
reflecting the spirit of the times;
doubt and perturbation are good
antidotes against the tendency
to follow the line of least resistance.

Emil Ruder
1967

タイポグラファの仕事にはふたつの基本的な
側面がある。まず、すでに知られている知識を
考慮し、活用すること。そして、新しい
ものごとに対して、つねにこころを開いて
いること。

時代の精神を反映させた、活き活きとした
仕事を生み出すという決意を鈍らせてはならない。
疑いと不安は、易きに甘んじようとする
心へのよき薬だ。

エミール・ルーダー
1967年

moderne

französische

knüpfteppiche

gewerbemuseum basel
25.1.-1.3.1964
geöffnet 10-12 14-17 uhr
mittwoch auch 20-22 uhr
eintritt frei

Ruder Druck AGS

moderne
französische
knüpfteppiche

Ausstellung im Gewerbemuseum
Basel
25. Januar bis 1. März 1964
Täglich geöffnet 10-12 und 14-17 Uhr
Mittwoch auch 20-22 Uhr

moderne
französische
knüpfteppiche

Vorwort

Das Gewerbemuseum Basel hat sich in den letzten Jahren wiederholt mit den verschiedenen Bestrebungen zur Wiederbelebung der Teppichwirkerei befaßt. Die großen Ausstellungen «Moderne französische Bildteppiche» im Jahre 1951, «Bildteppiche aus Deutschland, Österreich und der Schweiz» im Jahre 1953 und «Ägyptische Kinder weben Bildteppiche» im Jahre 1958 hatten fast ausschließlich den gewirkten Bildteppich zum Gegenstand. Inzwischen sind besonders in Frankreich die Bestrebungen zur Erneuerung der Kunst des Bildteppichs dank der Initiative von Frau Denise Majorel von der Galerie «La Demeure» in Paris auch auf den lange vernachlässigten Knüpfteppich ausgedehnt worden. In Zusammenarbeit mit den Ateliers «France Tapis» in Beauvais hat Frau Majorel 27 Künstler eingeladen, Entwürfe zu Knüpfteppichen zu schaffen, die als Bodenteppiche handgeknüpft in Wolle ausgeführt werden sollten. Jeder Teppich darf nur in sechs Exemplaren hergestellt, signiert und numeriert zum Verkauf gebracht werden. Der Vertrieb liegt ausschließlich bei der Galerie «La Demeure» in Paris. Ob es sich bei diesen handgeknüpften Kunstwerken um Wand- oder Bodenteppiche handelt, wird wohl später der glückliche Besitzer am besten selber entscheiden. Werke von Künstlern wie zum Beispiel Poliakoff, Vieira da Silva, Singier und andern sind selbst in die Knüpftechnik umgesetzt nicht weniger würdig als Bildteppich eine Wand zu schmücken als in der Wirk- oder Sticktechnik; und dort, wo sie, der Knüpftechnik entsprechend, als Bodenteppiche Verwendung finden, wird ihre Funktion immer noch vorwiegend in der Repräsentation begründet sein, die den Standort bestimmt, der sie vor allzu starker Abnützung bewahrt. Wir danken der Galerie «La Demeure» in Paris, insbesondere Madame Denise Majorel, bestens für die teilweise Überlassung der Teppiche und Teppichentwürfe, die 1962 erstmals in der «Galerie Internationale d'Art Contemporain» in Paris ausgestellt waren. Seither wurden sie auch in Deutschland in den Kunsthallen Recklinghausen und Lübeck gezeigt, von wo sie an das «Museum für Kunsthandwerk» in Frankfurt weitergeleitet wurden. Wir sind Herrn

Moderne französische Knüpfteppiche
[Modern French knit carpets],
exhibition catalogue
for the Basel Gewerbemuseum.
Cover, title page and spread page
148 x 210 mm, 40 pages
1964

Left: Exhibition poster printed in
letterpress at AGS Basel.
905 x 1280 mm
1964

バーゼル工芸博物館における
「現代のフランス編カーペット」展のカタログ。
表紙、扉ページ、見開き。
1964年

左：同展ポスター。バーゼル工芸専門学校
にて活版印刷された。
1964年

Violoniste aux affiches, 1952

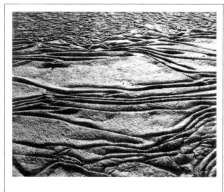

Le marais d'Arles 1962

Die Ausstellung zeigt Aufnahmen aus den folgenden
Serien:

1954–1955	Saltimbanques
1955	Gitans aux Saintes-Maries-de-la-Mer
1955	Poule morte des bords du Rhône
1955	Chat échoué
1955	La Nuit de la Terre
1956	Flamants morts dans les sables
1957	Cimetière d'oiseaux
1957	Crâne de chien
1958	Poisson mort
1957	Linge des bords du Rhône
1958	Ensablement
1958	Requiem des campagnes
1956–1962	Nus de la Mer
1958–1964	Toros muertos
1959–1963	Le Marais d'Arles
1959	Etangs
1960	Roseaux
1960	Riz
1960	Vignes
1960	Maïs
1960–1962	Herbes
1961–1962	Joncs
1962	Soleil des Marais
1962	Algues
1962	Sables
1962	Craquelures
1963	Vaccarès
1961	Fontaines de New York
1963	Fontaines du Grand-Palais
1963	Jardin de Rio
1964	Cristaux de Baccarat
1962–1963	Tapisserie
	Le Marais d'Arles

Nach einer Photographie von Lucien Clergue,
ausgeführt von Jacqueline Bellemin
161 × 121 cm

Lucien Clergue photos 1954 to 1964,
exhibition catalogue for
the Basel Gewerbemuseum.
148 x 210 mm, 28 pages
1964

バーゼル工芸博物館における
「ルシアン・クラーグの写真 1954–1964」
展のカタログ。
1964年

Sur les traces de Lucien Clergue

La poésie se forme à la surface du monde comme
les irisations à la surface d'un marécage.
Que le monde ne s'en plaigne pas. Elle résulte de
ses profondeurs.
Jean Cocteau

Charognes des bords du Rhône, des plages des
Saintes, Clergue assistait au morne festin de la terre.
Il la regardait mâchonner ses proies sans appétit,
lui enlevant pour tout dire la nourriture de la bouche.
Elle bâillait morose. Un jour plus tôt, un jour plus
tard, elle avait avalé...
Peu à peu, la terre, dans l'œuvre du photographe,
s'arrête de festoyer. Toute chair cesse de lui
être livrée en pâture ou de n'apparaître que comme
le songe de sa sieste, les vains phantasmes de
son estomac laborieux. Dès les premiers nus,
la vie reprend ses droits. L'eau bouillonne, s'écarte
sous la poussée de ventres vastes, nocturnes.
Et l'objectif enregistre avec une particulière
sollicitude les courts tourbillons qui se dessinent au
centre; les halos étroits des nombrils.
Mal dégagées du limon originel, ces formes
menacent toujours d'y retourner. Elles semblent se
reconquérir sans trêve à la succion de la boue,
à ses ventouses, au glauque entonnoir qui les aspire.
La vraie venue au monde ne devait s'effectuer
qu'une semaine plus tard à la limite des vagues.
Voyez plutôt la vague! Ne dirait-on point qu'elle
assiste une naissance, qu'elle la couve diligente.
Elle nettoie et lèche de la tête aux pieds. Elle
promène ses lèvres épaisses, ses langues, ses
salives. Elle asperge de son lait maternel.
Elle enveloppe de lourds tissus brochés, de dentelles
fragiles.
Plus tard, les ventres s'aplatissent, que nulle
fécondité n'a encore déformés. Les hanches se font
plus étroites. Les poses perdent de leur franchise
et s'offrent en tout état de cause à l'assaut de l'onde.
La mer écume, inonde, ruisselle. Est-ce liqueur
prolifique qui se répand en place de son lait?
La mort que l'on vient d'introduire n'a pas eu le
loisir d'avancer beaucoup son installation: Clergue,
à cette heure, le regarde aménager. Le taureau
meurt-il debout, résiste-t-il sur ses quatre sabots?
Si un torero alors le soutient par la corne, on
dirait qu'il l'assiste dans son agonie et l'aide à périr.
Soudain un arbre foudroyé s'abat, arraché du sol
où il luttait pour s'enraciner. Rien ici de comparable
avec les anciennes dépouilles et charognes
qu'une plage, une rive assimilaient, convertissaient,

ausstellung
gewerbemuseum
basel

lucien
clergue

photos
1954 bis
1964

Poster for the exhibition
Lucien Clergue photos 1954 to 1964
at the Basel Gewerbemuseum.
Printed in offset at National Zeitung.
905 x 1280 mm
1964

バーゼル工芸博物館における「ルシアン・
クラーグの写真 1954–1964」展ポスター。
ナツィオナル・ツァイトゥング新聞社にて
オフセット印刷された。
1964年

28. november 1964 bis
3. januar 1965
täglich 10-12 und 14-17
mittwoch auch 20-22
eintritt frei

'Freedom of religion and conscience is inviolable'

Exhibition panels at the pavilion of 'education and form', with text in German, French, Italian and Rhaeto-Romanic, the four languages of Switzerland. Typeface Akzidenz Grotesk, printed in black on two shades of orange.

「宗教と良心の自由は不可侵である」

スイスの４つの公用語、ドイツ語、フランス語、イタリア語、ロマンシュ語で書かれた「教育と造形」館での展示パネル。使用書体はアクチデンツ・グロテスクで、2諧調のオレンジ色の地に黒色のテキスト。

Swiss National Exhibition
Lausanne
Photos: Peter Stähli
1964

スイス博覧会、ローザンヌ
写真：ペーター・シュテーリ
1964年

Die Glaubens- und Gewissensfreiheit
ist unverletzlich

German

「宗教と良心の自由は不可侵である」
ドイツ語

La liberté de conscience et de
croyance est inviolable

French

「宗教と良心の自由は不可侵である」
フランス語

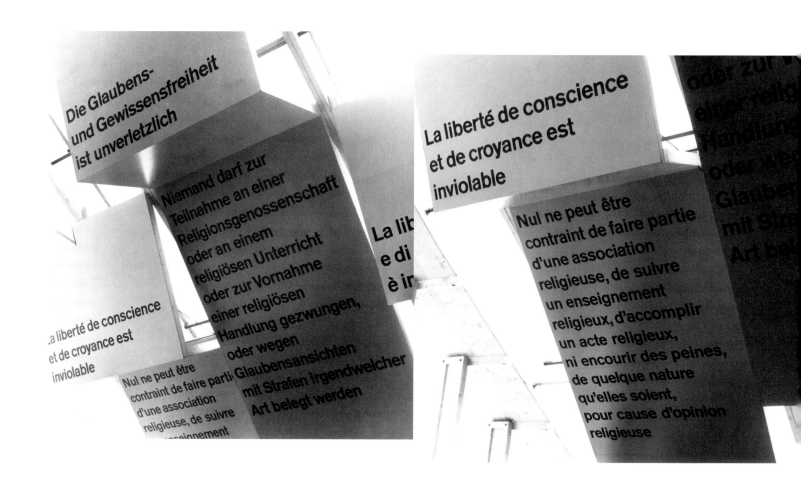

La liberta di credenza e di coscienza
e inviolabile

Italian

「宗教と良心の自由は不可侵である」
イタリア語

La libertad da cardientscha e
cunscienzia ei inviolabla

Rhaeto-Romanic

「宗教と良心の自由は不可侵である」
ロマンシュ語

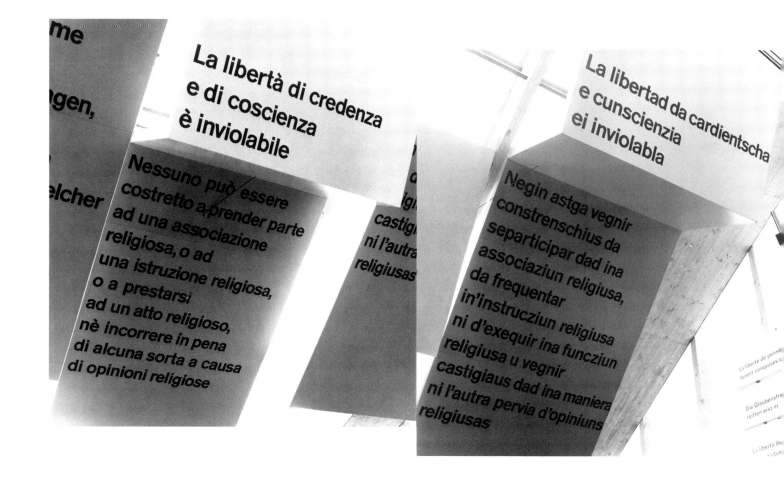

「宗教と良心の自由は不可侵である」
イタリア語

「宗教と良心の自由は不可侵である」
ロマンシュ語

Univers 55
Probeschnitt Corps 12
Entwurf
Adrian Frutiger

Fonderie
Deberny et Peignot
Paris

Wenn ich in der Nähe meiner Arbeiten, die eigentlich ihre selbständige Sprache reden sollten, das Wort ergreife, dann wird mir zunächst ein wenig bang, ob auch ausreichende Gründe beisammen sind, und ob ich es auch in der rechten Art tun werde.

Denn: so sehr ich mich als Maler im Besitze meiner Mittel fühle, andere dahin in Bewegung zu setzen, wohin es mich treibt, mit derselben Sicherheit durch das Wort solche Wege zu weisen, das fühle ich mir nicht gegeben. Aber ich beruhige mich damit, daß meine Rede nicht als solche isoliert sich an Sie wendet, sondern daß sie nur ergänzend den von meinen Bildern her empfangenen Eindrücken das vielleicht noch mangelnde bestimmte Gepräge zu geben hat.

Wenn mir das bei Ihnen einigermaßen gelingen sollte, so will ich froh sein und den Sinn meiner Aufgabe, vor Ihnen zu sprechen, für gegeben erachten.

Um dem Odium des Wortes ‹bilde Künstler, rede nicht›, des weitern auszuweichen, möchte ich von mir aus nur hauptsächlich diejenigen Teile des schöpferischen Vorganges zur Betrachtung heranziehen, die sich während des Formens einer Arbeit mehr im Unterbewußten vollziehen. Das wäre mir ganz subjektiv diese eigentlichste Rechtfertigung des Redens eines Bildners: den Schwerpunkt durch die Betrachtung mit neuen Mitteln zu verlegen. Die bewußterweise so überlastete formale Seite durch die neue Art der Anschauung etwas zu entlasten. Mehr Nachdruck nach der inhaltlichen Seite hin auszuüben. Solch ein Ausgleich würde mich reizen und vermöchte mir eine wortbegriffliche Auseinandersetzung sehr nahe zu bringen.

Dabei dächte ich aber zu sehr an mich selber und vergäße, daß die meisten unter Ihnen auf der inhaltlichen Seite heimischer sind, als auf der formalen. Und so werde ich nicht umhin können, Ihnen auch von diesen Dingen einiges zu sagen.

Ich verhelfe Ihnen zu einem Blick in die Malerwerkstatt und im Übrigen werden wir uns dann schon verständigen können. Irgend ein gemeinsames Gebiet muß es ja zwischen Laien und Künstlern doch geben, auf dem gegenseitiges Entgegenkommen möglich ist, und von wo aus Ihnen der Künstler gar nicht mehr als abseitige Angelegenheit zu erscheinen braucht. Sondern als ein Wesen, das wie Sie ungefragt in eine vielgestaltige Welt gesetzt wurde, und das wie Sie sich wohl oder übel darin zurecht finden muß.

Das sich von Ihnen nur darin unterscheidet, daß es mit seinen spezifischen Mitteln sich aus der Affäre zieht, und damit manchmal vielleicht sogar glücklicher ist als der Unschöpferische, zu keiner erlösenden realen Gestaltung gelangende. Diesen relativen Vorteil müssen Sie nun dem Künstler schon gerne zugestehn, weil er es in anderer Hinsicht wieder schwer genug hat.

Lassen Sie mich ein Gleichnis gebrauchen, das Gleichnis vom Baum. Der Künstler hat sich mit dieser vielgestaltigen Welt befaßt, und er hat sich, so wollen wir annehmen, in ihr einigermaßen zurechtgefunden; in aller Stille. Er ist so gut orientiert, daß er die Flucht der Erscheinungen und der Erfahrungen zu ordnen vermag. Die Orientierung in den Dingen der Natur und des Lebens, diese vielverästelte und verzweigte Ordnung möchte ich dem Wurzelwerk des Baumes vergleichen.

Von daher strömen dem Künstler die Säfte zu, um durch sein Auge hindurchzugehn.

So steht er an der Stelle des Stammes. Bedrängt und bewegt von der Macht jenes Strömens, leitet er Erschautes weiter ins Werk. Wie diese Baumkrone sich zeitlich und räumlich nach allen Seiten hin sichtbar entfaltet, so geht es auch mit dem Werk.

Es wird niemand einfallen, vom Baum zu verlangen, daß er die Krone genau so bilde, wie die Wurzel. Jeder wird verstehn, daß kein exaktes Spiegelverhältnis zwischen unten und oben sein kann. Es ist klar, daß die verschiedenen Funktionen in verschiedenen Elementarbereichen lebhafte Abweichungen zeitigen müssen.

Aber gerade dem Künstler will man zuweilen diese schon bildnerisch notwendigen Abweichungen von den Vorbildern verwehren. Man ging sogar im Eifer so weit, ihn der Ohnmacht und der absichtlichen Fälschung zu zeihn. Und er tut an der ihm zugewiesenen Stelle beim Stamm doch gar nichts anderes als aus der Tiefe Kommendes zu sammeln und weiterzuleiten. Weder dienen noch herrschen, nur vermitteln.

Er nimmt also eine wahrhaft bescheidene Position ein. Und die Schönheit der Krone ist nicht er selber, sie ist nur durch ihn gegangen.

Bevor ich mit der Klärung der Gebiete beginne, die ich mit Krone und Wurzel verglich, muß ich wieder einiges Bedenken vorausschicken. Es ist nicht leicht, sich in einem Ganzen zurechtzufinden, das sich aus Gliedern zusammensetzt, welche verschiedenen Dimensionen angehören. Und solch ein Ganzes ist sowohl die Natur als

Paul Klee

La lune blanche
luit dans les bois;
de chaque branche
part une voix
sous la ramée . . .

O bien-aimée . . .

L'étang reflète,
profond miroir,
la silhouette
du saule noir
où le vent pleure . . .

Rêvons: c'est l'heure.

Un vaste et tendre
apaisement
semble descendre
du firmament
que l'astre irise . . .

C'est l'heure exquise.

Paul Verlaine

Ite, leves elegi, doctas ad consulis aures
   Verbaque honorato ferte legenda viro.
Longa via est, nec vos pedibus proceditis æquis,
   Tectaque brumali sub nive terra latet.
Cum gelidam Thracen et opertum nubibus Hæmum
   Et maris Ionii transieritis aquas,
Luce minus decima dominam venietis in Urbem,
   Ut festinatum non faciatis iter.
Protinus inde domus vobis Pompeia petatur:
   Non est Augusto iunctior ulla foro.
Si quis, ut in populo, qui sitis et unde, requiret,
   Nomina decepta quælibet aure ferat.
Ut sit enim tutum, sicut reor esse, fateri,
   Verba minus certe ficta timoris habent.
Copia nec vobis nullo prohibente videndi
   Consulis, ut limen contigeritis, erit.
Aut reget ille suos dicendo iura Quirites,
   Conspicuum signis cum premet altus ebur,
Aut populi reditus positam conponet ad hastam
   Et minui magnæ non sinet Urbis opes,
Aut, ubi erunt patres in Iulia templa vocati,
   De tanto dignis consule rebus aget,
Aut feret Augusto solitam natoque salutem
   Deque parum noto consulet officio.
Tempus ab his vacuum Cæsar Germanicus omne
   Auferet: a magnis hunc colit ille deis.
Cum tamen a turba rerum requieverit harum,
   Ad vos mansuetas porriget ille manus,
Quidque parens ego vester agam, fortasse requiret;
   Talia vos illi reddere verba volo:
Vivit adhuc vitamque tibi debere fatetur,
   Quam prius a miti Cæsare munus habet.
Te sibi, cum fugeret, memori solet ore referre
   Barbariæ tutas exhibuisse vias;
Sanguine Bistonium quod non tepefecerit ensem,
   Effectum cura pectoris esse tui.
Addita præterea vitæ quoque multa tuendæ
   Munera, ne proprias adtenuaret opes.
Pro quibus ut meritis referatur gratia, iurat
   Se fore mancipii tempus in omne tui;
Nam prius umbrosa carituros arbore montes
   Et freta velivolas non habitura rates
Fluminaque in fontes cursu reditura supino,
   Gratia quam meriti possit abire tui.
Hæc ubi dixeritis, servet sua dona, rogate!
   Sic fuerit vestræ causa peracta viæ.

Ovid an Sextus Pompeius

Emil Ruder

Univers
and contemporary typography

Univers will no doubt open a new era in Grotesque typography. The design is neither based on existing sans-serifs nor does it rebel against the past. One can detect in Univers an extensive knowledge of the past, and of the reasons for the successful survival of many historical designs.

The designer has been intensely aware of a precious cultural heritage, a heritage which tolerates no neglect and no violation of laws established by common sense in the course of centuries. He has also shown that he understands the moral responsibility towards those who will follow us.

Type faces with historical background

Many of the type faces cut as historical revivals during the early decades of the 20th century are of a high quality and still in regular use. There is nothing surprising in their continued popularity because even today, in an age dominated by atomic science, electronics and all-round technical progress, it seems difficult to do better than the Italian Renaissance did with its Roman – Old-Style as we call it. It is a letter form of great merit, rational in design, and in function unsurpassed for the comfort it offers the reader. The contrast of thick and thin is satisfying, as are the proportions between x-hight, ascenders and descenders. With its carefully balanced weight it is a beautiful and at the same time eminently legible type face. Many see in the best of those Romans the ideal printing type, a letter form which can in no way be improved.

But despite their undeniable and universally appreciated qualities, one should remember that faces like Bembo, Garamond, Caslon, Baskerville etc. were designed centuries ago. Often one detects obvious links with their countries of origin. Baskerville, for instance, looks admirable in English texts, but in German language it fails to reveal the qualities of the great Cambridge printer's type. The frequent use of capitals and the different combination of letters in German words are detrimental to the character of Baskerville. Whatever the merits of historical type faces, they can no longer be considered as the answer to all contemporary typographical requirements and problems. Modern methods of publicity and their influence on printing were unknown when these type faces originated. Neither Garamond nor Caslon or Baskerville ever possessed a Bold version before their twentieth-century revival. They were designed and cut in Roman and Italic only. To use them for modern publicity, in large sizes and set to wide measures, can be brutal. To enlarge Garamond beyond the largest size cast in metal destroys its intimacy. Today we need large letters, bold, heavy, condensed, wide and italic founts of the only type design that can stand the strain of such treatment: the sans-serif. And we need not any sans-serif, but a good sans-serif.

The sans-serif faces before Univers

The first typefaces without serifs created England in the twenties of the 19th century. The shock they caused may account for the name bestowed upon the strange newcomer: Grotesk (= odd, ridiculous). To this day in German speaking countries the sans-serif retains this designation which is unhelpful to the reputation of the face and may even be detrimental when employed by those who dislike the designs, often for superficial reasons. As far as the printer is concerned, the most obvious features of the design are those that are negatives: the lack of serifs, the lack of contrast in the thickness of the strokes. But can the value of a type face rest in what is absent? When Paul Renner designed Futura he said in his introduction: 'Our age prefers the functional, the technical shape to any form of art.' However sympathetically we receive that statement, its aesthetic negation is unacceptable. For Renner it was a matter of ridding himself and his time – at any price – of the burden of an inheritance from past centuries of classical type faces which had never ceased to dictate typographical laws to his generation.

The first founts of Futura were of a strictly geometrical pattern and Renner had to make optical corrections in the later versions. But Futura nevertheless remains the example of a Grotesque constructed on rigid and exact principles. The shortcomings of such a design are evident in the capital U of Futura Bold, for instance, where the semi-circle joins the uprights with a jerk that is optically unpleasing.

The rational constructivism of Futura was rooted in the architecture and art of the twenties; like them it sought, with the help of straight lines, circles and unvaried weight, to overcome individualism (in the typefaces with script character of the time).

Renner's rebellion against the past was closely connected with the trends of his time, good and bad, and consequently Futura is of questionable value in today's typography. A printing type that satisfies the eye will never be a series of geometrical patterns. The human eye tends optically to enlarge the horizontal line and correspondingly to reduce the vertical. Straight lines joining at right or acute angles need special attention; in order to avoid black patches and the consequently uneven appearance of the printed page, they need to be designed with the lines diminishing as they approach the join. This applies above all to N and M.

In Switzerland designers and printers found the virtues that Futura lacked in a type face called Akzidenz Grotesk (odd-job sans-serif), which made its first appearance about the turn of the 19th century. They found this type face to be a matter-of-fact, neither too conspicuous, nor too individual, and at the same time of a weight and openness that gave good legibility even in the smallest sizes. Such advantages till then unknown in a sans-serif explain the usefulness, in almost all fields of printing, of the Akzidenz Grotesk as we still know it. For the past 20 years it has been the Grotesque preferred by graphic designers.

That certain obvious shortcomings did not hinder the remarkable success of Akzidenz Grotesk may be due to its neutral and not too overpowering appearance. It lacks sensitiveness, true, but that again can be explained. The second half of the 19th century saw the birth of numerous type faces of indifferent, or outright bad design, and Akzidenz Grotesk compared astonishingly well with its contemporaries. In that period type designers generally failed to realize that certain features of calligraphy are also essential in a good printing type, and that the laws of hand-writing, although modified by the highly developed technique of punch-cutting, should still be observed. In Akzidenz Grotesk the changes in the weight of line are arbitrary instead of being governed by the weight of stroke in the letters as written with a pen. In certain sizes and founts the weight and size of the capitals are not in proportion to the lower case characters, a serious handicap for texts in German.

These faults may to a large extend be responsible for the fact that Akzidenz Grotesk is unsuitable for long texts, were it becomes illegible. And this, in turn, explains its reputation for functional inferiority as compared with the Roman letter.

1 So bin ich unversehens ein Landschafts-
maler geworden. Es ist entsetzlich.
Wenn man in eine Sammlung neuerer
Bilder gerät, welch eine Menge von
Landschaften gibt es da; wenn man in
die Gemäldeausstellung geht, welch
eine noch größere Menge von Bildern
trifft man da an. Ich rede hier gar nicht
von verschämten Töchtern, welche in
Wasserfarben heimlich eine Trauer-
weide malen, unter welcher irgendein
bekränzter Krug steht, an dessen Fuße

2 Porbus s'inclina respectueusement,
et il laissa entrer le jeune homme en le
croyant amené par le vieillard, s'inquiéta
d'autant moins de lui que le néophyte
demeura sous le charme que doivent
éprouver les peintres-nés à l'aspect du
premier atelier qu'ils voient et où
se révèlent quelques-uns des matériels
de l'art. Un vitrage ouvert dans la voûte
éclairait l'atelier de maître Porbus.
Concentré sur une toile accrochée au
chevalet, et qui n'était encore touchée

3 I have just come down from the hill
fronting my home in mid-Cardiganshire.
It is like half a hundred hills in this part
of Wales, rounding out of a bramble-
filled dingle on the southern side, a
dingle blue-black with juiced fruit in
autumn, with a sun-shot fringe of scrub
oak and alder, and a noble ash-tree
rearing from the bottom, its roots much
exposed and straddling the course of a
fast-running brook. Beyond the dingle
is gorse-striped rough grazing for a

Univers

Frutiger's new sans-serif will no doubt open a new era
in Grotesque typography. The design is neither based
on existing sans-serifs nor does it rebel against the
past. One can detect in Univers an extensive knowledge
of the past, and of the reasons for the successful sur-
vival of many historical designs. The designer has been
intensely aware of a precious cultural heritage, a
heritage which tolerates no neglect and no violation of
laws established by common sense in the course of
centuries. He has also shown that he understands
the moral responsibility towards those who will follow
us. We may therefore hope to see Univers established
as a type face of no less merit than the Roman letter.

In the past Grotesque failed to achieve full equality
because it lacked something a printing type normally
has, serifs. Of Univers the contrary can be said.
Grotesque in general and Univers in particular reveal
some of the main features in letter design. Neither serifs
nor other, less important, accessories divert the eye
from the basic design, a design which is extremely
sensitive and registers the slightest violation of optical
laws. Throughout the Univers alphabet rigid geome-
trical pattern is superseded by sensitive optical varia-
tions derived from the finest achievements of Roman
lettering. The comparatively large x-hight ensures
effortless reading in all sizes and at the same time
prevents the capitals from dominating the text page.
All characters are properly proportioned setwise, the
width of individual letters being in proportion to the
space between them. The balance of the alphabet gives
a chain-like effect to the printed letters, the eye of
the reader is guided along the line.

The design of the traditionally difficult letters is intel-
ligent enough to prevent them from filling with ink even
in the small sizes of the bold and condensed founts.

The weight of the three fundamental strokes is carefully
balanced. The vertical line is bolder than the diagonal
which, in turn, is slightly heavier than the horizontal.
The three horizontal lines of E are a little thinner than
the solitary horizontal line in H. In characters with
small counters all strokes are thinner than in those with
large encounters (O). The straight line of the letter I is
slightly heavier than usual for vertical line, so that
the letter can hold its own among others. In larger sizes
the tapering (stream-in and stream-out) of letters is
noticable. The upper parts of g, m, n, p and q have
tapering stream-in lines while the lower parts of a, b, d
and u have tapering stream-out lines. The c is made
narrower than the o because the greater amount of
white makes it seem optically as broad as the o. u and n
are not in the same width. The u is narrower, for as the
opening occurs at the top of the letter the white is more
dominant than in the n which is open at the bottom.

For the first time in the history of letterpress printing,
an extensive family of typefaces was built, not as a
consequence of the first successful fount but in accord-
ance with a plan from the beginning. The most impor-
tant element in the family, its basic fount, is Univers 55
from which all others have been derived.

The influence of Univers on today's typography

Univers will soon be in equal partnership with other major faces. It is unlikely to be affected by the low reputation of Grotesque faces in general. Its versatility justifies its use in a class of work for which sans-serif has in the past been taboo. Subtle forms, open counters, intelligent variations in weight of the different strokes, and a sound observance of the traditional features of type guarantee good legibility. With Univers the time has come once more to argue the value of sans-serif for book work, in the past a question that has met with prejudice.

Design in printing depends to a large extent on the quality of the type face used. A face of little value encourages the typographer to use it simply as a decorative element, to cover up its weakness with virtuosity in design. That is what happened during the Bauhaus period with the work of El Lissitzky, Moholy-Nagy, Joost Schmidt, Piet Zwart and others whose typography was daring in its composition, always asymmetric, dynamic in its use of space and contrast. The type faces, however, were coarse and undistinguished Romans and sans-serifs of the turn of the century, sadly impervious to dynamism and mediocre compared with the layout. To degrade printing type to the role of decorative grey is unjustifiable even when the face is of inferior quality. Every type face and every style of design has a decorative quality which should be duly understood and exploited by the capable typographer, but typography should be right in form and function before one begins to play about with greyness. To use unrelieved greyness as the basis in design so that it dominates typography is to exhibit symptoms of modernism without understanding of the problems involved. A six point type set to a measure of 40 pica might give a good and uniformly grey, but such typography would be functionally wrong: the eye would travel laboriously along the endless line, the size of the individual letter being disproportionate to the measure.

In Univers the large x-hight and the correspondingly short ascenders and descenders are particularly welcome in the smaller sizes: the capitals are neither to big nor too heavy, they harmonise perfectly. Because of the sound relationship between capitals and lower case characters Univers adapts itself happily to composition in different languages. In the German text by Adalbert Stifter (example 1) there are many capitals and yet the page is nowhere patchy as it would inevitably be if the capitals were as heavy as in most faces.
The French and the English texts (examples 2 and 3) set in the same face, show similar harmony which suggests that Univers is unaffected by the nature of a specific language.

It is still difficult to realize the variety of the possibilities that lie ahead, thanks to this uniquely versatile type family. 21 different founts of equal x-hight, ascenders and descenders and subtly graduated weights, Univers is a masterpiece of co-ordination and logical thinking.

Univers typography will never give the impression of being a cocktail of type faces, not even if more founts are used than one would normally dare to mix in a single piece of composition. Example 4 shows four letters of eight different founts in one line; various weights and widths, upright and inclined, and yet exhibits both an astonishing unity and a wonderful graphic richness. Our time is in need of print planned to play its part in today's tough competition of ideas and products. A series of good type faces is of vital importance if the typographer is to satisfy the needs of modern science, industry and commerce, which all expect, and rightly so, to have their particular needs considered by the printer.

Hitherto when large jobs requiring various founts were involved the designer often had to work from a range of type faces of different origin. With Univers he will never be at a loss to find the right weight, the right width for even the most demanding job.

Such is the range of Univers that the designer can keep within the single family, without recourse to foreign elements. 21 founts, each containing approximately one hundred characters and signs, in 11 sizes, offer unequalled possibilities for combinations. With some of them the designer is already familiar: the use of large and small sizes, bold and light founts in the same job. But Univers will make possible extreme contrasts: for the first time a good italic is available, also a condensed and a wide version, and a light fount that contrasts with the emphatic bold. To use the complete Univers range intelligently, the designer and typographer must, however, be aware of two dangers: confusion and abuse.

The invention of the slug composing machine (Linotype), towards the end of the 19th century, contributed to the improvement of standards of typography by reducing the number of faces available. The designer was forced to limit himself to far fewer faces and sizes. Discipline was imposed on typography. In the hands of the wrong people the latest technical achievement might well bring back the chaos of the pre-slug period. The Lumitype filmsetting machine, for instance, enables the operator to use 16 different faces in 12 different sizes with a touch of the finger. Thus 16 of the 21 Univers faces could be mixed in the same job – not an attractive prospect. But with modern technical process we see the same phenomenon in architecture and industrial design. The technical resources today at the disposal of all those concerned with design can – and often do – result in chaos.

The graphic designer, confronted with the rich range of material from which he can choose, must be aware of his responsibility. Only the soundly-trained typographer endeavouring earnestly to use his knowledge and experience to the best of his skill will be worthy of this new abundance.

Translation: Paul Heuer
published in *Typographische Monatsblätter*
TM 1.1961

活字書体とその歴史的背景

今世紀の初頭に復刻された歴史的な活字書体の多くは、優れた
品質をもち、現代でも日常で広く用いられている。それらの書体が
高く評価されつづけているのは、驚くべきことではない。なぜなら、
原子科学や電子工学、あらゆる分野で科学技術が支配する
この現代においてすら、イタリア・ルネサンスが「オールド・スタイル」と
呼ばれるローマン体を生んだ以上の達成にいたることは困難で
あるように思えるからだ。ローマン体はそのデザインにおいて
合理的であるのみならず、読者への利便という機能的な観点からも
他の追随を許さない。エックス・ハイト、アセンダ、ディセンダ
それぞれのプロポーションと同様、太い線と細い線の対比の
バランスはとても説得力がある。その絶妙に調和のとれた画線の
太さはとても美しく、同時に、判読しやすい活字書体様式である。
このようなローマン体の最良のもののなかに、印刷用活字書体の
理想を見いだす意見には事欠かない。これ以上は改良する
ことのできない到達点、とみなすような意見も耳にすることがある。

フルティガーによる新しいサンセリフ体は、
まちがいなく、サンセリフ体によるタイポグラフィの
新時代を開くだろう。そのデザインは既存の
古いサンセリフ体を用いたものでもなければ、
これ見よがしに過去に反抗するような
性格のものでもない。ユニバースという
書体の内には、過去に対する深い理解と、時代を
超えて印刷書体が生き長らえるための秘訣を、
見いだすことができる。

このように論争の余地のなく、広く評価されているローマン体の
品質であるが、しかし、そのような書体、すなわちベンボ、ガラモン、
キャスロン、バスカーヴィル、ボドニといった書体が、何世紀も
以前に設計されたものだということは、見過ごされてはならない。
これらの書体にはしばしば、それぞれの起源である地域との明らかな
繋がりが認められる。たとえばバスカーヴィルは英語において
その美しさを最大限発揮する。だが、このケンブリッジの偉大な
印刷人の書体は、ドイツ語においてはその特質を活かしきれない。
ドイツ語における大文字の多用と、英語と異なる語形成は、
バスカーヴィルの形式上の美を著しく損なってしまうのだ。歴史的な
活字書体にどのような美点があろうとも、それらは現代の書体に
課される要求のすべてを満たすことはできないのだ。近代的な広告の
方法論とそれが書体に与える影響は、これらの書体がつくられた
時代には存在しなかった。ガラモン、キャスロン、バスカーヴィルも
今世紀初頭にリバイバルされるまでボールド体を備えておらず、
ローマン体とイタリック体のみにおいて設計、父型彫刻されたもの
だった。これらを広告や大きな活字サイズの仕事で使うのには
難しいものがある。たとえばガラモンをその金属活字の最大サイズ
以上に拡大して用いてしまうと、その書体としての効果が害されること
になる。わたしたちは今日、大きなサイズの文字、ボールド、ヘビー、
コンデンスド、ワイド、イタリックといった書体を必要とし、そうした
要求にこたえられる唯一の書体がサンセリフ体なのである。
そして、サンセリフ体なら何でもいいわけではない。よいサンセリフ
体が求められているのだ。

この書体デザイナーには、次のような強い
認識がある。すなわち、文字とは先人たちから
受け継いだ文化財であり、永年にわたって
培われてきた法則をおろそかにしたり、無理やり
手を加えたりするべきではない。また、
彼が後に続くであろう世代へ果たすべき責任を
十分理解していることも明らかだ。

過去のサンセリフ書体

初期のサンセリフ体〈=グロテスク体〉は1820年代に英国から
大陸にもたらされた。この書体様式に名づけられた「グロテスク
（風変わりな、滑稽な）」という呼称が、その与えた衝撃を
物語っている。この名称はドイツ語圏において今日に至るまで
ずっと使われており、この書体様式の正当な評価を阻害している。
さらには、しばしば表層的な理由からこの書体様式を好まない
人々によって否定的に用いられることさえある。印刷者に
とってサンセリフ体の典型的な目印とは、つねに何かが欠けている
（足りない〈=sans〉）ということにあった。すなわち、セリフの
欠如、ストロークの強弱の変化の欠如である。しかし書体の価値は、
何かが欠けているということに存するものだろうか？ パウル・
レンナーはフツーラをデザインした際、その解説において次のように
書いている。「われわれの時代は機能的で技術的な形式を、
どんな芸術形式よりも好む」。いかにこの意見に共感し理解しよう
とも、ここに認められる否定的な美学は受け入れがたい。つまり
レンナーにとっては、タイポグラフィの法則を支配し続ける
過去の古典書体の足枷から彼とその時代を解放することが、
何よりも重要だったのである。

フツーラはその最初のヴァージョンにおいては厳格な幾何学的
構成が支配していたが、レンナーは後のヴァージョンにおいて
視覚的修正が避けられないと認めるにいたった。にもかかわらず、
フツーラは厳格な原理に従ったグロテスク体の代表例であり
続けている。このようなデザインがもたらす不具合は、たとえば、
フツーラのボールド体における大文字のUに明らかである。
ここには半円を描く曲線が直線とぶつかる部分に、視覚的に不快な
歪みが認められる。

レンナーの過去への反逆は、良くも悪くも彼の生きた時代の潮流に
基づいているものだ。それによって、今日のタイポグラフィの
基準においては、フツーラの価値は疑問視されることになる。眼に
心地よい印刷書体は、決して単純な幾何学構成によるものでは
ないのだ。人間の眼は水平方向の線をより強く、したがって垂直
方向の線をより弱く知覚する傾向がある。直角や鋭角で接続する
直線には特別な配慮が必要だ。黒いインクのにじみが表れ、それゆえ
印刷面が視覚的に不均衡にならないように、直線は接続点に
向かうにしたがって細くなるようにデザインされなくてはならない。
これはとりわけ、NとMについて言える。

スイスにおいては、デザイナーと印刷工がフツーラには欠けていた
特質を、世紀の変わり目頃に現れた「アクチデンツ・グロテスク」と
呼ばれる書体に見いだした。この書体は派手すぎず個性的
すぎない実用本位のものであると同時に、最少サイズにおいても
よい判読性を与える太さと開放性を備えていることを、彼らは
見いだしたのだ。それまで知られることのなかったこのような長所は、
わたしたちが現代において知るようなサンセリフ体の有用性を
実証した。以来20年間にわたって、アクチデンツ・グロテスクは
デザイナーたちのお気に入りのグロテスク体であり続けている。

そのニュートラルで控えめな性格ゆえに、アクチデンツ・グロテスクの
欠点もあまり目立つことなく、この書体の成功を妨げることは
なかった。たしかに、アクチデンツ・グロテスクは明らかに繊細さを
欠いている。しかし、これには理由がある。19世紀の後半に、
月並みな書体やあからさまに粗悪な書体が数多く生みだされた。
アクチデンツ・グロテスクがそれら同時代の書体よりも格段優れている
ことには驚かされる。しかし、カリグラフィの特質が優れた印刷用
活字設計の本質的な要素であり、手書き文字に由来する法則が、
たとえ高度に発展した父型彫刻技術によって調整されたとしても、
保持されるべきであるとの認識が、この時期の一般の活字設計者には
不足していた。アクチデンツ・グロテスクの画線の太さの変化は、
ペンで書いた文字の運筆に基づかない、恣意的なものだ。特定の
サイズやフォントにおいては、大文字が小文字に比べて大きすぎたり
太すぎたりしてしまい、こうした問題が何よりドイツ語の組版に
おいて酷い版面を作り出してしまうこととなった。これらの欠点が、
アクチデンツ・グロテスクが長文において判読性が低く、不適切
であるということの根拠となっており、ローマン体と比較して機能的に
劣っているという評判を裏付ける。

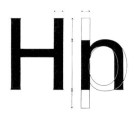

フルティガーによる新しいサンセリフ体は、まちがいなく、
サンセリフ体によるタイポグラフィの新時代を開くだろう。その
デザインは既存の古いサンセリフ体を用いたものでもなければ、
これ見よがしに過去に反抗するような性格のものでもない。
ユニバースという書体の内には、過去に対する深い理解と、時代を
超えて印刷書体が生き長らえるための秘訣を見いだすことが
できる。この書体デザイナーには、次のような強い認識がある。
すなわち、文字とは先人たちから受け継いだ文化財であり、永年に
わたって培われてきた法則をおろそかにしたり、無理やり手を
加えたりするべきではない。また、彼が後に続くであろう世代へ
果たすべき責任を十分理解していることも明らかだ。かくして、
わたしたちはユニバースを、ローマン体に決して劣ることの
ない利点を確立した活字書体だと考えてもいいように思われる。

過去においてグロテスク体は、通常の印刷活字が備えている
特徴、つまりセリフが欠けているという理由によって、〈ローマン体と〉
対等の立場を確立できなかった。ユニバースにおいては、その
正反対のことが言えるだろう。グロテスク体全般、とくにユニバースの
特徴は書体設計における要点をよく表している。つまり書体
デザインの根幹とは、視覚的法則のわずかな違反もごまかしよう
無く露わにしてしまうほど極度に繊細なものである。セリフの有無と
いった問題はさほど重要ではなく、装飾的な要素にとらわれる
ことは書体デザインの本質から目をそらすことになる。ユニバースの
どの文字についても、ローマン体の書体設計の最良の達成から
継承された繊細な視覚調整が、厳密な幾何学原理よりも優先されて
いる。比較的大きなエックス・ハイトは、すべてのサイズにおいて
心地よい読みやすさを保証し、同時に、大文字が目立ちすぎることの
ない落ち着いた組版をもたらす。字幅は、字間のスペースとうまく
調和するように、個々の文字に対して最適に割り当てられる。
均衡のとれたアルファベットのデザインによって、印刷された文字は
互いに鎖の環のように働いて、読者の眼差しを行の方向へと促す。

伝統的に設計が難しい文字については、小さなサイズのボールド体や
コンデンス体においてもインクだまりが起こらないよう、周到に
設計されている。

3種類の基本的なストロークの太さは、慎重にバランスがとられて
いる。垂直のラインは対角線のラインより太く、この対角線は
水平なラインよりもわずかに太い。大文字Eの3本の水平ラインは、
Hの1本しかない水平ラインよりもいくらか細くなっている。
狭いカウンターを持つ文字では、大きなカウンター（たとえばO）を
持つ文字に比べ、全てのラインが細くなっている。小文字のiの
直線は、他の文字と並んだときにもしっかり見えるように、通常よりも
いくらか太くなっている。ファミリー全体のなかでもっとも重要な
要素で基本的なフォントはユニバース55である。他のフォントは
これにもとづいて導き出される。重要な視覚的問題はつねに、
21個の異なる、しかし互いに関連したフォント群のなかで同時的に
解決されなければならなかったのである。

ユニバースは今日においてもいまだ散見するグロテスク体への
低い評価から脱却し、まもなく他の主要書体と同等の関係を
確立するだろう。その使い勝手の良さは、これまでサンセリフ体が
忌避されてきた仕事の領域においてもその使用を正当化する
ものである。繊細な形態、広いカウンター、異なる線幅による考え
られたウエイト展開、歴史的な活字書体の伝統的な特徴の
応用が、その読みやすさを保証している。ユニバースの到来により、
これまで偏見を持たれてきた問い、すなわち書籍デザインへの
サンセリフ体の適用可能性があらためて問われる時が来たのだ。

印刷物のデザインは、使用される活字書体の品質に大きく規定
される。低品質な活字であれば、タイポグラファはその欠点を技巧を
凝らしてごまかすために、ただの装飾的な要素としてしか用いない。
これこそが、エル・リシツキー、モホリ＝ナジ、ヨースト・シュミット、
ピート・ツヴァルトらの仕事にみられるような、バウハウス時代に
起こっていたことなのだ。彼らのタイポグラフィはつねに、大胆な構成、
アシンメトリー、ダイナミックな空間のコントラストによるもの
であったが、その活字書体は粗雑で明瞭さに欠けていた。世紀の
変わり目ごろのローマン体やサンセリフ体の活字は、ダイナミズムに
対して惨めなほどに鈍重で、そのレイアウト構成に比べれば
あまりにも凡庸であった。印刷活字を単なる装飾目的のグレーの
塊へと降格させることは、たとえ品質の低い活字であったとしても
好ましいことではない。あらゆる活字書体、あらゆる組版スタイルに
装飾的な側面があり、それは有能なタイポグラファによってただしく
理解され、運用されるべきものである。しかしながらタイポグラフィは、
グレーの塊と戯れる以前に、形式そして機能において正しく
組まれていることが大事である。単調なグレーをデザインの主眼に
して、タイポグラフィを一面のグレーで支配しようとすることは、
それが孕む問題に無自覚なモダニズムの病状である。40パイカ
（訳注：1パイカ＝約4.2mm）の行長に組まれた6ポイントの活字は
美しく均質でむらのないグレーを生みだすだろうが、そのような
タイポグラフィは機能の上からは誤っている。眼は苦労しながら
果てしなく長い行を読み進むことになる。つまり、文字のサイズと
行の長さの調和がとれていないのだ。

ユニバースにおける大きなエックス・ハイトと比較的小さな
アセンダとディセンダは、とくに小さなサイズにおいて非常に望ましい
効果をもたらす。つまり、大文字は大きすぎることも、重すぎる
こともなく、完全な調和を見せるのだ。こうした大文字と小文字の
大きさの適切な関係は、様々な言語における使用を可能にする。
図1（p.138）にあげるアーダルベルト・シュティフターのドイツ語
テキストでは多くの大文字が使用されているにもかかわらず、見苦しい
ところがない。他の多くの活字書体ならば、その大文字の重さから
見苦しくなるのは避けられなかったところである。図2と図3の
同じくユニバースで組まれたフランス語と英語の組版は、互いに
よく似た調和を見せている。このことはユニバースが特定言語の
性質に影響をうけないことを指し示す。

ユニバース・ファミリーの豊富で実用的な選択肢は、デザインに
計り知れない可能性をひらいた。同じエックス・ハイト、アセンダ、
ディセンダでありつつ、なだらかなウエイトの広がりをもつ
21のフォント ── ユニバースは相互調和と論理的思考による
傑作である。

ユニバースによるタイポグラフィは、複数の書体がごちゃ混ぜに
なった印象を決して与えない。それはたとえ、ひとつの組版において
通常考えられる数以上のフォントを同時に使ったとしても変わらない。
図4（p.139）では、4文字の単語が8つの異なるフォントで組まれて
一列に並べられている。これらはそれぞれ異なる太さ、字幅の
種類 ── あるいは正体、斜体 ── であるが、それでもなお、驚くべき
統一感と素晴らしい視覚的な豊かさを示している。わたしたちの
時代では、印刷物が今日の厳しい着想と製品の競争のなかで、
その役目を果たすことが求められている。近代科学、工業、商業の
領域では、その分野における特定のニーズが印刷者によって正しく
考慮されることが期待されており、タイポグラファがその需要を
満たすためには、よい活字書体のシリーズがきわめて大きな重要性を
もっている。

これまでは、書体の多様性が要求される大きな仕事の場面で、
デザイナーが様々に異なる起源を持つ活字をやむを得ず同時に用いる
ことが多かった。ユニバースであれば、もっとも高度な要求の
仕事においても、適切な太さ、適切な字幅の活字が見つからずに
困ることは決して無い。

ユニバースはひとつのファミリーの範囲で、このような広い
可能性をもたらす。デザイナーはバウハウス時代の印刷物に典型的に
見られたように、違和感のある要素に頼る必要はないのである。
11段階のサイズに分かれ、それぞれが約100文字のアルファベットや
記号からなる21種類のフォントがもたらす組み合わせの可能性は、
計り知れない。これらの組み合わせのいくつかは、すでにデザイナー
にとっては馴染みのあるものだ。たとえば、大小のサイズ、ボールドと
ライトのウエイトをひとつの仕事のなかで使う、というように。しかし、
ユニバースによって強烈なコントラストの効果を出すこともできる。
また、史上初めて〈サンセリフ体の〉優れたイタリック体が利用可能に
なり、そしてまたコンデンス体とワイド体、ボールド体との対比が
明瞭となるライト体も使うこともできるようになった。ユニバースの
すべての能力範囲を使いこなすためには、デザイナーとタイポ
グラファは、そこに潜むふたつの危険性に注意を払うことが必要だ。
すなわち、混乱と濫用である。

19世紀末にかけての自動鋳造植字機の発明は、使用可能な活字
書体を減らすことによってタイポグラフィの品質基準の向上に
貢献した。というのも、デザイナーはそれ以前よりはるかに少ない
活字の種類とサイズの制約のもとで仕事をすることを強制され、
タイポグラフィに規律が課せられたからだ。最新の技術的革新といえ
ども、誤った見識をもつ使い手にかかれば、自動鋳造植字機以前の
混沌状態へと逆戻りすることになるだろう。たとえばルミタイプ
写真植字機では、指先ひとつの操作で12段階のサイズをもった
16書体を使用することが出来る。つまり、ユニバースの21種類の
書体のうちの16書体がひとつの仕事の中で同時に使用可能と
なるわけだが、これはあまり感心できない展開だ。ところが、これと
同じような状況は、やはり現代の技術革新の波にさらされている
建築と工業デザインの分野においても見ることができる。デザインに
たずさわる人々の手の内にある現代の技術要素は、場合によっては
── 実のところしばしば ── 結果的にカオスを生み出してしまう。

グラフィック・デザイナーは、いまや豊富に選択可能となった素材を
前に、自身の責務について自覚的でなければならない。技術と経験を
最大限に発揮することに真摯な努力を惜しまない、適切な鍛錬を
積んだタイポグラファだけが、このような新しい可能性を正しく使い
こなすことができるのだ。

翻訳：雨宮郁江　　監修：山本太郎

TM   Typographische Monatsblätter
SGM Schweizer Graphische Mitteilungen
RSI   Revue suisse de l'Imprimerie
Nr. 1 Januar/Janvier 1961 80. Jahrgang
Herausgegeben vom Schweizerischen Typographenbund
zur Förderung der Berufsbildung
Editée par la Fédération suisse des typographes
pour l'éducation professionnelle

typographischemonatsblätter
typographische monatsblätter
typographische monatsblätter
typographische monatsblätter
typographische monatsblätter
typographische monatsblätter
typographische monatsblätter
typographische monatsblätter
typographische monatsblätter
typographische monatsblätter
typographische monatsblätter
typographische monatsblätter
typographische monatsblätter
typographische monatsblätter
typographische monatsblätter
typographische monatsblätter
typographischemonatsblätter
typographische monatsblätter
typographische monatsblätter
typographische monatsblätter
typographische monatsblätter
typographische monatsblätter
typographische monatsblätter
typographische

Rudolf Hostettler, the editor in chief of the Swiss magazine, wrote in the introduction to the Univers issue:

'TM has followed improvements in the design of sans serif faces, and has reported on this several times. In the past nine volumes of our magazine, six are set in sans serif (Mono Grotesk and Gill Sans) and only three in serif (Times and Garamond).

In November 1959 the Monotype Corporation in London decided to adopt the complete Univers typeface programme, designed by Adrian Frutiger. This allowed our magazine access to an excellent sans serif text face.

Emil Ruder had already designed a 16 page typeface sample for the Univers hand setting type by the type foundry Deberny & Peignot, Paris. We approached Adrian Frutiger for permission to enlarge this to produce a special issue. The entire magazine, including cover and advertising pages, would be completely redesigned. This would be done without compromise in order to display the versatility of the typeface Univers ... The idea of a special issue was enthusiastically accepted by all concerned.

From the very beginning, Adrian Frutiger wanted Emil Ruder to design the issue, since he was familiar with the development of Univers and, like no one else, could utilize its possibilities to the full.'

Ruder's TM page construction was retained until 1965, and with it helped to bring an elegance to the previously stiff Swiss typography.

Cover and back cover of the
Typographische Monatsblätter (TM)
Univers issue, TM 1.1961

All covers for 1961 were designed by Emil Ruder using different fonts of Univers (shown in *typography today*, edited by Helmut Schmid)

TM   Typographische Monatsblätter
SGM   Schweizer Graphische Mitteilungen
RSI   Revue suisse de l'Imprimerie
Nr. 1   Januar/Janvier 1961 80. Jahrgang
        Herausgegeben vom Schweizerischen Typographenbund
        zur Förderung der Berufsbildung
        Editée par la Fédération suisse des typographes
        pour l'éducation professionnelle

typographischemonatsblätter
typographischemonatsblätter
typographischemonatsblätter
typographischemonatsblätter
typographische monatsblätter
typographische monatsblätter
typographische monatsblätter
typographische monatsblätter
typographische monatsblätter
typographische monatsblätter
typographische monatsblätter
typographische monatsblätter
typographische monatsblätter
typographische monatsblätter
typographische monatsblätter
typographischemonatsblätter

typographische   monatsblätter
typographische   monatsblätter
typographische   monatsblätter
typographische   monatsblätter
typographische   monatsblätter
typographische   monatsblätter
typographische   monatsblätter

TM誌編集長のルドルフ・ホシュテトラーは
ユニバース特集号の序文で次のように
書いている。

「TMはサンセリフ体書体設計の展開を追って、
これまでに何度も報告をしてきた。過去9巻に
おけるこの雑誌をふり返ってみると、6巻分が
サンセリフ体（モノグロテスクとギル・サン）で
組まれ、セリフ体（タイムズとガラモン）で組まれて
いたのは3巻分だった。

1959年11月、ロンドンのモノタイプ社は、
アドリアン・フルティガーのデザインによる書体
ユニバースの全プログラムを採用することを
決定した。これによりわがTM誌は優れた
サンセリフ体の本文用書体が利用可能になった。

エミール・ルーダーはすでに、パリの
ドベルニ＆ペイニョ活字鋳造所による手組み用
ユニバースのために16ページの書体見本帳を
デザインしていた。われわれはアドリアン・
フルティガーに、これを拡大して特集号を組む
ための許可を願い出た。表紙から広告ページまで
含め、雑誌全体にわたって完全にリデザイン
すること。ユニバースの多用性を示すために
妥協をいっさい許さずこれを遂行すること…。
この特集号の企画はすべての関係者の熱烈な
支持を得た。

最初からアドリアン・フルティガーは、特集号の
デザインにエミール・ルーダーの起用を希望した。
ルーダーはユニバースの開発経過に精通
しており、その可能性を十分に活用できるのは
彼をおいて他にはいなかったからであろう。」

ルーダーによるTM誌のページ構成は1965年
まで続けられ、それまでの硬いスイス・タイポ
グラフィに優美さをもたらした。

ティポグラフィシェ・モーナツブレッテル（TM）誌
ユニバース特集号の表紙と裏表紙。
TM 1961年1号

エミール・ルーダーによってデザインされた
1961年度のTM誌の表紙10点は、ユニバースの
10種類のフォントを紹介している。
（ヘルムート・シュミット編著『タイポグラフィ・
トゥデイ』に収録）

Content page and spread pages
of the Univers issue of
Typographische Monatsblätter
TM 1.1961

特集号「ユニバース」の目次と見開き。
TM 1961年1号

Construction rules of TM 1961/62:
3 sizes of Univers 55 with Univers 56.
Two column text (8/9 pt, 72 mm
justified) and 1 column captions (6/7pt,
54 mm flush left) form a square and
are placed at the bottom of the page.
The headlines (12/14 pt, flush left)
start at the top, outside the text field.

TM 1961/62年のページ構成ルール：
ユニバース55の3サイズとユニバース56を
使用。テキスト用2コラム（8/9 pt、
72 mm幅、均等割付組）とキャプション用
1コラム（6/7pt、54 mm幅、フラッシュ
レフト組*）からなる正方形の本文テキスト
ブロックをページの下部に置く。見出し
（12/14 pt、フラッシュレフト組*）はページ
上部、テキストブロックの外側に置く。

* 行頭左揃、行末不揃い

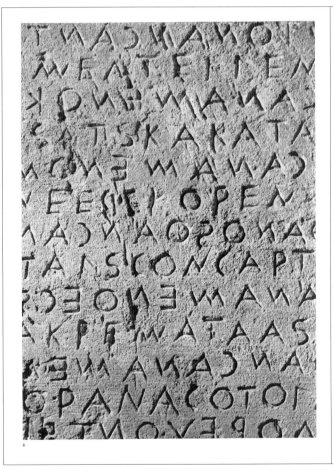

Typographische Monatsblätter
Schweizer Graphische Mitteilungen
Revue suisse de l'Imprimerie
Nr. 1, Januar 1961, 80. Jahrgang

Zur nebenstehenden Abbildung: Fragment des
Gesetzes von Gortyne (Kreta, 703 v. Chr.)
Griechische Steinschrift. Zeilen abwechslungs-
weise nach links und nach rechts laufend
(furchenwendig) Aufnahme Theo Ballmer, Basel
Klischee im Dow gestzt von der Klischeeanstalt
Schwitter AG, Zurich/Basel

Illustration ci-contre: Fragment de la loi de
Gortine (Crète, 703 av. J.-C.) Ecriture taillee
dans la pierre. Ces lignes, dites boustrophédon,
se lisaient alternativement de gauche à droite,
puis de droite à gauche. Photo Theo Ballmer,
Bâle. Gravé au procédé Dow par cliches
Schwitter S.A., Zurich/Bâle

Herausgegeben vom Schweizerischen
Typographenbund zur Förderung der Berufsbildung
Editée par la Fédération suisse des typographes
pour l'éducation professionnelle

Druck und Administration:
Zollikofer & Co. AG, Gutenbergstraße 13, St.Gallen
Jahresabonnement Inland: Fr. 34.—
Einzelhefte Fr. 4.— Sonderhefte Fr. 5.—
Jahresabonnement Ausland: Fr. 35.—
Bestellungen sind zu richten an
Zollikofer & Co. AG, Gutenbergstraße 13, St.Gallen,
Telefon 071 23 15 51, Postscheck IX 214

Hauptredaktor: Rudolf Hostettler,
Gutenbergstraße 13, St.Gallen, Telefon 23 15 51
Redaktionskommission:
Vorsitzender Erwin Gerster, Emil Hofstetter,
Hans Hohl, Hermann Strehler,
André Burnand, Ch.-Henri Cornaz, Charles Castioni

Redaktionsschluß am 18. jeden Vorvormonats
Inseratenannahme: Zollikofer & Co. AG,
Gutenbergstraße 13, St.Gallen, Telefon 23 15 51

Adressen TM SGM RSI:
Manuskripte für Handsetzer und Korrektoren sind zu
richten
an Rudolf Hostettler, Gutenbergstraße 13, St.Gallen;
für Faktoren an Hans Jordi, Im Kleinholz 15, Olten;
für Drucker, Stereotypeure, Galvanoplastiker
an Hans Hohl, Nelkenstraße 7, Dübendorf;
für Maschinensetzer
an Emil Hofstetter, Langhagweg 5, Zurich 47;
für Jungbuchdrucker
an Erwin Gerster, Thüringstraße 26, Bern 18;
Entwürfe für Satzbeilagen
an Walter Zerbe, Belpstraße 17, Bern;
Betreuer der «Seite der Sprache»
Alfred Falk, Adlerstraße 40, Winterthur;
Redaktion SGM:
Hermann Strehler, Gutenbergstraße 13, St.Gallen

Rédaction de la partie française:
Les manuscrits concernant les compositeurs,
les correcteurs et les groupements éducatifs
doivent être adressés à
André Burnand, Imprimerie Vaudoise,
15, avenue Ruchonnet, Lausanne, tél. 021.22 05 78;
Compositeurs à la machine et fondeurs:
Charles Castioni, 15, rue des Charmilles, Genève;
Conducteurs, stéréotypeurs:
Ch.-Henri Cornaz, 8, chemin de Rovéréaz, Lausanne

Commission des hors-texte pour la Suisse romande:
Jean-Paul Conrad, 11, chemin de la Coudraie, Prilly

Dernier délai pour l'envoi des manuscrits:
le 18 de chaque mois, deux mois à l'avance
Impression de la partie française:
Imprimeries Populaires, 2, avenue Tivoli, Lausanne

6

7

5

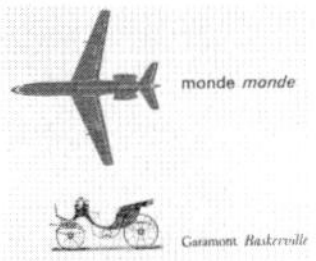
monde *monde*
Caractère Baskerville

6

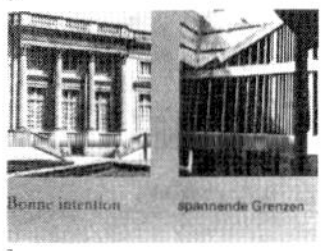
Bonne intention
spannende Grenzen

7

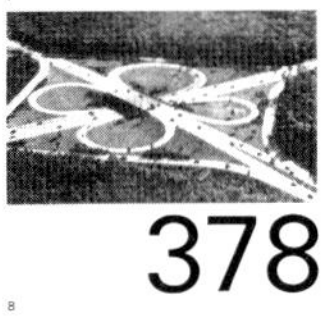
378

8

Die Grotesk als Drucktype. Eine Druckschrift ist aufgebaut auf eine alte geschichtliche und technische Tradition. Als klassische, das heißt dauernde Schriftformen können diejenigen bezeichnet werden, welche auf richtiger Grundlage der historischen Schriftentwicklung aufgebaut sind und zugleich materialgerecht gearbeitet wurden. Diese beiden Bedingungen schließen allzu persönliche Ansichten des Schriftgestalters in Hinsicht der Formgebung aus.
Der formale Ausdruck der bildenden Künste jeder Epoche wurde von den verwendeten Materialien beeinflußt. Im Altertum sind es roher Stein und Holz; später wurden die Steine poliert und das Holz gehobelt; das Metall kam dazu; heute sind es Beton, Glas, Plastic usf., welche die Konstruktionsmöglichkeiten unendlich erweitern. – In jedem Zeitalter hat das bearbeitete Material auch der Schrift Rhythmus und Form verliehen: Stein – Lapidarschrift, Marmor – Kapitalis, Pergament – von der Rustika bis zur Textur, Stahlstempel und Bleiguß – Mediävalschriften, Kupferstich – Antiqua und Schreibschrift, Litho – alle Phantasieschriften und auch die ersten Groteskformen.
Jede Schrift trägt das Wesentliche ihrer Zeit in sich. Die gediegene Form der Karosse aus dem 18. Jahrhundert harmoniert sehr gut mit den Schriften der gleichen Zeit; die Formen waren richtig in ihrer Zeit. Die richtige Funktion hat dem Düsenflugzeug seine Form gegeben; seine Schönheit sollte sich in den Schriften der Gegenwart wiederfinden. (6)
Der einfache Rhythmus der klassischen Architektur spiegelt sich wider in den zeitentsprechenden Schriften; Innenräume und Zwischenräume haben gleichen Wert, die Gliederung ist von *einer* Raumeinheit bestimmt. Die moderne Architektur sucht nach neuen Rhythmen. Auch die Grotesk hat nicht mehr den klassischen, gleichwertigen Raum für Punzen und Fleisch; die Punzen sind offener, die Zwischenräume zwischen Buchstaben enger gehalten. Dies ist eine der wichtigsten Gestaltungsfragen, die einer neuen Grotesk gestellt sind. (7)
Der Einfluß der Groteskschrift auf die Typographie hat sich in den letzten hundert Jahren ganz allmählich und Hand in Hand mit allen andern Umwälzungen abgespielt. Die lithographischen Kartenschriften wurden Ende des letzten Jahrhunderts von den meisten Schriftgießereien in Druckschrift geschnitten. Einige dieser alten Grotesken erlebten in den letzten zwanzig Jahren eine richtige Renaissance, nachdem die Reaktion der ‹Neuen Sachlichkeit› mit ihren geometrischen Konstruktionsprinzipen überstanden worden war.
Eine rein geometrische Schriftform ist auf die Dauer nicht haltbar. Das Auge sieht horizontale Striche dicker als vertikale, der perfekte Zirkelkreis als O scheint unförmig und sticht im gesetzten Wort heraus. – Unsere Zeit scheint ihren Ausdruck im Beton gefunden zu haben. Der moderne Betonbau ist aber nicht unbedingt geometrisch; die Formen sind gespannt, lebendig. Die Schrift muß es auch sein. Auf geometrischen Grundlagen aufgebaut, können die Linien frei spielen, zum Zwecke, daß sich die einzelnen Buchstaben in ihrem Ausdruck finden und in Wort, Zeile und Seite zu einer zusammenhangenden Struktur verbinden.

10

5
Der moderne Betonbau hat neue, lebendige, gespannte Formen gebildet. Vergleich mit Schriftzeichnungen. Oben: Geometrische Schriftformen. Mitte: Innenaufnahme des Guggenheimmuseums, Neuyork (Architekt Frank Lloyd Wright).
Unten: Auf geometrische Grundlage aufgebaute freigespannte Schriftzeichnungen
6
Jede Schrift trägt das Wesen ihrer Zeit in sich
7
Vergleich zwischen Rhythmen der klassischen und der modernen Architektur (Versailles, Petit Trianon. Le Corbusier: Le couvent Sainte-Marie de la Tourette). In gleichem Sinne hat die Grotesk nicht mehr den klassischen, gleichwertigen Raum für Punzen und Fleisch (Beispiel Baskerville); die Punzen sind offener, die Zwischenräume enger
8
Die Alltagsbilder unserer Zeit zeigen neue, gute Formen. Der Ausdruck unserer Schriftformen sucht mit ihnen in Einklang zu stehen
9
Übersicht der 21 diversen Schnitte der Univers
10
Schematische Darstellung der Übereinstimmung zwischen den verschiedenen Schnitten von eng bis breit und von mager bis fett
11
Oben: Schlechtes Verhältnis vom Weiß der Punzen zum Weiß der Zwischenräume.
Unten: Die Punzen sind weiter, die Zwischenräume enger, die Buchstaben gliedern sich zu einer Kettenwirkung
5
Le béton a créé de nouvelles formes non géométriques et vivantes en architecture. Comparaison avec le dessin de la lettre.
En haut: Conception géométrique de la lettre.
Milieu: Vue d'intérieur du musée Guggenheim à New York (architecte Frank Lloyd Wright).
En bas: Dessins de lettres tracés librement sur une base géométrique
6
Chaque caractère porte en soi l'expression essentielle de son époque
7
Comparaison entre les rythmes de l'architecture classique et moderne (Versailles, Petit-Trianon. Le Corbusier: Le couvent Sainte-Marie de la Tourette). De même, un caractère ‹antique› n'est plus construit avec des espaces égaux comme contrepoinçons et approches, ce qui est le cas dans le caractère classique de gauche (Baskerville); les contrepoinçons sont plus ouverts, au détriment des espaces entre les lettres
8
Chaque jour, de nouvelles images et de nouvelles formes frappent nos yeux. Nos formes de caractères cherchent à être en accord avec cette nouvelle expression
9
Tableau d'ensemble des 21 séries de l'Univers
10
Dessin schématique montrant la concordance entre les différentes séries, de l'étroit au large et du maigre au gras
11
En haut: Mauvaise proportion entre le blanc des contrepoinçons et le blanc des approches.
En bas: Les contrepoinçons sont plus larges, les espaces plus étroits
5
Modern concrete building has created new and dynamic shapes. Comparison with type design.
Top: Geometrically designed type. Middle: Interior of the Guggenheim Museum of Modern Art, New York (Frank Lloyd Wright)
Bottom: Type design based on geometrical patterns, but with curves traced in a free hand
6
Each type face reflects essential features of its period of origin
7
If we compare the rhythm of classic and modern architecture (Versailles, Petit Trianon. Le Corbusier: convent of Sainte-Marie de la Tourette) with type design, we notice a change in optical conceptions! The classic, well balanced spacing in counters and between letters (Baskerville) is superseded by more open counters and less space between letters
8
Type design endeavours to fall in line with contemporary industrial design, architecture and landscape planning and development which reveal new and attractive shapes
9
The 21 different founts of Univers
10
This illustration shows how the different weights and widths are synchronised
11
Top: The space within the counters is not in good proportion with the spacing between letters.
Bottom: Wider counters, less space between letters

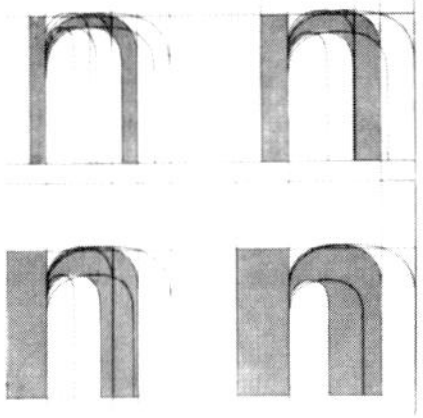

9

monde
monde

11

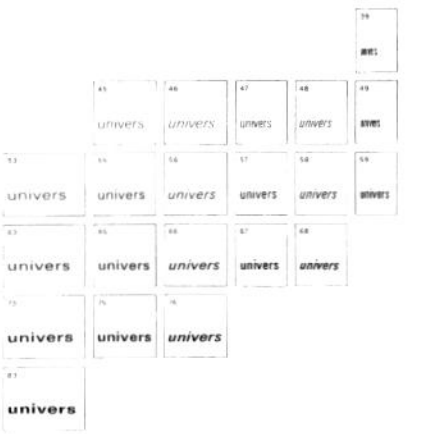
univers

10

Die Univers. Im Jahre 1954 wurde mir die Aufgabe gestellt, die Schriftauswahl für den europäischen Markt der Lumitype-Photon zu treffen und die Zeichnungen auszuführen. Beim Kapitel Grotesk wußte ich, daß es notwendig war, dem gegenwärtigen Bedürfnis nach verschiedenen Varianten von Fette und Breite nachzukommen. Ich erinnere mich, als Setzer stets ein Gefühl von Verworrenheit gehabt zu haben vor der Verschiedenheit in Herkunft, Form und Ausführung aller Groteskarten, welche sich im gleichen Betrieb vorfanden. Aus diesen und andern Überlegungen entstand der Gedanke, eine Synthese der meistverwendeten Schnitte zu machen. (9)
Die ersten Bemühungen gingen dahin, die richtigen Fetten zu finden. Fette heißt Dicke des Striches *und* ihr Verhältnis zum Weißraum. Die 55 war der Ausgangspunkt; ihr Schwarz-Weiß-Verhältnis ist für Buchsatz gedacht. Die Nachbarn links und rechts der 55 (alle Fünfziger) haben genau die selbe Strichdicke; was sich ändert, sind die Innen- und Zwischenräume, welche in schmalen und engen Schnitten ein halbfettes und fettes Bild ergeben, in den breiten hingegen ein mageres. (10)
Dieses Prinzip wurde in allen verschiedenen Dicken durchgestaltet. Aus diesem Grunde war es auch nötig, eine Fette 80 für die Breiten und eine 30 für die Engen anzuschließen. Alle Schnitte sind dadurch eng verwandt; sie beziehen ihre Formen aus einer Basisform. Die verschiedenen Fetten sind mit Zehnerstellen, die verschiedenen Breiten und Lagen mit Einerstellen bezeichnet. Ungerade Ziffern bedeuten geradestehende Schnitte, gerade Ziffern Kursivschnitte. In der Tabellenmitte sind die acht Schnitte normaler Breite gerade und kursiv in vier Fetten: mager (45, 46), normal (55, 56), halbfett (65, 66) und fett (75, 76). Links sind die breiten Schnitte: normal (53), halbfett (63), fett (73) und doppelfett (83), rechts die schmalen Schnitte gerade und kursiv: mager (47, 48), normal (57, 58) und halbfett (67, 68). Ganz rechts außen befinden sich die engen Schnitte: fein (39), mager (49) und normal (59). Wichtige optische Probleme, die sich beim Schriftentwerfen stellen, mußten im Hinblick auf die Gesamtplanung gelöst werden. Im Normalschnitt wäre die Anwendung des römischen Prinzips in den Versalien wünschenswert, das heißt schmale Buchstaben mit zwei Quadratformen übereinander (B, E, F, P, R, S) in Kontrastwirkung zu den breiten Formen, die auf *einer* quadratischen Form beruhen (O, C, G, N, H). Im Hinblick aber auf die neben dem normalen Schnitt geplanten schmalen und breiten Schnitte mußten alle Buchstaben mehr oder weniger gleichgewichtig gehalten werden. Aus ähnlichen Gründen mußte auf die klassische Form des g verzichtet werden; diese Form eignet sich wohl für normale Schnitte, in schmalen, engen und auch in kursiven aber wird seine Zeichnung gezwungen.
Im deutschsprachigen Satz mit der in anderen Sprachen ungewohnten Häufung von Versalien ist das Verhältnis von Versalien zu Gemeinen von großer Bedeutung. Es ist möglich, die Versalien niederer als die Oberlängen zu halten, was im Normalschnitt der ‹Univers› reizvoll gewesen wäre. Für alle weiteren Schnitte wäre diese Lösung nicht anwendbar gewesen. Um die Versalien nicht

11

zu stark werden zu lassen, entschloß man sich für eine verhältnismäßig große n-Höhe, was in allen Schnitten durchgeführt werden kann. Dadurch erhält sich die Schrift in den kleinsten Graden eine gute Lesbarkeit; die Schrift hat das sogenannte ‹große Bild›. Gegenüber der knappen Oberlänge ist die Unterlänge noch einmal verkürzt. Dieses Verhältnis ist in allen Schnitten dasselbe. Die Versalien sind nur wenig fetter als die Gemeinen, was sehr viel zu einem ruhigen Schriftbild beiträgt, selbst bei einer Häufung von Versalien. (12)
Die Ziffern sind auf Versalhöhe in der Fette der Gemeinen gezeichnet, um den relativ kleinen Innenräumen der Ziffern Rechnung zu tragen. Bei der Planung der verschiedenen Fetten und Lagen stellte sich im weiteren die Frage, ob die Abschlüsse von c, s und e schräg oder waagrecht zu halten seien. Es hat sich gezeigt, daß die einzige Lösung für alle Schnitte der waagrechte Abschluß im Sinne der Unzialschrift ist. (13)
Die Art der Reihung der Buchstaben zum Wort ist entscheidend. Das Weiß in den Buchstaben steht in Beziehungen zum Weiß zwischen den Buchstaben. In den ersten Versuchen zur ‹Univers› ist diese Beziehung von der üblichen und gebräuchlichen Art; die beiden Weiß sind sich zu ähnlich; das Licht dringt zu stark zwischen die Buchstaben und gefährdet die Bandwirkung der Zeile. Dieser Fehler wurde behoben. Die Buchstaben sind verbreitert worden und damit auch die weißen Innenflächen; das Weiß zwischen den Buchstaben ist verengert worden. Die beiden Weiß stehen in einem Mengenkontrast zueinander; die Punzen sind expressiver geworden. Die Buchstaben halten sich gegenseitig wie die Glieder einer Kette, die Zeile ist dichter und die Führung der Buchstaben in der Zeile besser geworden. (11) Balken, die sich zusammenfügen, sind leicht konisch gezeichnet. Das freie Balkenende ist leicht verdickt, das andere Ende verdünnt, um die Schwarzanhäufung aufzulockern und das Zuschmieren zu verhindern. (14)
Die Versalhöhe ist leicht differenziert. Versalien, die mit der Schmalseite der Balken die Höhe begrenzen (H), sind größer als solche, die mit der Breitseite der Balken die Höhe einnehmen (E). (15)
Die Dicke eines Striches ist wohl optisch von einem Buchstaben zum andern identisch, praktisch wurden aber an kompakten Zeichen, wie B, R, M usf., die Dicke verringert, wodurch einem dunkleren Hervorstechen in der Zeile vorgebeugt wird. (16)
Die Kursivalphabete wurden von den Geradestehenden abgewandelt. Auf einer horizontalen Mittellinie dreht sich die Vertikale zur Schräge. Der gewählte Winkel ist ziemlich groß, damit der Unterschied zwischen Geradestehender und Kursiv besser betont ist. Mit diesem Konstruktionsprinzip hat die Kursiv genau die gleiche Weite wie die Gerade, das heißt, die Grauwirkung ist dieselbe. (17)
Der Fotosatz stellt noch andere Forderungen an die Zeichnung eines Buchstabens. Die Matrizenscheibe der Lumitype dreht sich mit 8 Umdrehungen in der Sekunde. Die Buchstaben werden durch die sich drehende Scheibe hindurch belichtet mit einem Blitz von der Dauer von 5 Millionsteln einer Sekunde. Dabei muß die Lichtstärke sehr groß sein. Das fotografische Gesetz ist, daß durch eine kleine Öffnung proportional weniger Licht durchgeht als durch eine große Öffnung. Es ist also notwendig, daß zum Beispiel i-Punkte und Punkturen, hauptsächlich in mageren Schriften, sehr stark verdickt werden müssen. Dagegen müssen Verdichtungen, wie zum Beispiel ein W, in einer schmalfetten Serie sehr stark geöffnet werden, aber auch nur so viel, daß in großen Graden die Übertreibungen nicht als Fehler gesehen werden. (18)
12 verschiedene Grade werden von der gleichen Scheibe fotografiert; die Zeichnung muß also so angelegt sein, daß sie im Corps 5 nicht zufließt, dagegen im Corps 28 auch nicht einen auseinandergezerrten Eindruck macht. Dazu kommt, daß sich an die Fotografie des Films die Kopie auf Offsetplatte oder Kupferzylinder anschließt. Heikle Stellen können im einen Falle zufließen, im andern aufweiten oder brechen! Ein weiteres Problem ist dasjenige der Breitenbestimmung der Buchstaben. 23 Einheiten stehen in der Lumitype zur Verfügung, ein ganzes Alphabet von i bis W zu gestalten.
Das Schriftgestalten ist nicht ausschließlich ein ästhetisches Problem, sondern zum großen Teil ein Verstehen der technischen Gegebenheiten, auf welchen die Formen aufgebaut werden. Und die Schrift ist dann schön, wenn sie richtig im Dienste einer strengen Gesetzmäßigkeit des Materials und der fortschreitenden Technik steht.

Hn

12

cc

13

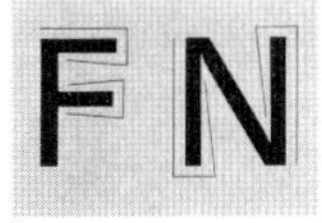
FN

14

HE

15

B

16

n

17

W

18

12

Die Herstellung einer Drucktype

Adrian Frutiger, Paris

12
Der Größenunterschied zwischen Groß- und Kleinbuchstaben ist ziemlich gering, damit wir ein ruhiges Satzbild erhalten
13
Die Abschlüsse von c, e, s usf. sind waagrecht im Sinne der Unzialschrift. Das Prinzip wurde in allen Schnitten durchgehalten
14
Balken, die sich zusammenfügen, sind leicht konisch gegen außen, wodurch Schwarzanhäufungen aufgelockert werden
15 16
Fette und Höhe der Buchstaben sind nach optischen und nicht nach mathematischen Regeln bestimmt
17
Die Kursiven sind von den Geradestehenden abgewandelt. Auf einer horizontalen Mittellinie dreht sich die Vertikale zur Schräge
18
Notwendige Übertreibungen beim Zeichnen einer Schrift für den Fotosatz. Innenwinkel sind sehr stark geöffnet, Außenwinkel sind teilweise verstärkt durch leichte Ausladungen
12
La différence de grandeur entre capitales et bas-de-casses est réduite au minimum pour obtenir une composition sans rupture
13
Les boucles de c, e, s, etc. ont une terminaison horizontale, comme dans l'onciale. Ce principe a été appliqué dans toutes les séries
14
Les traits liés à un autre sont légèrement coniques pour éviter une accumulation de noir dans les angles intérieurs
15 16
La graisse et la hauteur des lettres ne sont pas fixées d'après des lois mathématiques mais d'après des lois optiques
17
Les italiques sont dérivées des romains. Sur une ligne médiane horizontale, la verticale pivote
18
Exagérations nécessaires pour le dessin d'une écriture destinée à la photo-composition.
Les angles intérieurs sont très ouverts et certains angles extérieurs sont renforcés par un léger empattement
12
The difference in height between capitals and lower case characters is small, and this ensures a well-balanced composition
13
The end strokes of c, e, s, etc. are horizontal (like those of unicials). This applies to all founts
14
Joining strokes are very slightly thickened. Patchiness is avoided by slightly conical strokes in all letters with joins
15 16
Weight and height of letters is governed by optical instead of mathematical rules
17
Italics are directly derived from upright founts. A horizontal line in the middle of the x-height serves as an axis
18
Such exaggerations are necessary in type design for filmsetting. The interior of acute angles is opened up considerably, while the outside is slightly strengthened

Das Grundprinzip des Fabrikationsprozesses eines Bleibuchstabens wurde von den ersten Gießern des 15. Jahrhunderts erfunden und erlebte seither keine fundamentale Änderung, außer derjenigen, welche zur direkten Matrizenbohrung führte.
Das Endprodukt ist ein erhabener Buchstabe. Er entsteht als Mengenprodukt, indem eine Metallegierung in ein Mutterstück, die Matrize, gegossen wird. Aus einer künstlerischen Gefühlsmäßigkeit und aus verschiedenen technischen Vorwänden ist es richtiger, diese Matrize mit Hilfe eines erhabenen Originalmodells, des Stempels, herzustellen, als sie direkt vertieft zu bohren. Warum? Es ist schwer und handwerklich kompromißvoll, in verkehrter Arbeitsweise in der Vertiefung zu gestalten, was erhaben erscheinen soll. Die feinste Fräse erlaubt es nicht, rechte und spitze Winkel bis aufs Äußerste auszubohren. Zudem ist Retuschieren in der Matrize unmöglich. Letzte Feinheiten können aber nur richtig und sauber ausgearbeitet werden in der definitiven Größe des geschnittenen Grades. Der Rauchabzug des Stempels oder des Zeugschnittes ist eine unfehlbare Kontrollmöglichkeit vor der Fabrikation. Aus diesen Gründen hat die Gießerei Deberny & Peignot mit der alten Tradition nicht brechen wollen und ist auch in den jüngsten Schriftschnitten dem Stahlstempel treu geblieben.
Eine neue Schrift entsteht logischerweise zuerst im Kopfe des Gestalters. Bevor der erste Strich überhaupt skizziert wird, muß Klarheit über ganz bestimmte Punkte herrschen. Außer der elementaren Stilfrage ist zuerst diejenige des Zweckes zu beantworten: Handelt es sich in erster Linie um eine Textschrift, um eine Auszeichnungsschrift? Welche Grade sind in der Abstufung die wichtigsten? In welchen Druckverfahren muß die Schrift am besten reproduktionsfähig sein? Ist mechanischer Blei- oder Fotosatz vorzusehen? usw. Die Bedingungen all dieser Fragen umgrenzen schon von Anfang an das Bild der zu schaffenden Schrift.
Die ersten Skizzen werden für die formal wichtigsten Buchstaben erstellt: i, o, n, v, p, d, H, O, A, mit welchen sofort Worte gebildet werden, um die Schrift von Beginn an als Wortbild zu gestalten.
Die ersten Schwarzweißzeichnungen (1), die ungefähr 10 cm hoch ausgeführt sind, werden mit Hilfe eines Mikrofilmapparates auf einen mittleren Grad verkleinert. Die Fotoabzüge werden genau auf die vorausbestimmten Breiten den Hilfslinien nach ausgeschnitten und zu einem Text zusammengeklebt. (2) Das Ganze wird auf die kleineren Grade weiter verkleinert. Oft kommt es so weit, daß von einem solchen Probesatz ein Strichklischee oder eine Offsetplatte hergestellt wird, um dem Druckresultat näher zu kommen.
Nach den nötigen Korrekturen oder Änderungen auf den Zeichnungen, vielfach auch erst nach einem zweiten und dritten Klebesatz, werden Vergrößerungen der Zeichnungen angefertigt. Diese großen Fotografien werden auf Karton aufgezogen, der Karton auf eine Metallplatte aufgeleimt und die Buchstabenform mit aller Sorgfalt von Hand aus dem Karton ausgeschnitten. Diese Arbeit geschieht mit einer Präzision von zwei Zehntelmillimetern. Von dieser Originalschablone wird eine Fabrikationsschablone in drei- bis fünffacher Verkleinerung auf dem Pantographen in eine Messingplatte gefräst. (3) Nach dieser Messingschablone werden auch mit Hilfe des Pantographen die Originalstempel und -zeugschnitte hergestellt, in Reduktionen von 5 bis 15, je nach Grad. (4) Die vorerwähnten Toleranzen von zwei Zehntelmillimeter sind durch die beiden Reduktionen um das Zwanzig- bis Fünfzigfache verringert, so daß die vom Handausschnitt herkommenden Fehler praktisch schon ausgetilgt sind. Trotzdem werden diese Rohschnitte vom Stempelschneider unter dem Mikroskop kontrolliert und nachgeschnitten. Innenwinkel werden nachgestochen und dies dem Schriftgrad entsprechend mehr oder weniger betont, was dem Zuschmieren beim Druck vorbeugt. Der Konus der Gravuren ist sehr steil gehalten, was einem raschen Verdicken des Schriftbildes bei starker Abnützung vorbeugt. Die Rauchabzüge der retuschierten Schnitte ergeben ein ganz klares Bild des Zustandes vom Schriftauge. (8) (9) Das ganze Alphabet wird so im ungefähren Weitenlauf der Schrift abgedruckt und kontrolliert nach Einzelheiten und Gesamteindruck. Nach letzten Retuschen werden die Stempel gehärtet und in Kupferblöcke geschlagen. (5) Die Zeugschnitte der großen Grade kommen in ein galvanisches Nickelbad zur Abformung. (6)
Dem Matrizenjustierer und dem Gießer werden die genauen Angaben über Linie, Weite, Fleisch und Stellung in Minimalwerten von einem Hundertstelmillimeter angegeben. Die Matrizen werden nach diesen Referenzen mit Hilfe eines Präzisionsmikroskops justiert und geprüft.
Die fertige Matrize kommt in die Gießmaschine. (10) Nachdem sie im Anschlagwinkel befestigt worden ist, befindet sie sich automatisch in der richtigen Stellung vor dem Gießmund. Der Gießer braucht nur noch die angegebene Dickte einzustellen. (7)
Von jedem Schriftzeichen und von allen Graden wird ein Probeguß angefertigt. Davon werden Probesätze hergestellt, auf Grund deren letzte Korrekturen angebracht werden und das ‹Gut zum Gießen› erteilt wird.
Der Guß erfolgt mit erprobten Legierungen, die nach Schriftgrad verschieden sind. Die Legierung bezieht sich auf den Widerstand großer oder kleiner Flächen, feiner, grober oder auch überhängender Formen. Der fertige Guß wird mit Fehlertoleranzen von 1 bis 3 Hundertstelmillimeter kontrolliert, je nach Schriftart und Schriftgrad.

Ich möchte diese Gelegenheit nicht unbenützt lassen, die Mitarbeiter zu erwähnen, welche an der Entstehung der Univers am engsten beteiligt waren: Lucette Girard und Ladislas Mandel als Schriftzeichner und Marcel Mouchel als Leiter der Gravurabteilung Deberny & Peignot.

13

Spread page with the opening of Emil Ruder's article in German 'Die Univers in der Typographie' TM 1.1961

ユニバース特集号の巻頭に掲載されたルーダーの寄稿「タイポグラフィにおけるユニバース」独語原文（英訳と和訳は本誌に収録）。最初の見開き。
TM 1961年1号

Right: The program of the Univers typeface with the table of the 21 fonts designed by Adrian Frutiger, at the type foundry Deberny & Peignot, Paris. The numerical system of Univers has Univers 55 as the basic weight.

右：ユニバース書体の全21フォント一覧。ユニバースはユニバース55を基準とした革新的なフォント番号システムを採用している。アドリアン・フルティガーがパリのドゥベルニ＆ペイニョ活字鋳造所から発表した。

Page 150–154: Applications designed by Emil Ruder with different fonts of Univers.
TM 1.1961

150 — 154ページ：
ユニバースのさまざまなフォントを使ったエミール・ルーダーの作品。
TM 1961年1号

Die Univers in der Typographie
Emil Ruder, Basel

Die Druckschriften historischer Prägung. Viele unserer noch heute im Gebrauch stehenden Druckschriften vergangener Epochen sind Schrifttypen von hohen Qualitäten, die das Überdauern der Jahrhunderte begreiflich machen. Die Antiqua der italienischen Renaissance, die Barock- und die klassizistische Antiqua, scheinen in funktioneller wie formaler Hinsicht unübertrefflich. Der richtig dosierte Fettenwechsel, das gute Verhältnis von Mittel-, Ober und Unterlängen und die schöne Grauwirkung der älteren Antiqua im besonderen ergeben nicht nur eine schöne, sondern auch eine mühelos lesbare Schrift, und es fehlt nicht an Stimmen, welche in der Mediäval alle Tugenden einer Druckschrift vereinigt finden. Oft hört man die Ansicht, die Mediäval sei der nicht mehr zu übertreffende Endpunkt aller Drucklettern überhaupt.
Bei aller objektiven Würdigung unbestreitbarer Qualitäten darf nicht übersehen werden, daß Schriften wie die Bembo, die Garamond, die Caslon, die Baskerville oder die Bodoni Schriften *vergangener* Epochen sind. Diese Schriften sind zudem mit ihren Nationen eng verknüpft. Die Baskerville, in englischer Sprache gesetzt, zeigt dort ihre volle Schönheit, und im deutschen Satz verändert sich ihr Charakter. Häufung der Versalien und andere Wortbilder bewirken eine spürbare Abwertung ihrer formalen Qualitäten. Die Antiqua kann allen Anforderungen, die heute an eine Schrift gestellt werden müssen, nicht genügen. Sie wurzelt in einer Zeit, für die Werbung und Publizistik unbekannte Dinge waren, und ihre ursprüngliche Form zeigt nur eine Normalbreite, mageren und kursiven Schnitt. Ihr Wesen ist Intimität, und nicht ohne Bedenken kann sie für Werbedrucksachen und für Arbeiten in größerem Format eingesetzt werden. Die Vergrößerung der Garamond zum Beispiel über die Typengröße hinaus ist ihrer Wirkung abträglich. Wir benötigen heute große Buchstaben, halbfette, fette, schmale, breite, kursive und normale Schnitte. Derartige Ansprüche kann nur die Linear-Antiqua, die Grotesk erfüllen, nicht irgendeine Grotesk – eine gute Grotesk.

Die Groteskschriften vor der Univers. England schuf die ersten Schriften ohne Endstriche, welche bei ihrem Auftreten auf dem Kontinent die bekannten Schockwirkungen auslösten. Die Schriftbezeichnung Grotesk (= absonderlich, lächerlich) ist so erklärbar. Bis auf den heutigen Tag wurde diese Bezeichnung beharrlich auf die Schrift angewandt, und es ist offensichtlich, daß der diffamierende Name an der negativen Einstellung zur Schrift wesentlich beteiligt ist. Für den Buchdrucker besteht das typische Merkmal der Grotesk immer noch darin, daß ihr etwas *fehlt:* die Endstriche und der Fettenwechsel. Diese Beurteilung ist allgemein verbreitet und umfaßt Groteskgegner wie -befürworter; letztere sind sich wohl kaum bewußt, daß sie mit diesem oberflächlichen und nur im Negativen verharrenden Urteil mit zur Verfemung der Grotesk beitragen. Der Wert einer Sache kann nie darin bestehen, daß ihr etwas mangelt. Paul Renner schrieb in der Einführung zu seiner Futura: ‹Unsere Zeit zieht den kunstlosen Werkbestand, die technische Form, jeder Kunst vor.› Sympathie und Verständnis für diese Formulierung dürfen nicht hindern, auch hier wieder das Negative herauszuhören. Für Renner ging es darum, den Ballast vergangener Jahrhunderte abzuwerfen und sich vom Diktat klassischer Schriften zu befreien.
In den ersten Schnitten der Futura waltet weitgehend das Prinzip der Konstruktion, wenn auch Renner in den späteren Futuraschnitten einsehen mußte, daß optische Korrekturen unumgänglich sind. Die Futura bleibt aber das Beispiel der vorwiegend konstruktiven Grotesk, und der aufmerksame Betrachter wird im fetten Schnitt des Versal U ohne große Mühe dort die optische Knickwirkung sehen, wo die Zirkelrundungen auf die Geraden aufstoßen.
Die Futura wurzelte im Konstruktivismus in Architektur und Kunst der zwanziger Jahre, und mit diesen gemeinsam demonstrierte sie für eine Überwindung des Individuellen (in den Künstlerschriften des Buchdrucks) mittels der Konstruktion. Der demonstrative Charakter und ihre enge Verflechtung mit den positiven, aber auch negativen Zeichen ihrer Zeit haben bewirkt, die Bedeutung der Futura für unsere Zeit in Frage zu stellen.
Die Drucktype, welche das Auge als ‹richtig› empfinden soll, kann nicht konstruiert sein. Das menschliche Auge hat die Tendenz, alle waagrecht gelagerten Werte zu vergrößern, die senkrechten Teile als schwächer zu registrieren; im rechten oder spitzen Winkel aufeinanderstoßende Balken müssen konisch verjüngt und verdünnt werden; dies hilft die Zudunklung einzelner Teile vermeiden. Der geometrischen Ebene der Konstruktion ist die Ebene der Empfindung überlagert, auf welcher im Gegeneinander von Schwarz und Weiß die definitiven Entschlüsse zu fassen sind.
In der Schweiz fanden Gestalter und Drucker in der Akzidenzgrotesk der Jahrhundertwende die Tugenden, welche der Futura mangelten: Sachlichkeit, undemonstrative und unpersönliche Haltung, Robustheit in der Strichstärke, großes Bild und damit Offenhaltung der Punzen bis in die kleinsten Grade. Diese Eigenschaften gewährleisten eine Verwendung auf fast allen Gebieten, und die Akzidenzgrotesk hat ihre Brauchbarkeit bewiesen, ist sie doch seit zwei Jahrzehnten die bevorzugte Grotesk des Gestalters.
Es mag in ihrer neutralen und zurückhaltenden Art begründet sein, daß die offensichtlichen Mängel der Akzidenzgrotesk nicht so deutlich in Erscheinung treten. Ihr Mangel an Sensibilität erklärt sich aus der Zeit ihrer Entstehung. In der Zeitspanne von 1850 bis 1900 entstanden Typen banaler Art bis zu solchen schlimmster Entartung, und es ist eigentlich erstaunlich, wie gut sich die Akzidenzgrotesk im Vergleich zu ihren zeitgenössischen Schriften hält. Jener Zeit mangelte vor allem die Einsicht, daß auch die Drucktype vom geschriebenen Buchstaben abzuleiten sei und daß die Gesetze des Schreibens, obwohl verändert durch die Technik des Stempelschnittes, sichtbar bleiben sollen. Der Fettenwechsel in der Akzidenzgrotesk ist mehr oder weniger willkürlich und nicht durch den Fettenwechsel der Schreibfeder bedingt. In einigen Graden und Schnitten sind die Versalien im Verhältnis zu den Gemeinen zu groß oder zu fett, was vor allem im deutschen Satz zu schlechten Satzbildern führt.

18

Die Univers. Mit der Univers wird eine neue Wertung der Grotesk eingeleitet. Ihre Formen greifen weder auf alte Groteskschnitte zurück, noch haben sie den demonstrativen Zug einer Schrift, die gegen die Vergangenheit rebelliert. Die Univers wurde aus einem gründlichen Wissen heraus um die Schriftformen der Vergangenheit geschaffen. In ihr ist die Erkenntnis wirksam, daß Schrift ein von unseren Vorfahren übernommenes Kulturgut ist, welches weder vernachlässigt noch gewaltsam geändert werden darf und das unseren Nachkommen in gutem Zustande wieder übergeben werden soll. Es zeichnet sich so die Möglichkeit ab, den Gegensatz Antiqua Grotesk zu überbrücken, ja ihn illusorisch zu machen.
Die bisherige negative Deutung der Grotesk, ihr Wesen bestehe im Weglassen, wird durch eine positive ersetzt: *Die Formen der Grotesk zeigen das Wesentliche einer Schrift.* Keine Endstriche oder anderweitige Auszierungen lenken das Auge von der wesentlichen Form ab, die außerordentlich empfindlich ist und kleinste formale Verstöße registriert. Anstelle eines sturen Konstruktionsprinzips waltet in allen Buchstaben der Univers ein vielfältiges Spiel von optischen Werten. Die verhältnismäßig große n-Höhe gibt selbst in den kleinsten Graden das große Bild und trägt zu einem ruhigen Schriftbild bei, aus dem die Versalien nicht hervorbrechen.
Die Weite der Buchstaben regelt das Verhältnis der weißen Räume in und zwischen den Buchstaben. Die Weißmenge im Buchstaben ist deutlich größer als das Weiß zwischen den Buchstaben. Die Typen halten sich so gegenseitig wie die Glieder einer Kette; die Zeile ist dicht und führt den Blick in der Leserichtung.
Schwarzanhäufungen sind durchweg, selbst in den schmalsten und fettesten Schnitten, aufgelockert, was das Zuschmieren verhindert.
Reich differenziert sind die Fetten, von denen grundsätzlich drei wirksam sind: der senkrechte Balken ist der fetteste, der waagrechte der dünnste, und die Fette der Diagonale liegt in der Mitte. Die drei Waagrechten beim E sind etwas dünner als der einzige Querbalken beim H. Bei kleinen Punzen (B) sind alle Striche dünner als bei großen Punzen (O). Der Balken des I ist etwas fetter, damit sich der Buchstabe neben den andern behaupten kann.
In einem größeren Grade ist leicht erkennbar, daß die Buchstaben ein- und ausfließen. Einläufe sind an den oberen Teilen von g, m, n, p, q und u, Ausläufe in den unteren Partien von a, b, d und u.
Das c ist schmäler als das o, damit es durch das von rechts einfließende Weiß nicht breiter scheint. u und n sind nicht von gleicher Breite, weil das beim u oben einfließende Weiß aktiver ist als das von unten einfließende beim n.
Zum ersten Male in der Geschichte des Buchdrucks wurde eine reich verzweigte Schriftfamilie nicht auf Grund der ersten erfolgreichen Schnitte, sondern von Beginn an planmäßig aufgebaut. Ausgangspunkt und wichtigster Schnitt ist der normale (Univers 55), von dem aus alle weiteren entwickelt worden sind. Wichtige optische Probleme mußten immer im Hinblick auf diese Gesamtplanung gelöst werden.

Die Einwirkungen der Univers auf die Typographie unserer Zeit. Die Univers entzieht sich der bis heute üblichen minderen Bewertung der Grotesk und ist gleichgewichtiger Partner der übrigen Druckschriften. Ihre graphischen Werte rechtfertigen ihre Verwendung in subtilen Druckwerken selbst intimen Charakters.
Subtilität der Form, richtiger Fettenwechsel, Verbundenheit mit der traditionellen Schriftentwicklung und Offenhaltung der Punzen in den kleinsten Graden werden eine gute Lesbarkeit gewährleisten. Die Univers gibt den Anlaß zu einer neuen Überprüfung der von Vorurteilen etwas verbauten Frage, ob eine Grotesk in großer Menge (im Buche beispielsweise) mühelos gelesen werden könne.
Die Qualität der einzelnen Type bedingt eine Kompositionsart, in der sich die Schrift frei entfalten kann. Eine banale Schrift mit wenig künstlerischen Werten wird den Typographen immer wieder dazu verleiten, entweder die Schrift nur als Grauwert einzusetzen, ihr eine dekorative Rolle zuzuweisen, oder aber mit einer virtuosen Kompositionsart die Schwäche der Schrift zu übertönen. Die Typographie der Bauhauszeit in den Arbeiten von El Lissitzky, Moholy-Nagy, Joost Schmidt, Piet Zwaart und anderen spricht sich alleinig in der Kompositionsart aus, in der Asymmetrie, den dynamischen Flächenbeziehungen und in den Richtungskontrasten. Die Typen, grobe oder gesichtslose Antiqua- und Groteskschnitte der Jahrhundertwende, waren vom Elan jener Zeit nicht erfaßt, und ihre Qualitäten standen weit unter denjenigen der Komposition. Die Degradierung der Drucktypen zu Grauwerten ist nicht einmal bei Schriften minderer Qualität gerechtfertigt. Es soll nicht bestritten werden, daß jede Schrift und Satzart ihre Grauwerte besitzen, die vom guten Satzgestalter registriert und richtig eingesetzt werden. Aber: vorgängig jeder Grauwirkung ist die formal und funktionell richtige Satzart. Es ist ein Symptom beruflicher Unreife und modernistischen Gebarens, die Graufläche als Ausgangspunkt und Basis der Gestaltung zu nehmen, eine Fläche, der sich die Typographie zu fügen und zu unterziehen hat. Eine Druckschrift, in der Größe von 6 Punkt auf eine Breite von 40 Cicero gesetzt, ergibt ein schönes und vielleicht sogar kostbares Grau und ist trotzdem ein typographisches Gebilde mit schweren funktionellen und formalen Mängeln.
Die große Mittellänge und die vergleichsweise kleinen Ober- und Unterlängen zeitigen nebst dem großen Bild im kleinen Grad ein weiteres, höchst erwünschtes Ergebnis: Die Versalien sind weder zu groß noch zu fett und brechen nicht aus dem Satzbild aus. Dieses Größenverhältnis der Versalien zu den Gemeinen gestattet den Satz in verschiedenen Sprachen, ohne daß sich das Satzbild entscheidend ändert. Im Beispiel 1 führt der deutsche Text von Adalbert Stifter mit starker Versalanhäufung keineswegs zu einer fleckigen Satzwirkung, die sich bei betonteren Versalien sofort einstellen würde. Der französische und der englische Text, aus der selben Schrift gesetzt (Beispiele 2 und 3), ergeben annähernd die gleiche Satzstruktur, und es kann daraus gefolgert werden, daß sich die Univers in den verschiedenen Sprachen ohne Qualitätseinbußen bewähren wird.

19

Schriftprobe ‹Univers›

Entwurf
Emil Ruder
Entwurf aller Schnitte
Adrian Frutiger

Fonderie
Deberny & Peignot
Paris 14
18, rue Ferrus
Téléphone
Port-Royal 79–79

onde

39

onde

45

onde

46

onde

47

onde

48

onde

49

onde

53

onde

55

onde

56

onde

57

onde

58

onde

59

onde

63

onde

65

onde

66

onde

67

onde

68

onde

73

onde

75

onde

76

onde

83

lucien *lelong* lucien *lelong* lucien *lelong*
lelong lucien *lelong* lucien *lelong* lucien
lucien *lelong* lucien *lelong* lucien *lelong*
lelong lucien *lelong* lucien *lelong* lucien
lucien *lelong* lucien *lelong* lucien *lelong*
lelong lucien *lelong* lucien *lelong* lucien
lucien *lelong* lucien *lelong* lucien *lelong*
lelong lucien *lelong* lucien *lelong* lucien
lucien *lelong* lucien *lelong* lucien *lelong*
lelong lucien *lelong* lucien *lelong* lucien
lucien *lelong* lucien *lelong* lucien *lelong*
lelong lucien *lelong* lucien *lelong* lucien
lucien *lelong* lucien *lelong* lucien *lelong*

Univers 47 and Univers 48.
Contrast of straight and italic letters
give a dynamic, elegant pattern
representing the flair of the Parisian
fashion house LucienLelong.

ユニバース47（長体）とユニバース48
（長体イタリック）の組み合わせがダイナミックで
優美なパターンを生み出している。
パリの服飾店、リュシアン・ルロンのイメージを
表現した。

gewerbe
museum
basel

erhaltenswerte
basler
bauten

ausstellung
vom
18. april
bis
25. mai

Univers 48. Poster for the exhibition
Erhaltenswerte Basler Bauten
[Basel Buildings for Conservation]
at the Basel Gewerbemuseum.
Note: The type in the original letter-
press printed poster from 1960 is
cut in lino.

ユニバース48を使ったポスター。
バーゼル工芸博物館で開催された
「バーゼルの建築文化財」展。
著者注：1969年に印刷された同ポスターの
活字はリノリウム版に彫ったものである。

Package designed in pure typography for Chanel Paris.

Right: Interpretative typography for Gordon's Gin applied as advertising for Gordon & Co Ltd, London.

シャネルのための、純粋なタイポグラフィによるパッケージデザイン。

右：タイポグラフィックな解釈によるゴードン・ジン。ロンドンの酒造メーカーのための広告。

Gordon's
Gin
Gordon's
Gin
G
G
G
G
G
G
G
G
G
G
Gordon's
Gin

the universal favourite
distilled in London, England
for nearly 200 years

Elaborate postal receipt design that
makes filling in a pleasure.

丁寧に設計された郵便伝票は書き込むのが
楽しくなるであろう。

Empfangsschein
Récépissé
Ricevuta

einbezahlt von | versés par | versati da :

auf Konto | au compte | al conto No.

für | pour | per

Für die Poststelle:
Pour l'office de poste :
Per l'ufficio postale :

Dieser Schein darf nicht als Girozettel benützt werden
Ce récépicé ne doit pas être utilisé comme avis de virement
Questa ricevuta non va adoperata come cedola di girata

Einzahlungsschein
Bulletin de versement
Polizza di versamento

für | pour | per

in | à | a

Postcheckrechnung
Compte de chèques
Conto-chèques postali No.
Postcheckamt
Office de chèques postaux

Aufgabe   Dienstvermerke
Emission   Indications de service
Emissione No.   Indicazioni di servizio

Abschnitt
Coupon
Cedola

einbezahlt von | versés par | versati da :
Giro aus Konto
Virement du c. ch.
Girata dal conto No.

auf Konto | au compte | al conto No.

für | pour | per

Für die Poststelle:
Pour l'office de poste :
Per l'ufficio postale :

Schweizerische Postverwaltung
Postes suisses
Poste svizzere

The handset printing block, for the print on the left page, is preserved at the Weingart Archive in Basel.

左ページの伝票の活字組版。
この組版はバーゼルのワインガルト・
アーカイブに保存されている。

moderne typographie?	lichtbildervortrag von emil ruder	19.1.61 20 h restaurant claraeck 1. stock
moderne typographi	?	
moderne typograph	?	
moderne typograp	?	
moderne typogra	?	
moderne typogr	?	
moderne typog	?	
moderne typo	?	
moderne typ	?	
moderne ty	?	
moderne t	?	
moderne	?	
modern	?	
moder	?	
mode	?	
mod	?	
mo	?	
m	?	

handsetzervereinigung basel

Ruder/Schrift: Probegrad der Univers von Adrian Frutiger

Werkbundtagung
Lenzburg 1958
Der Zentralvorstand des Schweizerischen Werkbundes
lädt Sie zur diesjährigen Werkbundtagung ein
und hofft, Sie am
25. und 26. Oktober in Lenzburg begrüßen zu dürfen
Der 1. Vorsitzende:
Prof. Alfred Roth
Der Geschäftsführer:
Alfred Altherr

Samstag, 25. Oktober
14.30 Uhr
im Hotel Krone, Lenzburg
Werkbundtagung ‹SWB und Heimatschutz›
Referate:

Prof. Alfred Roth SWB, Architekt BSA — Aufgaben des lebendigen Heimatschutzes
Hans Marti SWB, Architekt BSA — Orts-, Regional- und Landesplanung und Heimatschutz
Kantonsbaumeister Heinrich Peter SWB, Architekt BSA — Aufgabe und Kompetenz der Kantone im Hinblick auf die gesunde bauliche Entwicklung der Gemeinden
Prof. Dr. Siegfried Giedion SWB — Wert und Unwert des Laienurteils
Anschließend Diskussion
über die praktischen Möglichkeiten zur Förderung
aktueller Heimatschutzaufgaben
19.30 Uhr
Gemeinsames Nachtessen im Hotel Krone, Lenzburg
Anschließend geselliges Beisammensein

Sonntag, 26. Oktober
9.00 Uhr
Werkbund-Versammlung im Hotel Krone, Lenzburg
anschließend Berichterstattung
über die Arbeitstagung in Unterägeri Mai 1958
mit Anträgen
13.00 Uhr
Gemeinsames Mittagessen im Hotel Krone, Lenzburg
ca.15.00 Uhr
Besichtigung des Schlosses Lenzburg

Top: 'moderne typographie?'
Invitation card to the slide lecture
by Emil Ruder arranged by the
Basel compositors association.
Typeface: Univers 55, test size 12 pt
210 x 105 mm
1961

上：エミール・ルーダーによるスライドを
使った講演会「モダンタイポグラフィ？」の
案内状。バーゼル植字工協会主催。
使用書体：ユニバース55、12pt試作版
1961年

Typographische Monatsblätter Schweizer Graphische Mitteilungen Revue suisse de l'Imprimerie

Sonderheft: Die Neubauten der Allgemeinen Gewerbeschule Basel

Ruder / Foto Hauert

Nr. 8/9 August/September, Août/Septembre 1962
81. Jahrgang

Left bottom: Invitation letter
to a meeting of the Swiss Werkbund
(SWB) at Lenzburg.
Typface: Univers 55, test size 12 pt
210 x 320 mm
1958

左下：レンツブルクで開催された
スイス工作連盟（SWB）総会の案内状。
使用書体：ユニバース55、12pt試作版
1958年

Cover of the special issue
'Die Neubauten der Allgemeinen
Gewerbeschule Basel'
[new buildings of the Basel school]
TM 8/9.1962
Photo: Kurt Hauert

「バーゼル工芸専門学校（AGS）校舎新築」
特集号の表紙。
TM 1962年8/9合併号
写真：クルト・ハウエルト

Bottom: the setting up of the sculpture
at the Basel school yard is attended
by sculptor Hans Arp (left), Emil Ruder
(center) and Armin Hofmann (right).
Photo: Marguerite Arp-Hagenbach.
1961

下：バーゼル工芸専門学校校庭にて
彫刻設置に立ち会った彫刻家ハンス・アルプ（左）、
エミール・ルーダー（中）、アーミン・ホフマン（右）。
写真：マルゲリーテ・アルプ - ハーゲンバッハ。
1961年

The new building of the Basel school
with the sculpture by Hans Arp,
realized by Johannes Burla,
teacher of sculpture at AGS Basel.
Photo: Kurt Hauert.

バーゼル工芸専門学校新校舎と彫刻。
彫刻の設計はハンス・アルプ、
制作は同校の彫刻教師である
ヨハネス・ブルラ。
写真：クルト・ハウエルト

Letterhead design for
the Monotype Corporation Ltd, Bern,
with hand drawn Univers
and sample text by typewriter.
210 x 297 mm
1960

手描きのユニバースとタイプライターで
打ったサンプルテキストを貼った、モノタイプ社の
ためのレターヘッドのスケッチ。
1960年

Right: Full page advertisement
for the Monotype Corporation, Bern
from *Who's Who in Graphic Art.*
210 x 290 mm
1962

右：『グラフィック・アートの人名録』に
掲載された、ベルンのモノタイプ社のための
全ページ広告。
1962年 .

the
Monotype Corporation Limited
Bern

Herrn
Emil Ruder
Hardstrasse 173
Basel

Aerbergergasse 56 / Telephon (031) 2 30 27 / Telegramme: montype Bern
Postcheckkonto III 22000

Datum
7.12.60
PH/rk 3568

Lieber Herr Ruder,

Wir danken Ihnen für Ihren Vorschlag für ein Inserat in "Who is Who
in Graphic Art" (Graphis-Verlag). Wir sind mit Ihrem Vorschlag in
jeder Beziehung einverstanden, möchten Sie jedoch bitten, noch Mono-
type eingetragenes Warenzeichen beizufügen. Wir benötigen den Satz
nicht, doch erbitten wir fünf reproduktionsfähige Kunstdruckabzüge.
Man möge besonders darauf achten, dass der Satz keine lädierten oder
sonstwie abgequetschten Buchstaben enthält. Wir sind nach wie vor
der Ansicht, die Versalien stehen im allgemeinen etwas zu weit von
den folgenden Kleinbuchstaben. Uns scheint, dies störe des Rhythmus.
Die Offerte für die Lieferung der Univers-Handsatztypen werden wir
Ihnen so rasch wie möglich zukommen lassen. Wir hoffen, dies sei ohne
Rückfrage nach Paris möglich. Die Korrespondenz mit Deberny et Peignot
ist nämlich ein wenig holperig, d,h. der Begriff "postwendend" scheint
in Paris noch nicht ganz in seiner wahren Bedeutung erkannt zu sein.
Wir danken Ihnen sehr für Ihre Anfrage, und verbleiben
                                    mit freundlichen Grüssen

                                    the Monotype Corporation Ltd.

Monotype eingetragenes Warenzeichen

Albert	Albert	*Albert*
Bernard	Bernard	*Bernard*
Claude	Claude	*Claude*
Denis	Denis	*Denis*
Eugène	Eugène	*Eugène*
Félix	Félix	*Félix*
Georges	Georges	*Georges*
Henri	Henri	*Henri*
Isidore	Isidore	*Isidore*
Jean	Jean	*Jean*
Kléber	Kléber	*Kléber*
Louis	Louis	*Louis*
Maurice	Maurice	*Maurice*
Noël	Noël	*Noël*
Oscar	Oscar	*Oscar*
Paul	Paul	*Paul*
Quiberon	Quiberon	*Quiberon*
Roland	Roland	*Roland*
Simon	Simon	*Simon*
Théo	Théo	*Théo*
Ursule	Ursule	*Ursule*
Valentin	Valentin	*Valentin*
Walter	Walter	*Walter*
Xavier	Xavier	*Xavier*
Yvette	Yvette	*Yvette*
Zoé	Zoé	*Zoé*

Nur 3 von 21 Schnitten
der neuen Grotesk Univers
von Adrian Frutiger
Entwurf, Schnitt und Guss
Deberny et Peignot, Paris

Dem Buchdrucker
und dem typographischen Gestalter
eröffnen sich mit der Univers
neue und bis zur Stunde
noch ungenutzte Möglichkeiten

Die Univers wird im vollen Umfang von der Monotype Corporation
Limited für den Satz und Guss auf ‹Monotype› Giess-Setzmaschinen
geschnitten. Alleinverkauf für die Schweiz der Handsatztypen:
The Monotype Corporation Limited Bern, Aarbergergasse 56
Tel. (031) 2 30 27. Monotype eingetragenes Warenzeichen.

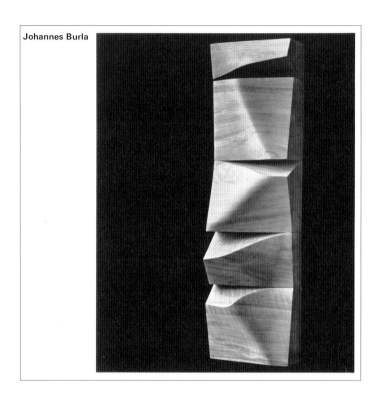

Johannes Burla

Cover and spread pages of
Johannes Burla,
exhibition catalogue
for Galerie Handschin, Basel.
211 x 213 mm, 12 pages
1962

バーゼルのギャラリー・ハンドシンにおける
「ヨハネス・ブルラ」展カタログより表紙と見開き。
1962年

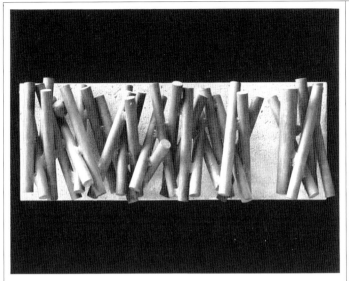

6

Ausstellung	vom 19. Oktober bis 7. November 1962
	Galerie Handschin
	Bäumleingasse 16, Basel (Schweiz)
	Geöffnet täglich 9-12 und 14-18.30 Uhr
	Samstag 9-12 und 14-17 Uhr

Johannes Burla

1922	Als Schweizer in Halle geboren
1933-1942	Schulen in Basel
1942-1945	Ausbildung in der Fachklasse für Bildhauer
	der Allg. Gewerbeschule Basel
1948	Erlernung des Steinhauerberufs
	bei Paul und Jacques Weder
	und da bis 1956 als Bildhauer tätig
1957	Berufung
	als Leiter der Fachklasse für Bildhauer
	an die Allg. Gewerbeschule Basel
1956	2 Reliefs am Basler Jugendheim
1958	Relief am Sandgrubenschulhaus in Basel
1958	Granitplastik für den Schweizer Pavillon
	an der Weltausstellung in Brüssel
1958	1. Preis im Wettbewerb für eine Plastik
	im Rosenfeldpark in Basel
	(nicht ausgeführt)
1961	Ausführung der Betonstele von Jean Arp
	vor dem Neubau
	der Allg. Gewerbeschule Basel

Invitation cards for lecture series initiated by the Typographische Vereinigung Basel [Basel Typography Association].
Designed by Harry Boller, then-student of the typography course. The first card informs that from now on the lectures will take place at the assembly hall of the new school and will have an entance fee.

Below: Invitation card for the slide lecture by Jan Tschichold
'Typography: critical remarks on the recent textsetting'
220 x 110 mm
1961

バーゼルタイポグラフィ協会主催の講演会案内状シリーズ。エミール・ルーダーのタイポグラフィ特別コースに在籍中のハリー・ボラーが制作した。最初のカードではふたつの変更事項について通知している。今後、講演会はバーゼル工芸専門学校新校舎の講堂で開催されること、そして入場料が必要となること。

下：ヤン・チヒョルトによるスライド上映講演会への案内状。
「タイポグラフィ：近年の文字組版を批評する」
1961年

Right (from top to bottom):
Invitation card for the slide lecture by Walter Ballmer, chief designer of Olivetti in Milano. 'Graphic design at the service of industry'
210 x 105 mm
1961

Invitation card for the slide lecture by Hans Finsler, photographer, Zurich. 'Photography and reality'
210 x 105 mm
1962

Invitation card for the slide lecture by Adrian Frutiger.
'Univers: the creation of a typeface'
210 x 105 mm
1962

右（上から下へ）：
ミラノのオリベッティ社のチーフデザイナー、ワルター・バルマーによるスライド上映講演会の案内状。
「産業界のためのグラフィックデザイン」
1961年

チューリッヒの写真家、ハンス・フィンスラーによるスライド上映講演会の案内状。
「写真と現実」
1962年

アドリアン・フルティガーによるスライド上映講演会の案内状。「ユニバース：書体の創造」
1962年

Typographische Vereinigung Basel Lieber Kollege! Unser neues Tätigkeits-programm ist durch zwei wesentliche Änderungen gekenn-zeichnet. Die erste betrifft den Versammlungsort, die zweite die Vorträge.

Von nun an werden wir alle Vorträge in den ruhigen und zweck-mässig eingerichteten Räumen der neuen Allgemeinen Gewerbeschule Basel abhalten. Unter den Themen Typographie, Graphik und Photo-graphie führen wir vier grosse Vorträge in der Aula der Schule durch, zu denen namhafte in- und ausländische Referenten verpflichtet wurden. Um die erhöhten Kosten zu decken, erheben wir an diesen Vorträgen ein beschei-denes Eintrittsgeld. Wir haben etwas gewagt und deshalb bitten wir Dich, uns zum Erfolg zu verhelfen.

Typographie: Kritische Bemerkungen zur gegenwärtigen Satzweise

Typographische Vereinigung Basel Vortrag mit Lichtbildern von Jan Tschichold im Vortragszyklus in der Aula der Allgemeinen Gewerbeschule Basel, Block E, Vogelsangstrasse 15 Mittwoch, 20. September 1961 20.15 Uhr Eintritt: Mitglieder, Schüler und Studenten Fr. 1.— Nichtmitglieder Fr. 1.50

Typographische Vereinigung Basel Mittwoch, 13. Dezember 1961, 20.15 Uhr
Vortrag mit Lichtbildern von Herrn Walter Ballmer, Chefgraphiker bei Olivetti in Mailand
Vortragszyklus in der Aula der Allgemeinen Gewerbeschule Basel, Block E, Vogelsang-
strasse 15. Eintritt: Mitglieder, Schüler und Studenten Fr. 1.—, Nichtmitglieder Fr. 1.50

Graphische Gestaltung im Dienste der Industrie

Typographische Vereinigung Basel
Mittwoch, den 21. März 1962, 20.15 Uhr
Vortrag mit Lichtbildern von Herrn
Hans Finsler, Photograph SWB, Zürich

Das Thema behandelt vor allem die
Ausdrucksmöglichkeiten der
Photographie als eine Art Grammatik
der photographischen Sprache.

Vortragszyklus in der Aula der Allgemeinen
Gewerbeschule Basel, Block E, Vogelsangstrasse 15
Eintritt: Mitglieder, Schüler
und Studenten Fr. 1.—, Nichtmitglieder Fr. 1.50

Photographie und Realität

Univers Univers Univers Univers Univers
das das das das

Typographische Vereinigung Basel. Vortrag
mit Lichtbildern von Herrn Adrian Frutiger, Paris
Mittwoch, 17. Januar 1962, 20.15 Uhr

Werden Werden Werden
einer einer
Schrift

Vortragszyklus in der Aula der
Allgemeinen Gewerbeschule Basel, Block E,
Vogelsangstrasse 15. Eintritt frei
Dieser Vortrag erfolgt auf Initiative der Firma
The Monotype Corporation Limited, Bern

Emil Ruder with student Peter Teubner
in the composing room.
1964

エミール・ルーダーと学生ペーター・トイブナー、
植字室にて。
1964年

Page 129–135: The first published
type setting of Univers 55, 12 pt,
with text in German, French and Latin.
TM 8/9. 1958

129－135ページ：最初に公開された
ユニバース55、12pt試作版を使った文字組。
ドイツ語、フランス語、ラテン語で組まれている。
TM 1958年 8/9合併号

Right: Redesign of an advertisement
for Trienale 8, Milano, Italy.
Student work by Helmut Schmid,
from the typography course.
Typeface: Univers 65, 75, 55; 48 to 6 pt.
1964

右：第8回ミラノ・トリエンナーレの広告の
リデザイン。タイポグラフィ特別コースに在学中の
ヘルムート・シュミットの作品。
48から6ptの大きさのユニバース65、
75、55を使用。
1964年

T 8
T 8
T 8
T 8
T 8
T 8
T 8
T 8
T 8
T 8
T 8
T 8
T 8
T 8
T 8
T 8
T 8
T 8
T 8
T 8
T 8
T 8
T 8

Triennale 8

'I believe you are aware of the problems our young grew into, created by the growing abandonement of craftmanship. Not all can become designers in the end.'

These two sentences, contained in a letter I received within the last year, highlight perfectly a situation none of us feels comfortable with. All of us in the printing business feel, more or less consciously, maybe rather subconsciously, that possible changes in the field of typographic design may not only be formal but also social and economical ...

It woud be a nice task for unions and teachers to promote a new work ethic, a meaningful way of working, and care for a healthy pride within the workforce. – Because: To abandon craftmanship and physical labor almost calls for a cultural and artistic decadence. All the main cultures of the past were based on craftmanship, and creative articulation is impossible without the resistance of material and technique. It means that the creative compositor will have to design in the closest proximity to type and typographical material.

'Not all can become designers in the end', as quoted from the said letter. That contains a major error, i.e. the opinion that typographic design only starts with multicoloured or otherwise lavish jobbing work. Typographic design already begins with the simplest typographical task. Arranging type in a line poses the formal problem of correlation of white and black which cannot be solved by the compositor but rather by the type designer and the type foundry. Letter and line spacing already are formal considerations which are important for design and legibility, and the compositor must be aware of them ... The compositor, basically, cannot be isolated from design; there is no non-designing compositor ...

The most urgent task here is to create a new field, the field of the typographic designer who, however, can only work if recognised by the appropriate body. Both parties must understand that typographic design is in no way inferior to what a graphic design-er does, and therefore should be remunerated the same ...

Typographic designing is an honourable activity and often allows less deception than graphic designing. A good typographer sees no reason to ingratiate with graphic design, and then be neither typographer nor designer ...

The latest developments clearly demonstarte a re-evaluation of typography. One exampe of many: After periods of over-illustrating the dust jackets the Suhrkamp publishers decided to go for the purest typography.

I see the training on two levels: the elementary typographical design during the apprenticeship for all, and the extended special training after the apprenticeship for few.

Emil Ruder, Basel

Compositor, typographer, typographic designer?

Typographische Monatsblätter
special issue on education
TM 8/9. 1964

エミール・ルーダー、バーゼル

植字工、タイポグラファ、
タイポグラフィック・デザイナー？

TM 1964年 8/9合併号
「教育」特集号より抜粋

「クラフトマンシップがますます軽視されていく今、われわれの若い職人たちがどんな試練の時代を生きているかということを、あなたはご存知のことと思います。結局は皆がデザイナーになることはできないのですから。」

昨年私がもらったある手紙の中に、このような2つの文が書かれていた。これは、誰もが快く思っていない、ある状況を的確に表現している。印刷業界に関わるものはみな、タイポグラフィック・デザインの領域において、造形上にとどまらない社会的、経済的な変化の兆しを、多かれ少なかれ意識的に、しかしどちらかといえば無意識に感じとっているのだ…。

職業組合と教育者にとっては、新たな職業上の倫理、働くことの意義、そして労働者たちの健全なプライドのあり方を導いていくことは、やりがいのある課題となるであろう。というのも、職人仕事と肉体労働が軽視されていくということは、すなわち文化と芸術の衰退を意味しているからである。過去の偉大な文化はすべてクラフトマンシップに基づいてきたものであり、クリエイティブな仕事は素材と技術の制約があってこそ可能だったのである。クリエイティブな植字工とは、活字と素材に緊密にかかわってデザインするものなのである。

「結局は皆がデザイナーになることはできない」と、冒頭の手紙の一節にある。ここには大きな誤解がある。それは、タイポグラフィにおけるデザインは、多色刷りなどの手間のかかる端物印刷において初めて要請される、という考え方である。そうではない。タイポグラフィにおけるデザインとは、考えうる限りもっとも単純なタイポグラフィ的作業においてすでに始まっているのである。活字を1行に並べる場合には白と黒との相互関係という造形上の問題が生じている。これは植字工のみならず、活字設計者と活字鋳造所によって解決されるべき類いのものである。文字と行間の関係の段階から、デザインと可読性の点で重要となる造形的な配慮が要求される。このことを植字工はつねに認識していなければならない…。基本的に植字工という仕事はデザインと切り離せない。すなわちデザインをしない植字工などはいないのである…。

ここでもっとも緊急に行われなければならないことは、新しい分野、すなわちタイポグラフィック・デザイナーという職能領域の創出である。しかしこの職能も業界全体に認知されてはじめて機能するのである。植字工もグラフィック・デザイナーも、タイポグラフィック・デザインが決してグラフィック・デザイナーの仕事に劣っておらず、同等に報いられるべきであるという認識に至らなければならない…。

タイポグラフィック・デザインは尊い仕事であり、多くの場合グラフィック・デザインよりも誤魔化しが効かないのである。優秀なタイポグラファであれば、グラフィック・デザインにすり寄ったあげく、タイポグラファでもグラフィック・デザイナーでもなくなってしまうようなことにはならないのだ。

タイポグラフィが近年ふたたび評価されてきていることは、最近の傾向から明らかである。多くの例の中からひとつを挙げると、長い間イラストレーションを多用した表紙ジャケットを採用してきたズーアカンプ出版が、純粋なタイポグラフィによるデザインへの変更を決めた。

私はタイポグラファの教育を2つのレベルに分けることを考えている。すなわち、徒弟期に学ぶ全員のための基礎的なタイポグラフィ上の訓練と、少数精鋭がより深く学ぶための特別教育である。

a u s
b il d
u n g

TM   Typographische Monatsblätter
SGM Schweizer Graphische Mitteilungen
RSI   Revue suisse de l'Imprimerie
Nr. 8/9 August/September, août/septembre 1964, 83. Jahrgang
       Herausgegeben vom Schweizerischen Typographenbund
       zur Förderung der Berufsbildung
       Editée par la Fédération suisse des typographes
       pour l'éducation professionnelle

besonders ausgebildeten Fachmann bewältigt werden kann. Der ausgesprochen künstlerisch begabte Setzer ist selten anzutreffen, und er sollte einer Spezialausbildung zugeführt werden, die nur mit einer minimalen Studiendauer von einem Jahr an einer Schule erfolgen kann. Einer solchen Ausbildung sind drei Ziele gesteckt: Zuerst und vor allem sollen das Vokabular der modernen Typographie grundlich erarbeitet und die modernen Erkenntnisse in Formgebung und Typographie gesichert werden. Von den Arbeitsthemen seien erwähnt: Punkt, Linie, Fläche; Form und Gegenform; Kontraste; Farb- und Grauwerte; Schrift; Durchgestaltung, Raster, Variationen; Gliederungen; Proportionen; Technik der Typographie; Funktion und Form; Typographie und Bild.
Über diese schon fast historisch anmutenden Themen hinaus soll eine Ausbildung in ausgesprochen experimenteller Typographie erfolgen. Die Setzerei wird zum Laboratorium und zur Versuchsstätte. Neue künstlerische und technische Impulse werden auf ihre Tragbarkeit überprüft. Die Themen könnten lauten: Typographie des Spontanen und Zufälligen; Rhythmus; kinetische Abläufe; Integrationen; Möglichkeiten des Filmsatzes.
Zu diesen beiden Hauptzielen in der Ausbildung des typographischen Gestalters gehören elementare Kenntnisse in angrenzenden Gebieten: Schriftschreiben; Schriftzeichnen; Gegenstandszeichnen; graphisches Zeichnen; Lithographie; Fotografie.
Diesem begabten, gründlich ausgebildeten Gestalter sollte im Buchdruckgewerbe ein weites Betätigungsfeld eröffnet werden; seine soziale Stellung und seine Kompetenzen seien denjenigen des Faktors, Korrektors und Maschinensetzers nicht untergeordnet.
Wenn das Buchdruckgewerbe in seiner kulturellen Bedeutung nicht empfindliche Einbußen erleiden soll, wenn es nicht zu einem öden bleiverarbeitenden Gewerbe werden darf, dann ist in den Fragen des Gestaltens ein Umdenken unerläßlich.
Es ist alarmierend, zu sehen, wie viele unserer besten typographischen Gestalter, alles gelernte Schriftsetzer, in graphischen Ateliers und großen Industrien tätig sind. Diesen Aderlaß kann auf die Dauer kein gestaltendes Handwerk verantworten. Das Druckgewerbe sollte alles unternehmen, in den beiden großen Gebieten der Werbung und der Buchtypographie nicht nur ausführendes Organ wie bis anhin zu sein, sondern diese Gebiete schon in der Phase der Planung und Gestaltung wieder an sich zu bringen.
Das dringendste unter den Dingen, die es hier zu tun gibt, ist die Schaffung einer neuen Sparte, der Sparte des typographischen Gestalters, der aber nur arbeiten kann, wenn er von der Geschäftsleitung wie von den Gehilfenschaft anerkannt wird. Beide Berufspartner müssen zur Einsicht kommen, daß typographisches Gestalten in keiner Weise dem Tun des Graphikers unterlegen ist, also auch gleich honoriert werden soll. Wird der Prinzipal sich hier vor allem zu einer neuen Stellungnahme entschließen müssen, so gilt es für den Gehilfen vor allem, sich von der überlebten und dummen Meinung zu befreien, die Typographie sei der Graphik unterlegen. Typographisches Formen ist edles Tun und räumt dem Bluff oft weniger Chancen ein als die Graphik. Der gute

536

Typograph sieht keinen Grund, sich an die Graphik anzubiedern und schließlich weder Typograph noch Graphiker zu sein.
Die neuesten Entwicklungen zeigen deutlich eine Neubewertung der Typographie. Ein Beispiel unter vielen: Nach den Perioden der Bildüberfütterung im Schutzumschlag des Buches, zeigen die Bucheinbände des Suhrkamp-Verlages Typographie reinster Prägung.
Die Frage des typographischen Gestaltens ist aktuell, und eine Abklärung ist nötiger als je. Ich sehe den Weg in der Ausbildung auf zwei Ebenen: in der elementaren Satzgestaltung während der Lehrzeit für alle und in der weitausgreifenden Spezialausbildung nach der Lehre für wenige.

Diese 16 Seiten mit typographischen Versuchen zeigen einen Teil der Ausbildung in der Gestaltungsklasse für Typographie an der Allgemeinen Gewerbeschule Basel. Das Experiment darf aber die Arbeit an den Erkenntnissen der modernen Typographie nicht ersetzen. Zuerst und vor allem muß das Vokabular der modernen Typographie erarbeitet werden: Punkt, Linie, Fläche; Form und Gegenform; Kontraste; Farb- und Grauwerte; Schrift; Raster und Durchgestaltung; Gliederungen; Proportionen; Technik der Typographie; Typographie und Bild. Erst nach diesen schon beinahe historisch anmutenden Themen soll eine Ausbildung in experimenteller Typographie erfolgen. Die Setzerei wird zum Laboratorium und zur Versuchsstätte. Neue künstlerische und technische Impulse müssen auf ihre Tragbarkeit überprüft werden. Dieses Arbeiten in den Gebieten des Spontanen, des Zufälligen und des Rhythmischen ist dringend nötig, soll die Typographie in längst erkannten Grundlagen nicht erstarren. Hier scheint das Gesetz wirksam, daß extreme Positionen zur Selbstaufmunterung und zur Rezeptierbarkeit verleiten. So sind gewisse Vorwürfe an die Adresse der sogenannten «Schweizer Typographie»

nicht immer leicht zu entkräften. Die Sorge, daß unser Arbeiten lebendig und zentrale bleibt, sollte uns nie abhändern kommen, und nur die Zweifel und die Umsicht können uns vom Weg des geringsten Widerstandes abhalten.
Das typographische Studium hat auf zwei Ebenen zu erfolgen, einmal in der Sicherung der erreichten Erkenntnisse und dann im unternehmungsfreudigen Ausblick nach neuen Aspekten.

Robert Buchler
Emil Ruder

537

Previous page: TM cover
for the special issue 'ausbildung'
[education], interpreted with
Univers 47, 57, 67.
TM 8/9. 1964

前のページ：TM誌「教育」特集号の表紙。
ユニバース 47、57、67を使った表現。
TM 1964年 8/9合併号

Spread pages from the TM issue
with experimental typographic works
from the typography course.

同特集号、「AGSタイポグラフィ特別コースの
実験的タイポグラフィ作品」より見開き。

The composing room becomes a
laboratory and testing place.
New artistic and technical impulses
have to be tried for their effectiveness.

This way of working in the area
of the spontaneous, the accidental
and rhytmical is necessary, so that
typography does not grow stale,
trapped in established principles.

Emil Ruder

植字室はさながら研究室あるいは実験場
となるだろう。新しい芸術的、技術的
創作への衝動はその有効性を試されなければ
ならない。

このような自然発生的、偶発的、律動的な
制作の姿勢は、タイポグラフィが既成の原則に
縛られた陳腐なものにならないために
必要なのである。

エミール・ルーダー

542

543

Künstlerische
Lithographie

Einführung
in die lithographische Drucktechnik
Kurt Meier

Schriften des Gewerbemuseums Basel
Nr. 7

Pharos Verlag

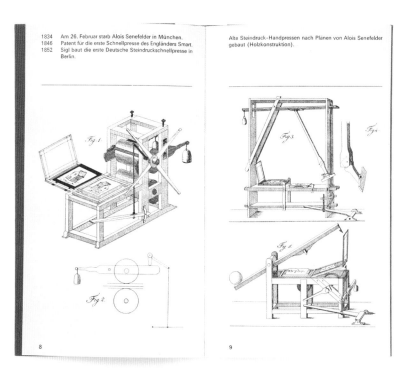

1834   Am 26. Februar starb Alois Senefelder in München.
1846   Patent für die erste Schnellpresse des Engländers Smart.
1852   Sigl baut die erste Deutsche Steindruckschnellpresse in
        Berlin.

Alte Steindruck-Handpressen nach Plänen von Alois Senefelder
gebaut (Holzkonstruktion).

8

9

Das Ätz-Blatt

Auf einen glatt geschliffenen oder gekörnten Stein wird mit
Tusche eine Fläche oder Zeichnung aufgetragen. Ätzen (ca.3 Std.)
und Druckfertigmachen mit Federfarbe. Alle Stellen, die dunkel
bleiben sollen, gut zudecken mit Asphalt-Lack. Nun mit einem
Pinsel und starker Ätze den restlichen Teil der Zeichnung auf-
ätzen. Ätze nicht zu lange auf dem Stein lassen, vorzu abwaschen
und Ätzung wiederholen, bis der Tonwert richtig ist. Die geätzten
Töne werden im Druck ein wenig heller.
Ein Teil der geätzten Töne kann wiederum mit Asphalt-Lack ab-
gedeckt werden, um hellere Töne herauszuätzen. Somit erreicht
man verschiedene Tonwertabstufungen, die sehr sicher zum
Drucken sind.
Ist das Ätz-Blatt fertig, kann gleich dünn gummiert, mit Terpentin
und nachher mit Benzin (Asphalt-Lack ist am besten benzin-
löslich) ausgewaschen werden. Hier, in diesem Fall darf nun die
Zeichnung nicht mit Tinktur verstärkt werden, sondern man muß
nach dem Auswaschen sofort mit Wasser abwaschen, mit
Druckerfarbe einwalzen und abziehen. Da mit dem Asphalt-Lack
auch die nichtdruckenden Stellen zugedeckt und nach dem Aus-
waschen frei gelegt worden sind, würde man sie mit der Tinktur
wieder zudecken, und sie wären im Druck schwarz.

Die Absprengtechnik

Auf einen glatt oder fein gekörnten Stein wird mit Gummi-Tusche
gezeichnet (Gummi Arabicum mit Rötelpulver).
Mit Stangentusche, in Terpentin gelöst, die Zeichnung über-
streichen. (Da die Stangentusche nicht mehr erhältlich ist, kann
auch ein Stück Kreide mit Terpentin in einem Teller angerieben
werden.) Diese Terpentintusche wird dem Wasser nicht so stand-
halten, wie die mit Terpentin angeriebene Stangentusche. Die
Terpentintusche gut eintrocknen lassen (ca. 24 Std.) und nachher
mit Wasser die Gummi-Zeichnung abwaschen.
Die Zeichnung ist jetzt negativ. Ist die Zeichnung fertig, wird sie
wie üblich druckfertig gemacht.
Diese Abspreng- oder Negativ-Technik kann auch mit einer
Positivzeichnung kombiniert werden.

22

23

Schriften des Gewerbemuseums Basel
[Documents of the Gewerbemuseum]
published from 1965 to 1971.
10 titles with between 36 and 80 pages.
Jacket in venetian red paper stock.
Publisher: Pharos Verlag, Basel
120 x 210 mm

1   *modern modisch*
2   *Niklaus Stöcklin*
3   *15 Graphiker der AGS Basel*
4   *Architektur Theoretiker*
5   *Stapelstühle*
6   *graphic design*
7   *Künstlerische Lithographie*
8   *Herbert Leupin*
9   *Bugholzstühle*
10 *Emil Ruder*

1965から1971年にかけて出版された
バーゼル工芸博物館文庫、全10巻。
それぞれ36から80ページ。表紙カバーは
ベネチアン・レッドの厚手の紙。
発行：ファロス出版、バーゼル

1   現代モード
2   ニクラウス・シュトックリン
3   AGSバーゼルのグラフィックデザイナー15人
4   建築学の理論家
5   積み重ね椅子
6   グラフィックデザイン
7   芸術的リトグラフィ
8   ヘルベルト・ロイピン
9   曲木の椅子
10 エミール・ルーダー

Brigitte Meng,
Spürst du die Schatten?
Poems
Hardcover with jacket. Text printed
in grey in one typesize of Univers 55.
Limited edition of 700 copies.
Lithograph: Natalia Goldschmidt
Publisher: Pharos Verlag, Basel
220 x 180 mm, 72 pages
1965

ブリギッテ・メング詩集
『君は影を感じるか？』
テキストはユニバース55の1サイズ
のみを用いグレーで印刷。表紙カバー付き
上製本。700部限定。
リトグラフ版画：ナタリア・ゴールドシュミット
発行：ファロス出版、バーゼル
1965年

Mein Herz aber

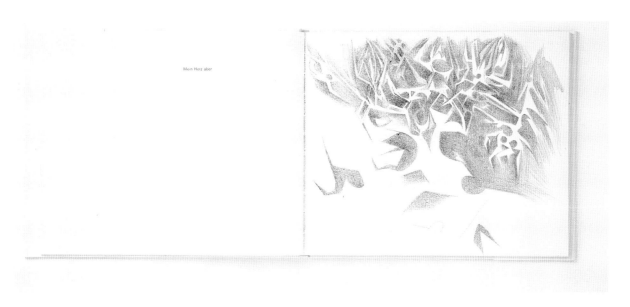

Die Monduhr

Ich schreibe Zeichen in den Sand.
Der Wind wird sie verwehn.
Die Monduhr über dem Meere steht still –
lang steht ein Fisch.

46

Verloren

Grilig und grün
schlägt in unsere Häuser der Blitz.
Wir: die scheinbar Geretteten
verlieren uns tiefer.

Wir: tappend mit winzigen Schritten
durch die eisige,
die durchlöcherte Nacht.

62

Hinter den Bäumen

Eine lange Straße.
Bäume. Bäume.

Die Blumen tun sich nimmer zu.
Sie blühn rot in der Sonne.
Die Uhren ticken Ewigkeit.

Hinter den Bäumen
sehe ich Schatten
Schatten von flatternden Raben.
Im Fluß verschwimmt
mein Spiegelbild.

Mit großen Augen
schaut der Wolf mich an:
flehend um Gnade.

Weltuntergang

Den Greisen wuchsen zu Boden die Bärte.
Die Milchfrauen putzten die Kannen kohlschwarz.
Die Schildkröten verbeugten sich lächelnd ins Leere.
Die Tannen zogen den spitzen Hut ab.
Der Pfarrer segnete weinend
alle abtrünnigen Elefanten der Welt.
Die scharlachnen Sünden wuchsen ins Ungeheuerliche.
Gott und der Teufel
warfen einander winzige rote Bälle zu –
der Himmel klirrend zersprang.

63

Véronique Filozof & Niggi Schoellkopf,
Der Vogel Gryff
Hardcover with text printed in red on
the transparent jacket.
Publisher: Pharos Verlag, Basel
269 x 231 mm, 56 pages
1964

ヴェロニク・フィロゾフ、ニッギ・シェルコフ共著
『デア・フォーゲル・グリフ』
透明のフィルムに赤で印刷した
表紙カバー付き上製本。
発行：ファロス出版、バーゼル
1964年

Pharos Verlag

Véronique
Filozof

Niggi
Schoellkopf

der
Vogel Gryff

Véronique Filozof,
Der Totentanz / La Dance macabre
[The Dance of Death]
Bilingual in German and French.
Limited edition of 500 copies.
Hardcover with unprinted
transparent jacket.
Publisher: Pharos Verlag, Basel
271 x 230 mm, 96 pages
1976

ヴェロニク・フィロゾフ
『死の舞踏』
独・仏2カ国語。500部限定。印刷されて
いない透明フィルムの表紙カバー付き上製本。
発行：ファロス出版、バーゼル
1976年

Der Totentanz

Der auf den Seiten dieses Buches wiedergegebene Totentanz bildet ein in
sich geschlossenes Teilstück einer Serie von 250 Zeichnungen und
Aquarellen über Basel, die Heimat von Véronique Filozof. Seit ihrer
frühesten Jugend kennt die Künstlerin den berühmten Totentanz von
Hans Holbein im Museum ihrer Vaterstadt, und aus diesem Grunde schon
wünschte sie die Reihe ihrer Basler Bilder mit einem Totentanz
abzuschliessen. Zahlreiche andere Totentanzdarstellungen sind neben
derjenigen von Hans Holbein d.J. bekannt; beinahe alle enthalten
40 Tafeln. Zweifellos muss die Zahl 40 als Symbol angesehen werden:
40 Tage und 40 Nächte lang regnete es während der Sintflut, 40 Tage
und 40 Nächte lang weilte Jesus Christus in der Wüste, 40 Tage und
40 Nächte lang dauert die Fastenzeit. Auch die alte französische
Bauernregel, wenn es am Medardustage regne, so regne es 40 Tage lang
weiter, weist auf den Zahlenmythus hin.
Zu Beginn ihrer Arbeit wollte Véronique Filozof vor allem eine Inter-
pretation des Werkes von Hans Holbein vermitteln, den alten Totentanz
aus der Pestzeit in die Moderne hinüberleiten. Doch schon in der vierten
Zeichnung gab sich die Künstlerin Rechenschaft von der Weite und
Zerstreutheit der heutigen Gesellschaft. Wäre nicht die Beschränkung auf
vierzig Bilder als Zwang erschienen, hätte das Werk noch durch die
Darstellung der Kosmonauten, der Maschinenmenschen, der Akkord-
arbeiter am laufenden Band, der zu neuen Zivilisationsformen vor-
stossenden jungen Menschen ergänzt werden können.
Das zeitlos gewaltige und zeitlos bedrängende Thema des Totentanzes
10   kann, dessen ist Véronique Filozof überzeugt, von keinem Künstler

LA DANSE MACABRE.

cette danse macabre fait partie d'une série de 250
dessins et peintures sur BÂLE ma ville natale. depuis
mon enfance je connais la danse macabre de HANS
HOLBEIN au musée de BÂLE et pour cette raison je désirais
terminer mon œuvre par une danse des morts. je connais
plusieurs autres danses des morts, presque toujours elles
contiennent 40 sujets, sans doute le nombre 40 est
un symbole - le déluge « et la pluie tomba sur
la terre quarante jours et quarante nuits », les 40 jours
du Christ dans le désert, les 40 jours de jeûne, le vieux
dicton français " quand il pleut à la Saint Médard
il pleut 40 jours plus tard, d'abord j'avais l'inten-
tion d'interpréter l'œuvre de Holbein, mais dès le
4ᵐᵉ dessin je me rendis compte: l'humanité de notre

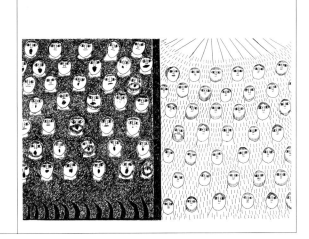

40 les élus et les damnés
     ou le jugement dernier
94   Das jüngste Gericht

Posterwall in the city of Basel.
Photo: Helmut Schmid

Right: Poster for the exhibition
Gustav Stettler, painter
Hans Josephsohn, sculptor
at Basel Kunsthalle.
Typeface: Univers 68
905 x 1280 mm
1965

バーゼル市内のポスター用壁面。
写真：ヘルムート・シュミット

右：バーゼル美術館における
「画家　グスタフ・シュテットラー、彫刻家
ハンス・ヨゼフソーン」展ポスター。
使用書体：ユニバース68
1965年

Gustav Stettler Maler Hans Josephsohn Bildhauer Kunsthalle Basel

Ausstellung vom 20. März bis 25. April 1965

Marian Perry,
Die Vögel (The Birds of Basel)
Hard cover with jacket.
Publisher: Pharos Verlag, Basel
Hans Rudolf Schwabe
159 x 202 mm, 64 pages
1967

Right: Poster for the exhibition
*Swiss painters sculptors and
architects*, at the Basel Kunsthalle.
905 x 1280 mm
1965

マリアン・ベリー『バーゼルの小鳥たち』の
表紙と見開き。表紙カバー付き上製本。
発行：ファロス出版、ハンス・ルドルフ・シュワーベ
1967年

右：バーゼル美術館における
「スイスの画家、彫刻家、建築家たち」展ポスター。
1965年

Marian
Parry
Die Vögel
(The Birds of Basle)

sektion
basel
der gesellschaft
schweizer
maler
bildhauer
und
architekten
kunsthalle basel
8.mai bis
13.juni

'20 Jahre Buchdruckfachklasse Basel'
[20 years of the Basel printing class]
Cover and spread of the special issue
of *Typographische Monatsblätter.*
Introduction texts by Rudolf Hostettler,
TM editor and Emil Ruder, the
initiator of the course.
TM 10. 1967

TM誌「バーゼル印刷専科の20年」特集号、
表紙と見開き。編集長ルドルフ・ホシュテトラーと
印刷専科創設者であるエミール・ルーダーの
序文が掲載されている。
TM 1967年10号

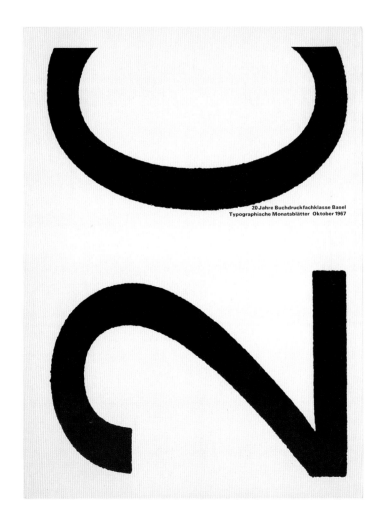

20 Jahre Buchdruckfachklasse Basel
Typographische Monatsblätter Oktober 1967

The 20th anniversary of the Basel printing class falls at a time in which the principle of change has become all-consuming. There is barely time for celebrating, and any self-satisfied retrospective on what has been achieved would not be in the least appropriate. To us the meaningful question seems to be whether the intended goal when the class was launched – namely to impart the trainee with a compressed course of further education in the shortest possible time – is still valid today.

Today's printing class is beset by two demands: the desire for a Swiss institution for higher graphic education and the need for increased entrepreneurial training.

Emil Ruder
Director

バーゼル印刷専科は、変化の理があまりにも速くなった時期に、その20周年記念の年を迎えることとなった。わたしたちはこの節目を祝う時間はほとんどなく、これまでの達成を自己満足とともに振り返ることなどまったく的外れだ。見習い工に最短の時間で密度の濃い専門教育を施すという、本科創設時の目標が今日もまだ時代にふさわしいか、このことを考えてみることこそ有意義であるように思われる。

今日の印刷専科にはふたつの期待が寄せられている。スイスでより高度なグラフィック教育を施す機関となることと、さらに挑戦的な訓練を盛り込むことである。

エミール・ルーダー
校長

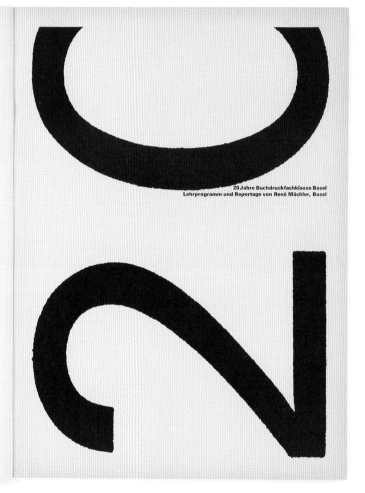

Die Typographie ist einem eindeutigen Zweck verpflichtet, und zwar der
schriftlichen Mitteilung. Durch kein Argument und durch keine Überlegung kann die
Typographie von dieser Verpflichtung entbunden werden.
Das Druckwerk das nicht gelesen werden kann, wird zu einem sinnlosen Produkt.

Typography has one plain duty before it and that is to convey information
in writing. No argument or consideration can absolve typography from this duty.
A printed work which cannot be read becomes a product without purpose.

タイポグラフィには、文字によって情報を伝達するという明白な義務がある。
いかなる議論も考察も、タイポグラフィをこの義務から解放することはできない。
読むことのできない印刷物は、その存在目的を失うこととなる。

Emil Ruder, *Typographie*
Text in German, English and French.
Hard cover with jacket.
Publisher: Niggli Verlag, Teufen
235 x 240 mm, 274 pages
1967, 2002 (7th edition)

エミール・ルーダー『タイポグラフィ』
独、仏、英3か国語。表紙カバー付き上製本。
発行：ニグリ出版、トイフェン
1967年、2002年（第7版）

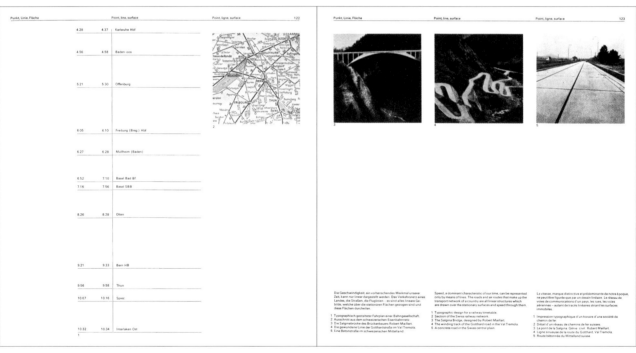

4.28	4.37	Karlsruhe Hbf
4.56	4.58	Baden-oos
5.21	5.30	Offenburg
6.05	6.10	Freiburg (Brsg.) Hbf
6.27	6.28	Müllheim (Baden)
6.52	7.10	Basel Bad Bf
7.16	7.56	Basel SBB
8.26	8.28	Olten
9.21	9.33	Bern HB
9.56	9.58	Thun
10.07	10.16	Spiez
10.32	10.34	Interlaken Ost

Die Geschwindigkeit, ein vorherrschendes Merkmal unserer Zeit, kann nur linear dargestellt werden. Das Verkehrsnetz eines Landes, die Straßen, die Fluglinien – es sind alles lineare Gebilde, welche über die stationären Flächen gezogen sind und diese Flächen durcheilen.

1 Typographisch gestalteter Fahrplan einer Bahngesellschaft.
2 Ausschnitt aus dem schweizerischen Eisenbahnnetz.
3 Die Salginatobelbrücke des Brückenbauers Robert Maillart.
4 Die gewundene Linie der Gotthardstraße im Val Tremola.
5 Eine Betonstraße im schweizerischen Mittelland.

Speed, a dominant characteristic of our time, can be represented only by means of lines. The roads and air routes that make up the transport network of a country are all linear structures which are drawn over the stationary surfaces and speed through them.

1 Typographic design for a railway timetable.
2 Section of the Swiss railway network.
3 The Salgina Bridge, designed by Robert Maillart.
4 The winding track of the Gotthard road in the Val Tremola.
5 A concrete road in the Swiss central plain.

La vitesse, marque distinctive et prédominante de notre époque, ne peut être figurée que par un dessin linéaire. Le réseau de voies de communications d'un pays, les rues, les voies aériennes – autant de tracés linéaires striant les surfaces immobiles.

1 Impression typographique d'un horaire d'une société de chemin de fer.
2 Détail d'un réseau de chemins de fer suisses.
3 Le pont de la Salgina. Génie civil: Robert Maillart.
4 Ligne sinueuse de la route du Gotthard. Val Tremola.
5 Route bétonnée du Mittelland suisse.

The book *Typographie* is designed
on a grid of 36 squares and typeset in
three sizes of Univers 55.
The text is set in three columns,
with captions moving freely according
to the images.

『タイポグラフィ』は36個の正方形からなる
グリッドに基づいてデザインされている。
テキストはユニバース55の3サイズを使って
3つのコラムに組まれ、キャプションは
画像に応じて自由に置かれている。

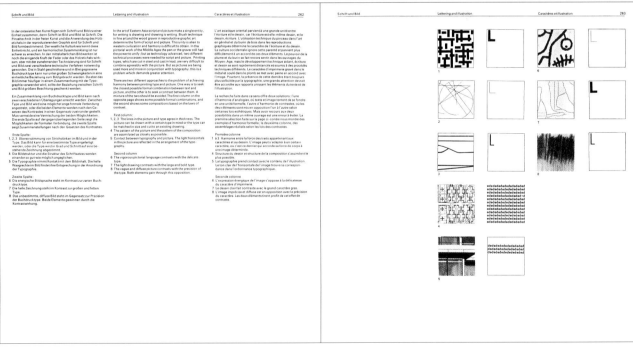

EMIL RUDER   SWB ATYPI ICTA

Fachlehrer für Typographie an der Allgemeinen Gewerbeschule Basel
Hardstraße 173
Telephon 061 41 95 35
Basel-Schweiz

Emil Ruder   Direktor Allgemeine Gewerbeschule und Gewerbemuseum
                                    Basel

22.2.69

Herrn Helmut Schmid
9-7 ise-cho ashiya-shi
Hyogo-Ken, Japan

Lieber Herr Schmid,

schon so viele schöne Sachen und Briefe durfte ich von Ihnen empfangen
und erst jetzt raffe ich mich zu einem Schreiben auf, in dem ich Ihnen
vor allem für all die lieben Aufmerksamkeiten recht herzlich danken
möchte. Es ist in meiner Praxis und aus meinen Erfahrungen heraus nicht
so selbstverständlich, dass sich ehemalige Schüler so um ihre antiquierte
Lehrer kümmern. Ich will Ihnen offen gestehen, dass mich dies sehr
freut, in meiner besonderen Lage, in der ich mich jetzt befinde, erst
recht.
Ich danke Ihnen für die eindrucksvollen Schallplatten, die ich sehr
schätze. Und was für Mühe haben Sie sich genommen, all die schönen Marker
für mich zusammenzutragen ! Was mich aber am meisten freut, ist Ihr Weg
als Fachmann und künstlerisch sensibler Zeitgenosse. Ihre Publikationen
in den TM finde ich ausgezeichnet und ich sehe sehr gut, zu was für Ver-
feinerungen Ihr Aufenthalt in Japan führt. Ich bin ausserordentlich an
Ihrem weiteren Weg interessiert und schon aus diesem Grund bin ich so
anspruchsvoll, auch weitere Arbeitsproben und Lageberichte von Ihnen
in Zukunft zu erwarten.
Seit 1.September letzten Jahres bin ich nicht mehr im Amt. Meine Er-
krankung war dermassen, dass praktisch keine Chancen für ein Ueberleben
mehr bestanden. Meine ganze linke Leberhälfte war von Krebszellen völlig
zerstört und eine Operation schien fast aussichtslos. Man hat es dann
doch gewagt und hat in einer siebenstündigen Operation die gesunde von
der zerstörten Leber getrennt, eine Operation, wie sie bisher nur an
Tieren unternommen wurde, und dort ohne Erfolg. Das ganze Unternehmen
zeitigte zeitigte einen glanzvollen Erfolg und ich wurde nach 2 Monaten
als geheilt aus dem Spital entlassen. Nun wächst meine Leber wieder nach
und es ist eine völlige Heilung zu erwarten. Ab morgen reise ich noch
für einen Monat zur Erholung nach Flims und so wird es mir möglich sein,
zu Beginn des Sommersemesters im Frühling das Szepter wieder zu schwin-
gen.
Sie sehen, lieber Herr Schmid, dass ich eine schlimme Zeit hinter mir
habe, in der ich aber nicht nur Negatives registrierte. Die Bedrohung,
aber auch die Distanz zur Schule haben sich sehr günstig auf mich aus-
gewirkt und ich bin heute so weit, dass ich mich vor keinen personellen
und fachlichen Schwierigkeiten mehr scheue. Die Angst vor etwelchen
Dingen habe ich schon ganz verloren.
In diesem Zustand übernehme ich gerne wieder die Leitung, umso mehr als
durch meine Abwesenheit ein Vakuum entstand, in das alles Mögliche ein-
floss.
Durch Herrn Aeschlimann habe ich vernommen, dass sich Ihr Aufenthalt in
Japan dem Ende zuneigt. Stimmt dies ?
Und nun liegt mir sehr daran, dass Sie mein langes Schweigen nicht als
Gleichgültigkeit Ihnen gegenüber interpretieren. Ich nehme weiterhin
lebhaften Anteil an Ihrem Ergehen und danke Ihnen nochmals recht herz-
lich für Ihre Treue.

Mit herzlichen Grüssen Ihr dankbarer Lehrer (um einmal den Spiess umzu-
drehen)

4000 Basel Hardstraße 173 Telephon 061 41 95 35

Emil Ruder's letterhead includes
his membership (SWB, ATypl, ICTA),
teaching position (Fachlehrer für
Typographie) and private address.
Typeface: Univers 55
210 x 297 mm
1964

エミール・ルーダーのレターヘッド。
所属団体名、バーゼル工芸専門学校における
教師の地位と自宅住所が記載されている。
使用書体：ユニバース 55
1964年

Emil Ruder's letterhead with official
title (director) and private address.
Letter to his student Helmut Schmid.
Typeface: Univers 45
210 x 297 mm
1969

公的な役職（校長）と私的住所が記載された
エミール・ルーダーのレターヘッド。
教え子であるヘルムート・シュミット宛の手紙。
使用書体：ユニバース 45
1969年

Private letterhead of Emil Ruder.
Letter to his student Hans-Rudolf Lutz.
Typeface: Univers 55
210 x 297mm
1964

エミール・ルーダーの私用レターヘッド。
教え子であるハンス-ルドルフ・ルッツ宛の手紙。
使用書体：ユニバース 55
1964 年

Aside from their technical aspects two events in the history of printing have had an enduring effect: Mergenthaler's invention of the typesetting machine and, in our own times, the introduction of phototypesetting. At the centre of the irritations and reservations which this has elicited are two factors: firstly apprehensions regarding the continued existence of typographical work at all, and secondly the question as to what the formal effect might be of this emancipation from typographical material. Both considerations are rooted in sentiments of disapproval and are a scarcely suitable basis for taking the necessary precautions for future typography. It is known to be a correct premise that new techniques open up new possibilities. The process does not always take place in a logical fashion and one frequently finds oneself at a loss when faced with newly opening perspectives. The artistic possibilities of television, for example, have up to the present day scarcely been exploited, and colour photography is only just beginning to find its own autonomous formal language. The first examples of print are also curiously reserved in the face of the new technology, their formal message still adhering to that of their written antecedents.

In all ages typography has subordinated itself to the technique of hot metal typesetting, even if in isolated cases such limitations were breached – in recent times in the typography of futurism, in the caligrammes of Apollinaire or in Piet Zwart's typographical works for the Dutch Cable Factory in Delft. But these transgressions have meant up until today the overcoming of considerable technical difficulties, above all in the deviation from the right angle. In phototypesetting, on the other hand, one can no longer talk of deviation. The whole area available for the typography can be used freely and without constraint. Further new possibilities offered by phototypesetting include: infinitely variable enlarging and reduction of typefaces, altering of type width (justification), reduction of line spacing right down to superimposition of lines, negative lines, use of half-tone and distortion of typefaces, etc.

The designing typographer, confronted with such new design possibilities, is liable to two dangers. On the one hand he must be careful not to get excessively bogged down in old ways of thinking in the sphere of phototypesetting. He needs to be clear that the latter not only differentiates itself from hot metal typesetting in technical matters but also opens up a completely new means of expression. But an indiscriminate and excessive handling of these means leads to a subjective typography in which yardsticks for function, proportion and form cannot fail to dwindle ...

Neither does the technique of phototypesetting herald the demise of typography, nor is it the end of all strivings to create form; rather it joins the ranks of what already exists, providing an enrichment and an extension. Phototypesetting offers the typographer a new tool which he should use sensibly. In order to be able to do so he must intensively devote himself to the new methods so that they become familiar to him. A new chapter in typography with hitherto unimagined possibilities opens up. It is to be hoped that the typographer is up to this wealth of opportunities.

Introduction to the special edition 'Phototypesetting'
Typographische Monatsblätter
TM 11.1966

Translation: Graham Welsh

Emil Ruder
1966

A new chapter in typography with hitherto unimagined possibilities opens up.

印刷の歴史の中で、技術的な観点と並んで、心情的な点で今も影響し続けている出来事がふたつある。マーゲンターラーによるライノタイプ機の発明と、わたしたちの時代の写真植字機の導入である。これらからふたつの重要な点について不安と疑念が頭をよぎる。ひとつはタイポグラフィの仕事そのものの存続に関する恐れであり、今ひとつは、タイポグラフィの素材からの開放がどのような造形上の影響をもたらすか、という懸念である。どちらも否定的な感情から生じた考え方であり、タイポグラフィの健全な将来を開拓するにふさわしいとは言えない。新しい技術は、新しい可能性と新しい造形言語の道を拓くものである、と理解すべきであろう。こうしたプロセスは必ずしも論理上の展開を辿るとは限らず、人はしばしば無限の展望を前になす術を知らず立ちすくむ。例えばテレビの芸術における可能性はほとんど探求されていないし、カラー写真はようやくその内なる造形言語を語りはじめたばかりである。揺籃期の印刷物も、新しい技術に対して奇妙なほど控えめで、その造形表現は手書きの伝統に縛られていた。

すべての時代においてタイポグラフィは金属活字の技法に従ってきた。とは言え、時折その境界線を飛び越えた例はあった。未来派のタイポグラフィやアポリネールのカリグラム、ピート・ツヴァルトのデルフトのオランダ国営ケーブル会社のためのタイポグラフィックな広告などがそうである。しかし、今日に至るまでこの境界線を飛び越えるということは、きわめて厳しい技術的な困難の克服、とりわけ直角の制約からの解放を意味してきた。ところが、写植においては、これは克服すべき制約ではない。タイポグラファは、全紙面を全く自由かつ束縛なしに使うことができるのだ。更に写植が持つ新しい可能性には、活字サイズが段階なしで拡大・縮小できること、字間をつめること、行が重なるまで行間を詰めること、白抜き文字、網目スクリーン、文字の変形...などがあげられる。

クリエイティブなタイポグラファは、この新しいデザイン手段と対峙するにあたり、ふたつの危険に直面する。まず写植の使用においては、古い考え方に強く固執しすぎないように気をつける必要がある。写植が金属活字とは技術面で異なるとともに、それが新しい造形表現を拓くものであることを明確に意識しておくべきなのだ。しかしその一方で、この手段の手当たり次第、無制限な使用は、機能と調和とフォルムへの配慮が損なわれた、ひとりよがりのタイポグラフィに行きつくだろう...

写植の技術はタイポグラフィの解体を告げるものではないし、すべての造形への努力の終わりでもない。それどころか、今ある手段に加わってさらに豊かな拡がりをもたらすものである。タイポグラファは感性に応じて用いられる写植という新しいツールを手に入れたのだ。これを薬籠中のものとするためには、その新しい方法論に取り組んで慣れ親しむべきなのだ。タイポグラフィの新しい世紀がこれまで予想もしていなかった可能性をもって始まったのだ。タイポグラファがこの豊かな契機を十分につかまえることが望まれている。

「写植」特集号への序文
TM 1966年11号

エミール・ルーダー
1966年

タイポグラフィの新しい時代が
これまで予想もしていなかった可能性を
持って始まったのだ。

Zwei Ereignisse haben in der Geschichte des Buchdrucks neben den technischen Aspekten eine nachhaltige Wirkung ausgelöst: die Erfindung der Setzmaschine durch Mergenthaler und, in unseren Tagen, die Einführung des Filmsatzes. Die Aufregungen und Bedenken kreisen vor allem um zwei Punkte: einmal um die Sorge über das Weiterbestehen der typographischen Verrichtung überhaupt und dann um die Frage, wie sich die Befreiung vom typographischen Material formal auswirken könnte. Beide Überlegungen entspringen abwehrenden Gefühlen und sind kaum geeignet, die richtigen Dinge für eine zukünftige Typographie vorzukehren. Es darf als bekannt vorausgesetzt werden, dass neue Techniken neue Möglichkeiten erschliessen. Nicht immer vollzieht sich dieser Prozess folgerichtig, und oft steht man etwas ratlos vor den sich eröffnenden Perspektiven. So ist das Fernsehen bis heute kaum künstlerisch bewältigt, und die Farbphotographie ist erst jetzt daran, ihre eigengesetzliche Formensprache zu finden. Auch die ersten Druckwerke sind ja der neuen Technik gegenüber von merkwürdiger Zurückhaltung, und ihre formale Aussage ist an diejenigen der geschriebenen Vorbilder angelehnt …

In allen Epochen hat sich die Typographie der Technik des Bleisatzes gefügt, wenn auch vereinzelt diese Grenzen übersprungen wurden, in neuerer Zeit in der Typographie des Futurismo, in den Calligrammes von Apollinaire oder in den Satzarbeiten von Piet Zwart für die Kabelfabrik Delft. Aber dieses Überspringen bedeutete bis heute die Überwindung erheblicher technischer Schwierigkeiten, vor allem in der Abweichung vom rechten Winkel. Im Filmsatz hingegen kann nicht mehr von Abweichung gesprochen werden. Über die ganze der Typographie zur Verfügung stehenden Fläche kann frei und ungebunden verfügt werden. Weitere neue Möglichkeiten des Filmsatzes sind: stufenloses Vergrössern und Verkleinern der Typen, Verändern der Typenweite (Zurichtung), Reduktion des Durchschusses bis zum Übereinanderdrucken der Zeilen, negative Zeilen, Rastern und Verformen der Typen usw.

Der gestaltende Typograph, konfrontiert mit diesen neuen Gestaltungsmitteln, steht vor zwei Gefahren. Einerseits soll er sich hüten, im Gebiet des Filmsatzes allzusehr im alten Denken zu verharren. Er soll sich klar bewusst sein, dass sich der Filmsatz vom Bleisatz nicht nur in technischen Dingen unterscheidet, sondern dass er neue Ausdrucksmittel eröffnet. Aber wahlloses und überbordendes Umgehen mit diesen Mitteln führt zu einer subjektiven Typographie, in der die Maßstäbe für Funktion, Proportion und Form verkümmern müssen …

Die Technik des Filmsatzes leitet weder eine Liquidation der Typographie ein, noch ist sie das Ende aller formschöpferischen Bemühungen, sondern sie gesellt sich als Bereicherung und Ausweitung zum schon Bestehenden. Mit dem Filmsatz ist dem Typographen ein neues Mittel in die Hand gegeben, mit dem er sinnvoll umgehen soll. Damit er dies kann, soll er sich intensiv mit den neuen Mitteln befassen, damit sie ihm vertraut werden. Ein neuer Abschnitt der Typographie mit bisher ungeahnten Möglichkeiten beginnt. Es ist zu hoffen, dass der Typograph diesem Reichtum gewachsen ist.

Emil Ruder
1966

Ein neuer Abschnitt der Typographie mit bisher ungeahnten Möglichkeiten beginnt.

Einführung zur Sondernummer 'Lichtsatz'
Typographische Monatsblätter
TM 11.1966

Emil Ruder
Etching: Leon Maillet

1945

エミール・ルーダー
エッチング：レオ・マイェ

1945

Armin Hofmann, Lucerne:
Emil Ruder

アーミン・ホフマン、ルツェルン：
エミール・ルーダー

The Temple of Poseidon
Photo: Armin Hofmann

ポセイドン神殿
写真：アーミン・ホフマン

An amicable collaboration between Emil Ruder and myself continued for almost 25 years, right up to his death in 1970. It was a collaboration marked by common goals, both professionally and in our teaching pursuits. Whereas Ruder was predominantly concerned with all issues surrounding typesetting and printing techniques, I devoted myself mainly to drawn typefaces and the pictorial expression of script. In various experiments Ruder investigated the architecture of individual characters and the influence thereof on legibility and aesthetics. In so doing he never failed to stress the musicality of the letterforms and the overall appearance of the typeface. He enhanced his teaching with lectures, publications and museum visits, effectively turning the lessons into a forum for applied design. As teacher and typographer he belongs to those responsible for establishing the worldwide reputation of Swiss typography.

Art historical visits to the most important architectural monuments of France constituted particular highlights of our joint endeavours. I have particularly strong memories of Chartres, the earliest of the great Gothic cathedrals with its Romanesque West Portal (Portail royal), as well as Reims Cathedral where the kings of France were once crowned, a major example of Gothic style together with an early Romanesque pillared basilica from the 11th century, and the remains of Rouen cathedral which was badly damaged in the Second World War. French Romanesque and Gothic periods were amongst those to which Ruder gave special emphasis in his slide lectures, though not without comparing their structures to German architecture from the same period. He was a teacher through and through who enthralled his pupils with extensive visual material assiduously gathered from his travels.

Between 1947 and 1950 we also made study trips to England and Italy. The architecture of the Temple of Poseidon in Paestum from the 5th century B.C. left a particularly strong impression on us, as did the cities of San Gimigniano, Florence, Siena and Ferrara. We documented our shared interest in type with examples from various epochs, including Roman Capitalis, Roman Quadrata and forms of lettering from early Christendom as well as from the Romanesque through to the modern periods.

In his introduction to 'Kleine Stilkunde', published in 1950 and containing much material from our joint study trips, Ruder wrote: 'Type as an expression of its time, its integration into all manifestations of its time, and its journey from isolated, static upper-case lettering to flowing writing in lower-case characters, capable of being written and understood more quickly, becomes thus apparent.'

Emil Ruder's tuition never confined itself to details but was always aimed at encouraging a holistic approach to knowledge and experience.

November 2008
Translation: Graham Welsh

エミール・ルーダーとの友情ある共同作業は、1970年に彼が亡くなるまでの約25年間続きました。私たちには、仕事上でも教育活動の方針でも共通した目標があったのです。ルーダーは主として組版と印刷の技術的課題と対峙し、私は活字のドローイングと手書き文字の絵画的表現に重きをおいていました。ルーダーは各文字の構造設計と、それが可読性および芸術性におよぼす影響について、さまざまな実験を試みました。その中で彼がかならず強調していたのは、文字のフォルムが持つ音楽性と、書体の全体的な印象ということでした。彼は講義、出版物制作、そして美術館見学を組み合わせて教育の内容を深め、授業を応用デザインの研究会の水準にまで高めたのです。スイス・タイポグラフィの世界的な名声は、彼なくしてはありえません。

ふたりの共同プロジェクトのなかでは、フランスの重要な建築物を訪れるという美術史探訪の旅がとくに思い出深いものでした。ロマネスク様式の西正面（王家の門）を配した最も初期の大ゴシック聖堂であるシャルトルの大聖堂、11世紀の初期ロマネスク様式のバシリカ式教会堂の隣にあるゴシック様式の傑作ランスの大聖堂、そして第二次大戦でひどく破壊されたルーアン大聖堂の遺構です。これらはとくに強く印象に残っています。ルーダーはスライドを使った講義の中でとくにフランス・ロマネスク様式とゴシック様式に重きをおき、同時代のドイツ建築とその様式を比較することも忘れませんでした。旅で入念に収集した膨大な写真の資料に、生徒たちは夢中になりました。彼は終始一貫教師でした。

私たちはイギリスとイタリアにも、1947年から1950年にかけて、研究旅行をしました。とくに印象に残っているのは、パエストゥムにある紀元前5世紀のポセイドン神殿と、サン・ジェミニアーニ、フィレンツェ、シエナ、フェラーラといった街々でした。文字に関する共通の興味から、ローマ大文字、ローマ時代のクワドラータ、初期キリスト教時代の文字など、ふたりでロマネスク期から現代にいたるさまざまな時代の文字サンプルを記録しました。

1950年に出版されたルーダーの『様式概論』には私たちの共同研究旅行のなかで取材された素材が多く収録されています。本書の序文で彼は次のように書いています。「時代の表れとしての活字、それが同時代精神を表明するすべての事物へと統合されること、そして単独で静的な大文字のレタリングから、より速い読み書きを可能にする小文字による流れるような書字への移行。これらの事象はこのように理解されるのです。」

エミール・ルーダーの教育は決して細部のみに囚われることなく、つねに知識と経験に対して全体的なアプローチを心がけることを主眼にしていたのです。

2008年11月

Karl Gerstner, Basel:
Emil Ruder

It was long, long ago that I met Emil Ruder. Maybe 60 years? – whatever, it was a stroke of luck for life. The memory of which did not fade one bit.

I was an apprentice in an advertising agency, and had to take supplementary courses in the Basel School of Design. Amongst them Typography. Under Ruder.

But what does typography mean? Before any designing, we had to learn to typeset. With lead and brass. That means: hold a setting stick properly. Then fill it with lead letters, which had to be collected from the right ones of the many compartments of type cases, line for line. And if there were not enough or too many to fill the line? That had to be adjusted by various spacing, to the point. Nota bene: ranged left was only for poems at that time. And so forth.

I learned a brilliant craft, refined through centuries. What nobody knew – not even Ruder: it would all be over soon, forever. Ruder's teaching method was as precise as his tools. Always to the point, without any prattle. It was the same when it came to designing. Only later did I realize that his teaching of the craft went beyond mere craftsmanship.

It was still the postwar years. On the one hand, we were all more shocked by the Nazi crimes, emerging bit by bit. On the other hand, there was optimism in all the fields of creative design. The cultural stagnation under Hitler – which also affected Switzerland – had to be overcome. Architecture, city planning, all the arts experienced a wondrous revival: including graphic design. Ruder was fully committed.

One characteristic of his teaching was to place his course within a bigger picture. Our future profession was not only for earning money. It was a responsibility, a contribution to the daily culture. That requires not just talent, but also character.

As well as setting, he also told us the development of type through all the ages. Once he organized the *Manuale* of Bodoni from the library, and he drew our attention to the details of each letter. Not without mentioning that the typeface was a typical descendant of classicism. And that's how he continued throughout the entire cultural history, always focussing on type. The rigid vertical of the gothic type next to a gothic cathedral. Or the lively Garamond next to a sculpture by Michelangelo.

And he never forgot to point out that today's premises and conditions might well be different, but we were nevertheless duty-bound to further the development to the highest level.

That sentiment was poignantly clear when, one day, he appeared with a black box. It contained typographical treasures from the heroic twenties (of the last century). Amongst them works by Doesburg, Lissitzky, Schwitters. And by Tschichold, the herald of the 'new typography'. He was imprisoned by the Gestapo for pinning posters by Lissitzky to the wall of his studio. He then fled Germany and found asylum in Basel. There he gave his collection to the Library, for safe-keeping as it were.

It was Ruder's quality as a teacher that made his intellectual horizon stretch far beyond his field. In addition to cultural history, he was proficient in literature and music – he played the violin. A teacher who left a most vivid heritage within his students – and within their students.

January 2008
Translation: Dieter Heil

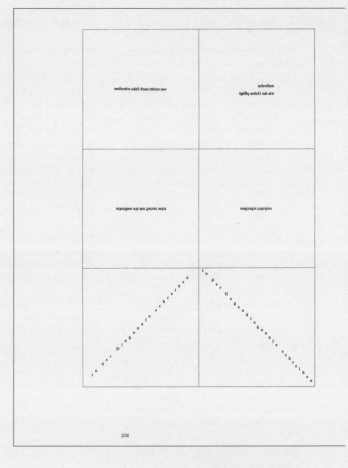

Karl Gerstner's contribution
to the Emil Ruder issue.
TM 3. 1971

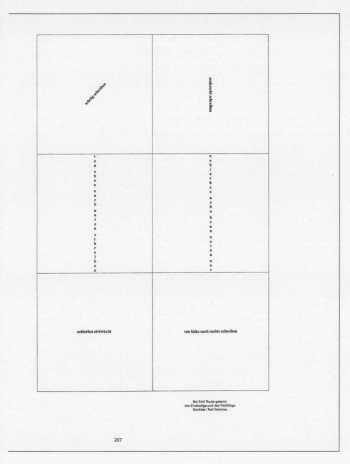

カール・ゲルストナーによる
エミール・ルーダー追悼特集号への
寄稿作品
TM 1971年3号

カール・ゲルストナー、バーゼル：
エミール・ルーダー

ずっと、本当にずっと昔のことだ。エミール・ルーダーと
出会ったのは。60年ぐらい前かな？ いずれにせよ、
あれは人生の幸運だった。その記憶は少しも
褪せていない。

当時広告代理店の見習いだった私は、バーゼル
工芸専門学校で補助的な課程を修めなければならな
かった。その中にタイポグラフィの授業があった。
ルーダーのもとでの。

しかし、タイポグラフィとは何のことをいうのだろう？
デザインの課程に進むまで、我々は植字を学ばなければ
ならなかった。鉛と真鍮を手に。それはすなわち、
植字ステッキをきちんと手に取るということから
始まった。それから、ひとつひとつ鉛の活字（それらも
活字ケースの数多くの引き出しの中から正しい
ものを取り出さなくてはならなかった）で1行1行を
埋めていく。もしその行を埋めるのに、文字が
多すぎたり少なすぎたりしたら？ それは単語と単語の
間隔を込めるもので埋めてさまざまに調整しぴったりと
揃えられたのだ。ちなみに、フラッシュレフト組み
（行頭左揃、行末不揃い）は当時、詩のときだけ
使われた。などなど。

数世紀を積みかさねて完成された素晴らしい職人
技術を私は学んだのだ。ルーダーも含め、誰も知らな
かったのは、この技芸がまもなく、永遠に終わりを
迎えるということだった。ルーダーはその手技と同様、
教育の方法論も精密だった。雑談はなく、つねに
要点を外さなかった。彼の教えがただのクラフトマン
シップ以上のものであることを理解したのは、
後々になってからのことだった。

時はまだ戦後だった。次第に明らかになるナチスの
犯罪に、人々は激しいショックを受けていた。
だがその一方で、創造的な技芸のすべての領域は
希望にあふれていた。ヒットラー時代の文化排斥
（スイスもその影響を免れなかった）は、克服されようと
していた。建築、都市計画はじめすべての芸術は、
驚くべき再生のときを迎えたのであった。デザインも
例外ではなかった。ルーダーはこの動きに
全面的に関わっていった。

ルーダーの教育の特徴のひとつは、彼が自分の
専門科目をより大きな全体のなかに位置づけていたこと
である。われわれの将来の職業は金儲けのため
だけのものではない。日常文化に貢献しているという
責任感をもて。そのためには才能だけではなく、
人格も必要である、と。

組版以外にも、ルーダーは、各時代を通しての
書体の展開についても教えてくれた。あるとき、彼は
図書館からボドニの『タイポグラフィの手引き』を
調達してきて、われわれをひとつひとつの文字の細部に
注目させた。この書体が典型的な古典主義の
落とし子であることに言及することも忘れなかった。
彼は書体を軸としながら文化史全体を解説していった。
フラクトゥール体の厳めしい垂直線をゴシックの
大聖堂と並べたり、生気に満ちたガラモンを
ミケランジェロの彫刻と並べたりした。

ルーダーはこう付け加えることも決して忘れなかった。
われわれは過去と、前提も状況も異なる時代に
生きているが、それでもなお、さらなる高みへと発展する
責務を負っている、と。

このことをとくに印象付けられた出来事がある。
ある日ルーダーは黒い箱を持って授業にやってきた。
そのなかには（前世紀の）栄光の20年代のタイポ
グラフィの至宝が入っていた。とりわけドゥースブルクや
リシツキー、シュヴィッタースの作品。そして
「ニュータイポグラフィ」の伝道師であったチヒョルトの
作品も。チヒョルトは、リシツキーのポスターを
自分のアトリエの壁に貼ったかどで、ゲシュタポによって
投獄され、その後ドイツから逃れバーゼルに
亡命した。彼は自分のコレクションをいわば安全
確保のために図書館に寄贈していた。

ルーダーの教師としての質は、彼の知的な地平が
彼の専門分野をはるかに超えて広がっていたということ
にある。彼は芸術文化史以外にも文学や音楽にも
精通し、自らヴァイオリンも演奏した。ルーダーは
その生徒たちへ、そしてその生徒の生徒たちへ、
この上なく輝かしい遺産を残した教師であった。

2008年1月

Two pages from Kurt Hauert,
Five squares on adventure. AGS Basel 1955
TM 8/9.1956
クルト・ハウエルト作『5つの正方形の冒険』、
AGS バーゼル、1955年
TM 1956年 8/9合併号

Kurt Hauert, Basel:
Emil Ruder …

Visiting at break time, I looked up
Emil Ruder in the composing
room where he was using tweezers
to carefully glue back a tiny piece
of linoleum which broke off while
working on a linocut. Looking at the
printed poster nobody would
have noticed that there was a tiny
piece missing, let alone regard it as
a mistake. I did not question
him, since I would not have acted
differently.

Another time he asked me, whether
I leaned more towards the Japanese
or the Chinese coloured wood-cut.
Hesitating a bit because I like both,
I then voiced a preference for the
Chinese woodcut, and he agreed
spontaneously. We understood each
other right from the start.

I associated the term type matter
with newspaper, advertisement, if
need be with beautiful books.
Then I met Emil Ruder and, with the
magical word typography, he
guided me into a new area of design
to establish a rigid framework with
abstract material, in which symbol
could turn into picture, picture
into symbol, and type and picture
into an integrated whole, structured
and controlled, vibrant and soulful,
and perfectly crafted.

And that is why, from then until
today, I feel close to Emil Ruder
through his vision that design not
only has to be good – it can also be
just beautiful: human, and he
strongly believed that all his life.

January 2008

クルト・ハウエルト、バーゼル：
エミール・ルーダー…

植字室にいたエミール・ルーダーを休憩時間に
訪れたとき、彼はちょうどリノリウム版を
彫っているときに欠けてしまった小さなリノリウムの
かけらを注意深く、ピンセットで元通りに貼り
付けているところだった。印刷されたポスターを
見た人は、ミスに気付くどころか小さな点が
欠けていても分からなかったであろう。
このとき、私は彼に何もたずねなかった。私も
同じようにしたであろうから。

また別の機会にルーダーは私に、日本の版画と
中国の版画のどちらに惹かれるか、とたずねてきた。
どちらも好きなので少しばかり悩んだあと、
私は中国の版画だ、と答えた。彼も即座に私に
同意した。私たちははじめから気があった。

活字組版という言葉は、私に新聞や広告、
場合によっては美しい本を連想させるものだった。
そこで私はエミール・ルーダーと出会い、彼は
タイポグラフィという魔法の言葉とともに、
私を抽象的な素材を用いて厳格な骨組みを
構築する新たなデザイン領域へと導いていった。
そのなかでは記号が図になり、図が記号になり、
文字と図は構造化、統制化され、活き活きと
魂のこもった、そして完璧に仕上げられた全体の
なかに統合されるのだ。

このようなわけで、私はあの頃から今日まで
エミール・ルーダーと次のような彼の理念を通じて
つながっていると感じている。つまり、デザインは
ただ用をなすのみならず、純然と美しくも
なりうる。すなわち、人間的に。彼は生涯
そのように強く信じ続けていた。

2008年1月

Lenz Klotz, Basel:
Emil Ruder **

What fascinated me about Emil
Ruder was his belief that human
society had to convalesce through a
designed environment, that is
through the pure management of
form.

From the ashtray to the glass-house
– to use a phrase favored by him –
everything had to be planned and
designed functionally and aestheti-
cally. Guided by the pioneering
modernists – Mondrian, Mies van
der Rohe and Le Corbusier – he
started this purifying process within
his own field – typography – with a
tireless fervour. I, therefore, dare
call him a purist. He remained very
close to this field right to the end.
Even as a director he always carried
two pieces of type in his pocket, so
as to prove: it starts here! It is these
little things that demonstrate it! In
this sense, his book *Typographie*
remains his legacy. A second book
which he talked about shortly before
he died was not to be written.

Once sure about something his
interest switched to other areas. The
fine arts, photography, film, archi-
tecture and environmental design,
he observed them enthusiastically.
And he vigorously fought anything
he thought was betraying the big
ideal. A spirited fighter and incon-
venient opponent; he deeply hated
any compromise. He asked a lot of
himself as director of the Basel
School of Design. All the pressing
questions were dealt with all at once
with great energy. In doing so he
realized with horror that he only had
ten years left to form the school
according to his thinking. It turned
out to be fewer.

His work concerning the school,
therefore, remains a torso. His inten-
tion to create an educational
institution ended. However, he drew
attention to the direction in which
to look for future solutions, and that
is to his credit.

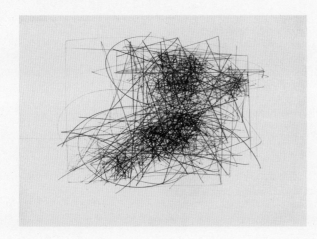

Drawing: Lenz Klotz
ドローイング：レンツ・クロッツ

レンツ・クロッツ、バーゼル：
エミール・ルーダー **

私がエミール・ルーダー に魅了されたのは
彼の信念からだった。その信念とは、人間社会は
デザインされた環境、すなわち形態を純粋に
とりあつかうことを通して快復されなければなら
ないというものであった。

彼が好んで用いた言い方を借りれば、灰皿から
ガラスの家まで、すべてが機能的にも、美的にも
考え抜かれ、デザインされたものでなければ
ならないのである。ルーダーは、モンドリアンや
ミース・ファン・デル・ローエあるいは
ル・コルビュジエといったパイオニア的なモダニスト
たちに導かれた後、自身の分野すなわちタイポ
グラフィにおいて、尽きることのない熱意をもって
その精錬作業に取り組んだのである。それゆえ
私はあえて彼を純粋主義者と呼びたい。この
分野にルーダーは最後まで深く関わり続け、校長の
役職となってもつねにいくつかの活字をポケットに
持ち歩いていた。それはまるで、「すべては
ここから始まるのだ！」、「この小さな物体が体現
するのだ！」とでも言うようだった。このような
意味で彼のデザイン教本『タイポグラフィ』は
彼の遺産でありつづけるのだ。死の何週間か前に
私に話して聞かせた2冊目の本の執筆は、
ルーダーには叶わないこととなってしまった。

ひとつの物事に確信を得ると、彼の興味は
次なる領域に向かっていった。ルーダーは美術、
写真、映画、建築そして環境デザインを熱心に
追求し、自身の大きな理想に反するものには
精力的に立ち向かっていったのである。彼は魂の
戦士であり、一筋縄ではではいかない相手だった。
ルーダーは「どっちつかず」をひどく嫌ったからね、
と彼に敵対する陣営の人々は語ったものだった。
バーゼル工芸専門学校の校長として、ルーダーは
多くのことに挑み、深い情熱をもって緊急の
課題すべてに精力的に取り組んだ。この学校を
自分の構想通りにするために10年しか猶予がない
ことを、ルーダーは戦慄とともに理解していた。
実際はさらに少ない年月しかなかったのだが。

かくして、彼の学校教育における仕事は未完成の
ままとなり、教育機関確立の意志はついえた。
しかしながら、未来に開かれた解決策を探求すると
いう方向性に人々の目を向けたのは、ルーダーの
功績である。

Wim Crouwel, Amsterdam:
Emil Ruder

Only once I saw Emil Ruder at a congress of
ATypI, all I know of him is through others.
Still my work is deeply influenced by his funda-
mentals.

Once, in 1953, I visited the famous Basel school,
at that time still in the old building. A Swiss
friend, Gerard Ifert, took me there. I did not meet
Ruder, unfortunately, but his spirit was all
around. He was one of my heroes.

Switzerland was the paradise of Akzidenz
Grotesk; a typeface that was not available at our
printers. For us it was a real discovery to
see how one could make a subtle, functional,
and well structured typography with only
one typeface.

In the fifties typography in my country was
not special at all; we were lucky that we had at
least the constructivist work of famous
designers like Piet Zwart and Paul Schuitema
to be inspired by.

Through Emil Ruder, typography became **the**
Swiss typography, and we from another country
heard about his influential teaching, and were
jealous that we were unable to join.

In the book *the road to Basel* is a story about
one of his students who, in his period of appren-
ticeship had to work along the guidelines of
Jan Tschichold, while later in the Basel School
he followed the classes of Emil Ruder. This
must have been a shocking discovery for him;
being sandwiched between these two giants of
typography with at that time such different
opinions. Tschichold returned to traditional
classic typography and Ruder propagated his
highly structured modernist view.

What I foremost learned from the work of Emil
Ruder is the need of a rhythmic structuring
of the typographic page in order to make texts
better readable and understandable.

His book *Typographie* from 1967, a round off of
his Basel teaching activities, is a complete
course in clear thinking. It wouldn't be bad if
today's design students could read it as
an antidote against much of contemporary
extravaganza.

March 2008

Book cover of *Typographie*
『タイポグラフィ』表紙

ウィム・クロウエル、アムステルダム:
エミール・ルーダー

私がエミール・ルーダーを見かけたのは1度だけ、
ATypIの会議場でした。彼について知って
いることはすべて他人を通してです。しかし私の
作品は彼の根本原理に深く影響を受けています。

1953年のことでした。1度だけあの有名な
バーゼルの学校を訪ねたことがありました。
まだ古い建物の時代です。スイスの友人の
ゲラルト・イフェールが連れていってくれました。
残念ながらルーダーには会えませんでしたが、
そこには彼の精神が満ち溢れていました。
彼は私のヒーローのひとりでした。

スイスはアクチデンツ・グロテスクの楽園でした。
それはわれわれの印刷所にはなかった活字
書体でした。たった1種類のタイプフェイスで、
緻密で機能的かつ申し分なく構築された
タイポグラフィを制作できるということは、
われわれにとっては真の驚きでした。

わが国の50年代のタイポグラフィには見るべき
ものは何もありませんでした。幸運だったのは、
少なくともピート・ツヴァルトやポール・シュイテマ
のような有名デザイナーの構成主義的な作品を
目にし、それによって触発されたことです。

エミール・ルーダーの出現により、タイポグラフィは
「スイス・タイポグラフィ」という領域を確立し、
われわれ他国のものは彼の影響力のある
教育について耳にしては、参画できないことに
嫉妬するばかりでした。

『バーゼルへの道』の中に、ルーダー下で学んだ
生徒の物語があります。彼は徒弟時代に
(クライアントのホフマン-ラ・ロッシュと)ヤン・
チヒョルトの方針に従って働かなければなら
なかったのですが、後にバーゼル工芸専門学校では
エミール・ルーダーのクラスで学んだのです。
これは彼にとってショッキングな発見だったにちがい
ありません。当時あれほど異なる見解の持ち主
である、タイポグラフィの2大巨頭ともいうべき
ふたりの間に挟まれていたのですから。
チヒョルトは伝統的で古典的なタイポグラフィに
回帰し、ルーダーは高度に構築されたモダニスト的
視点を提唱していました。

私が真っ先にルーダーの作品から学んだことは、
テキストをより読みやすく理解しやすくする
ためには、ページのタイポグラフィをリズミカルに
構成することが必要であるということです。

1967年に出版された、ルーダーのバーゼルに
おける教育活動の総仕上げである『タイポ
グラフィ』は、明快な思考のもとで完全に筋道
立てられています。この本を今日のデザインを
学ぶ学生が、現代デザインの狂乱状態に対する
解毒剤として読むことができるとすれば、
悪くないですね。

2008年3月

Adrian Frutiger, Paris:
We were friends ...**

We were friends. Our roads crossed, while he was teaching, I was still learning. He was never my actual teacher, and perhaps that is why our early friendship developed so easily.

Looking back, it seems to me that his road was like a straight line; his work always searching for purity and the expression of truth. His models were never the great men of the past, but rather artists with deep humanity. For the same reason he preferred the truly naive. With his profound knowledge of lasting beauty, he found the measure for his own profession, as creator and teacher.

Through his works, Emil Ruder has undoubtedly left his mark on mid-twentieth century typography – directly through the impact of his own works, and indirectly and widely through his many students, influenced by him as a teacher and master, who have spread his philosophy throughout the world.

His influence on my work as type designer is apparent. On each of our meetings, I had to measure myself against him. In appreciation and criticism, he was supportive, encouraging and always orientating towards what he called the classic line. His aim was to respect the deep humanity of the past, to omit all personal peculiarities and to work towards genuine values which connote sustainability for the future. Emil Ruder achieved all this and I am endlessly grateful to him. My greatest satisfaction and happiness was when, after years of reviewing the early designs, he created his typography with the typeface that eventually emerged.

They often say Emil Ruder was severe in his opinions and stern in the judgment. He really was, and he had to be. Since his life was so firmly determined, he stood as a guiding light in the everyday chaos, for many people, his students and also his friends.

When you face problems, it always makes you feel good and strong to have a model within yourself and to be able to ask 'What do you think about this, Emil?'

Geometrical, optical and organic aspects,
Emil Ruder, *Typographie*, page 97
幾何学的、視覚的、有機的な視点
エミール・ルーダー『タイポグラフィ』97ページより

アドリアン・フルティガー：
私たちは友人でした…**

私たちは友人でした。ふたりの道が交差したのは、彼がすでに教える立場、私は学ぶ立場にあったときでした。彼が職業上の私の師であったことはありません。多分、だからこそ初期のふたりの友情は気楽なものだったのです。

振り返ってみると、私には彼の道のりは一直線のように見えます。彼の仕事はつねに真実の表現の純粋性へと向かっていました。それゆえに彼が模範としたのは過去の偉大な人物というよりも、むしろ深い人間性を備えた芸術家たちでした。また同様の理由から、真に率直な人々を好みました。時代を超えた美への深い造詣によってルーダーは自らの職業、つまり制作者、そして教育者としての活動の指針を見出したのです。

エミール・ルーダーの作品は20世紀中期のタイポグラフィに影響を及ぼしました。彼自身の作品を通して直接的かつ力強く、また彼の生徒たちによって間接的かつ広範囲に影響を及ぼしたのです。彼から教えを受けた、あるいは師匠と仰いだ生徒たちが世界中に彼の痕跡を残してきたのです。

彼がタイプデザイナーとしての私に与えた影響は明白です。会うたびに彼は私に指針を与えてくれました。賞賛と批判によって支え励ましながら、彼は私を古典に連なる系譜へと導いてくれました。彼の目的は、歴史の中の深い人間性を尊重し、うわべの個性をすべて排し、未来においても普遍的な真正の価値の創出にありました。エミール・ルーダーはこれらをすべて成し遂げたのです。私はそのことに永遠に感謝します。彼が何年にもわたって設計に講評を加え、ついに世にでた書体とともに独自のタイポグラフィをものにしたことは、私にとって最大の満足であり幸せでした。

エミール・ルーダーの意見は厳しく、判定は痛烈であるとよく言われます。それは本当のことでしたし、また、そうあらねばならなかったのです。彼の人生は揺るぎないものだったからこそ、彼は生徒や友人も含めた多くの人々にとって、日常の混沌における導きの灯たりえたのです。

問題に直面したとき、心の中に模範像を浮かべ、「あなたならどう考えますか、エミール？」と問えることで、常に安心し、心強くなれるのです。

The first time I met Emil Ruder – sadly the only time I met him – was back in 1960. As chairman of a compositor's (then the name of typographers) trade association I organised, together with some colleagues, lectures and other events. The programme of autumn/winter 1960/1961 offered a series of lectures by highly qualified speakers: Emil Ruder, Hans Mühlenstein (politics), Adrian Frutiger, Eugen Gomringer (Die gute Form), Josef Müller-Brockmann, Markus Kutter (languages), Georg Schmidt (modern art) and Hans Finsler (photography). We saw this activity as a social/cultural task. We regarded it not as 'to have', but 'as to be'. The idea of the worker's dignity was still intact. One did not want to be reduced to an ignorant, manipulated slave.

Despite teaching typography in the province for more than a year, and since 1962 at the Zürich Kunstgewerbeschule, my main interest at that time was not typography but art. Art was my passion; I already had one exhibition of my own and several together with others behind me. Typography was for earning money, and I worked at the printing plant of Orell Füssli, full of tradition which streched back to the 16th century and the famous Christoffel Froschauer. I set and printed bibliophilic books, illustrated with woodcuts and dry point engravings, which I published in my own small printing house called Janus-Presse. I had free use of type and printing press at Orell Füssli. Generosity and interest in culture were quite common amongst employers, at least in some factories.

Emil Ruder, who studied at the Zurich Kunstgewerbeschule under Alfred Willimann and Walter Käch, taught at the Allgemeine Gewerbeschule Basel since 1942. A stroke of luck, considering the powerful conservative typographer's fraction. Ruder quickly gained recognition as an outstanding teacher, designer and publisher. In issue 12, 1946 of the *Typographische Monatsblätter*, he published gothic types to encourage writing with a broad nib (one of his first publications in this magazine); in issue 3, 1947 he wrote about 'Set elementary ornaments', and in issue 10, 1949 'Prints of floral and embellishments' and a demonstration of how to put them together to create initials, borders and terminals. (This long-winded and rather baroque quote comes from the 1760 type sample by the Viennese printer Thomas Trattner). The uncompromising and stringent Basel School born out of floral and embellishments? What a strange notion!

As the younger by almost a generation, my publishing activities naturally started much later. In issue 3, 1958 of the *Typographische Monatsblätter*, I presented three books with woodcut illustrations and a text about modern woodcut. My main thing was not the typography but to show my work. Then again, in issue 8/9, 1960, I published my work but this time with the emphasis on typography: an exhibition catalogue and a leaflet (which contained one of my more recent woodcuts) for Xylon, an association of woodcutters of which I was a member; then followed a leaflet for technical and scientific instruments and equipment which – I can say today without blushing – was of the same high standard as the general Swiss graphic design for industry. Anyway, it found Ruder's approval – as opposed to the woodcuts which must have really been like a punch on the nose. These preliminaries are necessary to understand the following.

私のエミール・ルーダーとの最初の出会い、残念ながらそれが唯一のものとなってしまったのだが、それは1960年にさかのぼる。とある植字工（と当時はタイポグラファのことを呼んでいた）協会の主席委員長として、私は何人かの同僚とともに講演会や催し物を企画していた。1960/61年秋冬期のプログラムでは、エミール・ルーダー、ハンス・ミューレンシュタイン（政治学者）、アドリアン・フルティガー、オイゲン・ゴムリンガー（ディ・グーテ・フォルム同人）、ヨゼフ・ミュラー-ブロックマン、マルクス・クッター（言語学）、ゲオルグ・シュミット（現代美術）、ハンス・フィンスラー（写真）という綺羅星のごとき講演者を招いた一連の講演会が催された。このような活動を我々は社会的文化的な使命と理解しており、「する」ものではなく「ある」ものだと考えていた。労働者の尊厳の自覚はまだ健在であった。人は無知なままで操作される労働の奴隷に貶められることを、よしとしなかった。

当時、私は1年以上にわたって地方でタイポグラフィを教えた後、1962年からはチューリッヒ美術工芸学校でその任に就いていた。にもかかわらずその時期の私の主な関心はタイポグラフィではなく、芸術にあった。私は芸術に情熱を傾けており、初の個展もいくつかのグループ展もすでに経験していた。タイポグラフィは生活のための仕事だった。私は16世紀のあの有名なクリストッフェル・フロシャウアーまで遡る老舗の印刷工房、オレル・フュスリで働いていた。私は木版やドライポイントの版画で彩られた愛蔵版を組版・印刷し、それらの本を自分の小出版社であるヤヌス・プレスから発行していた。私は活字と印刷機をオレル・フュスリで自由に使うことができた。当時は、少なくともいくつかの工房では、寛容さと文化への関心が尊重されていたのである。

エミール・ルーダーはチューリヒ美術工芸学校でアルフレッド・ヴィリマンとヴァルター・ケーヒのもとで学業を修めたあと、1942年からバーゼル工芸専門学校の教壇に立っていた。保守的なタイポグラフィの派閥勢力が押していたことを鑑みれば、幸運だったといえよう。素晴らしい教師、デザイナー、発信者としてルーダーの名はただちに知れわたった。『ティポグラフィシェ・モーナツブレッテル』（訳者注：以下、TM誌）の1946年12号でルーダーはゴシック文字を紹介し、幅広の羽根ペンで書くことを奨励した（これは彼がこの雑誌に発表した最初期の記事のひとつである）。1947年3号には「要素的な装飾を組む」を、そして1949年10号には「花形装飾活字の印刷」が発表された。妥協を許さない厳しいバーゼル派は花形装飾から生まれたのだろうか。これは想像するに奇妙なことだ！

ほぼ一世代若い後輩としては当然ながら、私のTM誌への寄稿はずっと後になってからのことで、1958年3号に私は木版画で挿画された3冊の本を紹介し、現代木版画についての文章を寄せた。このときの主眼はタイポグラフィというよりは、私の版画作品を発表することにあった。次回、1960年の8/9合併号に作品を発表した時は、明らかにタイポグラフィに力点が移っていた。それは、クシロンのための展示会のカタログとパンフレット1冊だった。クシロンは木版画家たちの集団で、私はその会員であり、そのパンフレットには私の近作のひとつが掲載されていた。さらに続いて、TM誌上で科学技術用の測量機器と装置のためのパンフレットを紹介した。そのパンフレットは、今では私も臆面せず言えるが、当時のスイスの産業向けグラフィックデザインの高いレベルに決して劣らないものであった。それはさておき、このパンフレットはルーダーの厳しい批判の目に耐えたが、その一方で私の木版画はひどく彼の鼻についたにちがいなかった。以下に続く内容は、このような背景があってはじめて理解できるものである。

Ruder gave a talk in the autumn of 1960, the details of which I cannot remember bar, strangely, one thing: he showed a building in Zurich erected in the fourties or fifties as a striking example of bad architecture. Ruder's various articles in the *Typographische Monatsblätter* had demonstrated that he was competent enough to judge such things. The columns in 'Aus der Werkstatt unserer Zeit (from the workshop of our time) alone were proof that his knowledge and vision went far beyond mere typography. After the talk, it was my duty as chairman of the association to accompany the revered speaker to the railway station, were we had some time for coffee and a chat. Ruder dominated the conversation, without doubt. In the course of it he voiced a friendly rebuke: 'Mr Bosshard, you are a good typographer – so why do you have to do art?'

He also mentioned Karl Sternbauer who taught at the Zurich KGS, and whose courses I attended as an apprentice. Ruder's verdict was short and sharp: 'psychopathic typography'. There was no point in disagreeing. Sternbauer, forgotten by the typographers of today, was a slightly choleric and easily provoked man who could not establish a school (like Ruder), but he was able to inspire us young students with his own enthusiasm. I have good reasons not to forget him: he was the one who laid the ground for my broad interests, especially in fine arts.

Since I was never his student, I only knew Emil Ruder through his work and his publications. His book *Typographie*, published in 1967, this typographical monument which evokes Malevitsch's black square was known by everyone who was seriously interested in typography; it is still available in book shops today. Ruder's research was more geared towards the needs of the typographers rather than Gerstner's more intellectual but equally admirable book *Designing Programmes* from 1963. Ruder's manual which dealt with subjects like 'form and counter form' 'point, line, plane' 'contrats' 'shades' 'rhythms' and 'variations' was a practical tool for type compositors which helped them to design on a simply structured basis. The theory is supplemented by design examples (including works by students) which can easily lead to copying. The subject 'grid', however, is only dealt with in a rudimentary way. That is why Gerstner's 'mobile grid' from his *Designing Programmes* did not find it's way into Ruder's book.

There is an extremely rationally designed, beautiful book by Ruder: *Ein Tag mit Ronchamp*. The narrow columns of text are on the left hand pages, the pictures, landscape or upright and bleed off on three sides, are placed on the right hand pages: a work to be viewed with great pleasure. The plain captivates immediately – but if a more complex content negates this zero-complexity (a term I would use for the extreme simplicity and regularity) other typographical solutions will have to be found. The complexity, however, requires much more intensive commitment – from the designer as well as the reader.

September 2007
Translation: Dieter Heil

Lecture programm of the compositors association Zurich and correctors group
Design: Hans Rudolf Bosshard
210 x 560 mm (folded to 70 x 210 mm)
1960/61
チューリッヒ植字工組合と校正者グループ主催の
講演シリーズのプログラム
デザイン: ハンス-ルドルフ・ボスハルト
1960/61年

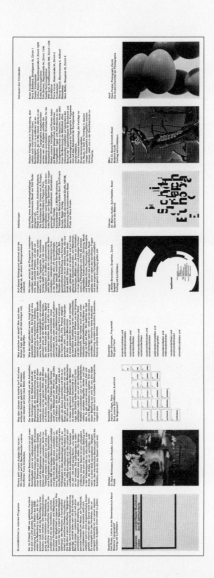

1960年の秋にエミール・ルーダーは講演を行なった。その詳細について、私は覚えていない。ただ奇妙なことに、ひとつだけ覚えていることがある。それはルーダーが、40年代か50年代にチューリッヒで建築されたとある建物を、悪い建築の顕著な例として示したことだ。ルーダーがそのような判定を下すことができる人物だということは、TM誌における数多くの論文で証明されていた。「わたしたちの時代の工房から」と題されたコラムだけを見ても、彼がタイポグラフィを超えた知識と卓越した見識を持っているということが、十分すぎるほどわかるのである。講演のあと、私は主催者側代表の義務として、この敬愛する講演者に駅まで同行し、そこでしばらくコーヒーとおしゃべりを共にする時間を得た。会話の主導権を握りつづけたのは疑いもなくルーダーだった。その折に「ボスハルトさん、あなたは優れたタイポグラファだ。だのに、芸術などやるのはいったいなぜですか」と寛いだ調子ながらちくりと一言発した。

ルーダーは、また、カール・シュテルンバウアーにも言及した。彼はチューリッヒ美術工芸学校の教師であり、私も見習い工として彼の授業をうけたことがある。ルーダーの評決は短くて厳しかった。「精神病質タイポグラフィ」。そこでは何を反論しても無駄だったにちがいない。今日のタイポグラフィ界では忘れられてしまったシュテルンバウアーは、いくらか短気で激しやすい人間で、(ルーダーのように)学派を形成することはなかった。しかし彼は自らの情熱をもって、私たち若い学生の情熱を鼓舞する力があった。私には彼を忘れてはならない確かな理由がある。私の多岐に渡る、とりわけ美術における関心の最初のきっかけは、疑いもなく彼によって導かれたのである。

私はエミール・ルーダーの学生であったことは1度もなかったため、彼のことは作品と出版物を通して知るにとどまっている。マレーヴィチの黒い正方形を思い起こさせる、1967年に出版された彼の記念碑的著書『タイポグラフィ』は、当時タイポグラフィ関係者であれば誰でも知っていた本であり、今日でも書店で購入できる。このルーダーの基礎研究は、カール・ゲルストナーが1963年に著した『デザイニング・プログラム』よりも、より現場のタイポグラファの要求に応えるように作られている（ゲルストナーの著作はより知的な方向性に基づき、ルーダーの研究と同様に素晴らしいものである）。ルーダーの教科書ではとくに「フォルムとカウンターフォルム」、「点、線、平面」、「コントラスト」、「グレイ値（グレイトーン）」、「リズム」、「バリエーション」といった概念が取り扱われている。これらは現場の植字工たちが明確な構造原理に基づいてデザインを行なう実践的なツールとなった。これらの理論には、気軽に模倣してしまいかねない危険な誘惑をはらむ、デザイン作例（学生の作品含む）が添えられている。これらに反して奇妙なほど粗末に取り扱われているテーマが「グリッド」である。『デザイニング・プログラム』にあるゲルストナーの「フレキシブル・グリッド」もルーダーの本には言及されていない。

ルーダーには、極度に合理的にデザインされた『ロンシャンの1日』という美しい本がある。文章は左ページに細長いコラム、図版は右ページに縦長あるいは横長に3方裁ち落として配置されている。眺めていて至福を感じる作品である。くもりなき明瞭さにたちまちにして心をうばわれる。しかし、ページの内容がより複雑になれば、この「複雑度ゼロ」（私はこの極端なシンプルさ、規則性をそう呼びたい）の状態は破錠し、また違ったタイポグラフィ上の解決法が求められてくるだろう。しかしながら複雑さというものは、読者と同様、デザイナーにも一層強い関与を要求するものなのだ。

2007年9月

André Gürtler, Basel:
on Emil Ruder *

The poster for the exhibition 'die Zeitung' [the newspaper] of 1958 in the Basel Gewerbemuseum, in which he put into practice his respect for craftmanship, is, for me, his most impressive piece of work. For three days he cut in lino, dot for dot, the screened image, not because one couldn't produce at time a large and expensive halftone, but for the reason of wanting to emphasize, by utilizing the linocut, his maxim 'a good designer is also a good craftsman'.

The new typography, which Ruder implemented on a broad basis, ran parallel with his responsibility as a tutor. His way of communicating was unambiguous and clear and only unclear whenever he sent us in search of alteration or improvement. Everyone was impressed by his knowledgeable and inspiring personality. He was an absolute authority and reliable guide, both introspective and approachable. He was, for me, unknowingly surrounded by an aura of the unusual, yet when faced with admiration he responded with modesty, for his way was a concern for a constant search for quality in all things and he was reluctant to accept applause.

For the first time I encountered a critical spirit, which observed things with a keen power of judgement. However, I was too young to learn sufficiently from Ruder's knowledge and his serenity – and at a time of leaving my parental home, he rather increased my restlessness and uncertainty. I became fascinated in dealing with letterforms, whether typographical, drawn or calligraphic, and his support in my eagerness led, from time-to-time, to appreciation which, toward us, he was not miserly with.

アンドレ・ギュルトラー、バーゼル：
エミール・ルーダーのこと*

1958年バーゼル工芸博物館で催された「新聞」展ポスターは、私にとって最も印象に残るルーダーの作品である。この作品にはルーダーの手仕事に対する敬意がふんだんに盛り込まれている。ルーダーは3日かけて、1点1点、図版を構成する網点をリノリウムに彫った。それは当時このような大判で高価なハーフトーンを制作することができなかったからだけではなく、リノリウム版を用いることで、彼の座右の銘「優れたデザイナーは、優れた職人でもある」を実演したいという理由からであった。

ルーダーが広い理論基盤にたって実践した新しいタイポグラフィは、教師としての責務と歩調を合わせて展開した。彼のコミュニケーションの方法は、曖昧でない、明瞭なものであった。明瞭でなかったのは、私たちに変更や改良を考えさせるときだけであった。誰もが、彼の聡明で人を奮い立たせる力をそなえたパーソナリティに感銘を受けた。ルーダーは絶対の権威であり、信頼できる案内人であり、内省的でありつつ、親しみやすかった。彼は意識していなかったが、私から見ると尋常でないオーラを発していた。にもかかわらず、賞賛に対しては謙虚であった。なぜなら、あらゆることにおける飽くなき質の追求が彼の関心事であり、喝采をあびるなど気の進まぬことだったからだ。

私は初めて、鋭敏な判断力をもってものごとを観察する批判精神に出会った。しかしながら、ルーダーの博識と沈静を十分に評価するには私は若すぎた――親元を離れたばかりの当時の私は、むしろ彼によって落ち着きを失い、不安が増した。私はやがて、文字のフォルム（タイポグラフィであろうと、描かれたものであろうと、カリグラフィであろうと）に熱中して取り組むようになった。彼は私の熱意に応えて、時折、褒めてくれた。彼は私たちに対する賞賛を惜しまない人だった。

Juan Arrausi, Barcelona:
the modern-day classic typographer

It was while I was a design student in my native country, Spain, that I first became aware of Emil Ruder, though *Typographie*, his magnum opus. It was published in Spain in 1983 as *Manual de diseño tipográfico*. Several years later I realized that those examples, first seen in *Typographie*, were the spark that inspired me to a career in design education. I took part in the postgraduate programme for graphic design at the Basel School of Design (SfG) that Ruder and Hofmann created. There I received instruction from the first and the second generation of teachers. I became fascinated by the didactics, the methodology and the philosophy of this school which Ruder directed from 1965 to 1970. But most of all I had found in the figure of Ruder, a clear, guiding light in my aspirations as a teacher.

Some years ago I decided to research more deeply into the 'authentic' in relation to the world of typography. I entered the PhD studies at Barcelona University to try to completely understand Ruder's legacy. With the aim of finding specific documentation on the author, I checked the data, records and minutes of private, public and school archives. In parallel I conducted a series of interviews among those in the circle closest to Ruder. I have researched all of his articles and translated into Spanish the most representative. I must clarify that I personally never met Ruder. This means that I have often to get my information from impersonal, official written documents, with the gaps that they always contain. At the same time it was fascinating to find first hand information: exercises of Ruder's from his student years or when interviewing his students such as Yves Zimmermann, Andre Gürtler and Helmut Schmid and relatives Susanne Ruder and Daniel Ruder.

When presenting the results of my research, 'The Swiss typography of order: Emil Ruder, maestro of typography', at last I clearly realized the classical tradition of Emil Ruder and his classic way of understanding typography. Ruder was for me the most profound and essential of all the typographers of those decades. A modern typographer with an ageless philosophy, a modern-day classic.

August 2008

ホアン・アラウスィ、バルセロナ：
現代の古典タイポグラファ

私がエミール・ルーダーを初めて知ったのは、母国スペインでデザインを学ぶ学生だったとき、彼の代表作『タイポグラフィ』を通してであった。それは1983年にスペインで『タイポグラフィックデザイン・マニュアル』として刊行されていた。それから数年後、『タイポグラフィ』で初めて目にした作品例の数々が、私をデザイン教育のキャリアへと駆り立てた火花であったことに気がついた。私はルーダーとホフマンが礎を創りあげたバーゼル・スクール・オブ・デザインの大学院教育グラフィックデザイン課程へ入学した。そこで同校の第1世代、第2世代の教師たちの教えを受けた。私は、ルーダーが1965-70年に校長を務めたこの学校の教授法、方法論、哲学にだんだん魅かれていった。しかし、何にも増して、ルーダーの人となりのなかに、私の教職への願望を先導する明るい光を見出したのだった。

数年前、私はタイポグラフィの世界におけるこの「本物の人物」について、さらに深く探究したいと決心した。そしてルーダーの遺産を完璧に理解しようとバルセロナ大学の博士課程に入学した。ルーダーに関わる記録は何でも発見しようと、私的・公的なデータ、記録、メモ書き、学校の記録文書など調べた。これと並行して、ルーダーに近かった人たちのインタビューを続けた。ルーダーの著述はすべて研究し、とくに代表的なものはスペイン語に翻訳した。ここではっきり言っておかねばならないが、私は個人的にルーダーに会ったことは1度もない。すなわち、私の情報は多くの場合、私的ではない公にされた文書（これには常に現実との不一致がつきまとう）から得なければならなかったということだ。しかし同時に、だれも知らない情報、例えば、ルーダーの学生時代の作品を初めて目にするとか、彼の教え子（イヴ・ツィンママン、アンドレ・ギュルトラー、ヘルムート・シュミット）や親族（スザンネおよびダニエル・ルーダー）をインタビューするなど、胸のときめく出来事もあった。

私はこのリサーチの成果「秩序のスイスタイポグラフィ：エミール・ルーダー、タイポグラフィの巨匠」を提出するときになってようやく、エミール・ルーダーにおける一流の創造哲学、そして彼のタイポグラフィへの一流の理解を感得できた。すべての時代のタイポグラファのなかで、ルーダーは私にとってもっとも深遠で重要な人物である。不朽の哲学を持つモダン・タイポグラファ、現代に生きるクラシック。

2008年8月

Åke Nilsson, Uppsala:
Emil Ruder *

Emil Ruder taught typography at the Allgemeine Gewerbeschule Basel, where I studied during the winter term of 1951–52. Ruder was the most intensely alive person I ever came across. He quickly exposed me to the tensions which, on the one hand pointed towards a demand for bold inventiveness and on the other to where the inevitability of doubt and restlessness were to be found; a constant and tormenting polarization. Banality was ridiculed, as was unimaginativeness. The picking up of ideas or simple imagery quickly drew Ruder's scornful remarks. There was hardly anything of note happening in typography. In Ruder's drawer were examples of poor work from, amongst others, Jan Tschichold, who was held in high esteem in Sweden.

In addition to the examples of poor work Ruder also had a drawer which contained work of a particular significance: the Japanese Zen philosophy, the Bauhaus, Sebastian Bach and Paul Klee. At regular intervals during lessons he would read to us from *the Book of Tea* by Okakura. Within the pages of this book our tutor found many natural points of contact with current typography. To activate an empty space is of equal importance in Zen as it is in typography. An A4 sheet of paper was considered to be a composition simply through its ratio of hight to width. Typographical elements were to be placed within a given area in such a way that a state of tension resulted between the individual elements, between the part and the whole, between the printed and the unprinted space. Asymmetry was a matter of course whereas symmetry was regarded as rigid, hierarchical and formalistic and unsuitable for a natural development.

A further aspect of our studies with Ruder concerned the moral dimension in typography and the sincerity of expression.

It was Ruder's custom to offer me every now and then a few words of wisdom. What comes most to mind is, 'black increases the value of red'. I was then aware that he was speaking about a secret presentation on a philosophy of life and not about some colour analysis or other.

I also remember how Ruder once made me the subject of a particular pedagogical significance. We were given a seemingly harmless compositional exercise. The requirements consisted of an A6 format, using the letters A B C, together with rules. Ruder went around in class and spent time with each student. Finally he came to me, glanced at my awkward effort, then spoke so loudly that the whole class could hear and said, 'Now, that is just as banal as that advertisement in the newspaper'. I felt incompetent, shattered, useless. He indicated that he wanted to take my seat and show how the exercise could be done. He began by saying, 'I can imagine' then broke off and began to draw letters and rules with great certainty. He then cut them out and laid them down in a particular arrangement, cocked his head to one side and contemplated. Unsatisfied, he then changed it all. Suddenly, he stood up, looked at me and said, 'No, I can't get it right either'.

Emil Ruder was a tutor who appealed to the young, confused and searching person. Whenever I am faced with new tasks I hear his magnetic powers of speech, feel shattered by his ruthless sarcasm and opinions, draw courage from his sparingly given encouragement and praise, feel refreshed by his pround resonating musical laugh or, in a word, witness his living presence.

オケ・ニルソン、ウプサラ:
エミール・ルーダー *

エミール・ルーダーがタイポグラフィを教えていたバーゼル工芸専門学校で、1951年から52年冬期にかけて、私は学んだ。ルーダーは私がそれまで出会った誰よりも情熱的で活力に満ちた人だった。彼はたちまち私を緊張状態に追い込んだ。それは、一方では大胆な創作上のチャレンジを促し、そして他方では、ぬぐいきれない疑いと不安へ引きずりこむものであった。絶え間なく責め続ける両極端。陳腐さは創造力の欠如として嘲笑された。どこかで借りてきたようなアイデアや単純な発想は、ただちにルーダーの軽蔑に満ちた批評に見舞われた。当時タイポグラフィ界で顕著な動きはほとんどなかった。ルーダーの引き出しには、彼が貧しいとする作品例がいろいろ入っていたが、その中には、スウェーデンでは高く評価されていたヤン・チヒョルトの作品もあった。

この貧しい作品例の引き出しのほかに、ルーダーは、とくに優れた作品の引き出しももっており、そこには日本の禅の精神、バウハウス、バッハ、パウル・クレーなどが入っていた。授業の休憩時間に彼はよく岡倉の『茶の本』を読んでくれた。この本の中に、われらの師は、現代のタイポグラフィに共通する多くの自然の理を見いだしていた。空白に意味を認めることが、タイポグラフィと同じく、禅の精神においても重要であった。1枚のA4の紙そのものも、縦横比のコンポジションと見なされた。タイポグラフィのエレメントは、与えられたスペース上で、各エレメント、部分と全体、また印刷された部分とされない部分のそれぞれの間に緊張感が生じるように配置されなければならなかった。アシンメトリーは当然のことであった。他方、シンメトリーは硬直的で、権威主義的で、形式主義的で、自然な流れにはふさわしくないと考えられていた。ルーダーの下における私たちの学習はさらに、タイポグラフィにおける倫理的側面と表現の誠実さにまで及んだ。

ルーダーは折りにふれ、私に金言のような言葉をかけてくれた。私はこれらの言葉のいくつかを今も覚えている。最も印象深かったのは、「黒は赤の価値を増加させる」である。私はその時、彼はただの色の分析などではなく、人生の哲学と神秘的な表象について語っているのだと気付いた。

私はまた、ルーダーが私に与えた、とくに教育的で意義の深い授業を思い出す。あるとき、私たちは、一見無難な構成の練習を課せられた。その課題は、フォーマットはA6判、ABCの3文字と罫を使うというものであった。ルーダーは学生1人1人に時間をかけながら教室をまわり、最後に私のところに来た。出来の悪い私の作品を一瞥し、教室中に聞こえるような大声でいった。「おお、これはあの新聞広告みたいに平凡だね。」私は無力感に打ちのめされ、役立たずの自分を感じた。彼は、席を変わりなさい、教えてあげよう、と身振りで伝え、私は席を立った。彼は「こうするんだよ」といって始めたが、やがて中断し、今度は自信たっぷりに文字と罫を描き始めた。次にそれを切り離し、並べて、頭をかしげてじっと見つめた。それから別のレイアウトを試みた。満足しない彼は、またそれをすっかり変えた。と、いきなり立ち上がり、私を見ていった。「駄目だ。私にもできない。」

エミール・ルーダーは、迷いが多く探究心の強い若い人にとって、魅力的な教師だった。彼の重要さは私の生涯を通じて決して減少することはないだろう。新しい課題に向かうときはいつも、彼の人を惹きつける力を持った言葉に耳を傾け、彼の容赦ない皮肉や指摘に打ちのめされ、彼が惜しみなく与えてくれる激励や賞賛に勇気づけられる。そして彼の誇りに満ちた、音楽のように響く笑い声、一言でいえば、彼の存在の証ともいうべき笑い声に心を洗われるのだ。

Fridolin Müller, Stein am Rhein: reminiscenses of Emil Ruder *

My recollections begin with the conclusion that one must be grateful to the director of the Basel school, B. von Grünigen, for his proposal to the selection committee, that Emil Ruder be selected for the post of lecturer in typography there. His selection was the beginning of a fruitful teaching activity and the starting point for the so called 'Basel typography'.

His teaching methods were informative, exciting and instructive, for he explored the basic elements of design, these being the point, line and plane, as well as making one aware of links with other creative disciplines such as architecture and painting, etc. He spoke similarly about historical examples from the art nouveau period to the 30s and demonstrated amongst other things their particular relevance. He also spoke enthusiastically about examples of new typographic design by Lissitzky and Piet Zwart.

His book *Typographie* of 1967 takes the form of a summary of his teaching covering several decades. It is more relevant today than it ever was, when one sees what the PC gurus are offering as creative new tools. Many of his previous pupils are lecturers with international design schools or institutions and quite a number have thier own design practices.

Through his teaching at the Basel school and his poster design and other printed items, Emil Ruder will go down in creative history of the second half of the twentieth century.

フリドリン・ミュラー、シュタイン・アム・ライン：
エミール・ルーダー　あれこれ思い出すこと *

私の思い出はまずこの結論で始まる。すなわち、エミール・ルーダーをタイポグラフィの教師に選任するように選考委員会に提案してくれたことに対して、われわれはみなバーゼル工芸専門学校のフォン・グリュニゲン校長に感謝しなければならない。彼の選択が、実り豊かな教育活動の始まりであり、いわゆるバーゼル・タイポグラフィの出発点であった。

ルーダーの授業は、内容の豊かな、刺激的かつ有益なものだった。デザインの基本的エレメント、つまり、点、線、平面を深く掘り下げ、同時に、建築、絵画など他の造形分野との関係にも気付かせてくれた。同じようにアール・ヌーヴォーから30年代にかけての歴史的作品についても語り、とりわけそれらの作品との特殊な関連性を指摘した。また、リシツキーやピート・ツヴァルトの新しいタイポグラフィのデザインについても熱心に語った。

彼の著書、1967年発行の『タイポグラフィ』は、数10年にわたる教育の実践を集大成した形をとっている。今日、PCのグルたちが新しいクリエイティブツールとして売り込んでいるものを見るとき、この本は以前にも増して重要になっている。彼の教え子の多くは、現在国際的なデザインスクールや研究所で教育に携わり、かなりの数が自らのデザインスタジオを主宰している。

バーゼル工芸専門学校における教育を通じて、またポスターデザインやその他の印刷物を通じて、エミール・ルーダーは、20世紀後半の造形の歴史に名を留めるであろう。

Harry Boller, Chicago:
on Emil Ruder *

My first remembered encounter with Emil Ruder's works was his 1955 TM cover inspired by a Piet Mondrian painting. However, it was Ruder's lecture series 'Essentials', that most influenced my decision to attend his newly created postgraduate class at AGS in Basel.

At school, the difficult part for me was to deal with freedom – freedom versus purpose. I had already worked three years in France and England and my stay in Basel, studying with Mr. Ruder, was like a return to child-hood (sort of). Design as work was replaced with design as serious play. It was a time to explore, to examine.

One became absorbed with the typographic vocabulary, and letters became forms of abstraction – reductions to the minimum. Words were set in motion and formed new meanings, demonstrating the difference between looking and seeing. In this Ruder was a guideing force. His precious references to typography instilled in us a passion to realize its potential.

The community at large did not recognize the significance of our preoccupations, but we relished being 'rebels with a cause' – Puritans on a mission, serious, humorless. We had been led to a morality, and strong convictions remain.

Ruder was a visionary thinker and a teacher of values rather than styles. The importance of his fundamental approach to communication has only become more apparent in this time of image satuation.

ハリー・ボラー、シカゴ：
エミール・ルーダーのこと *

私の記憶にある初めて出会ったエミール・ルーダーの作品は、モンドリアンの絵画にインスピレーションを得た、1955年のTM誌の表紙であった。しかしながら、ルーダーが新しく開設したバーゼル工芸専門学校の特別コースへの入学を決心するのに最も強い影響を与えたのは、「本質的なるもの」と題されたルーダーの講座シリーズであった。

学内で私が困ったことは、自由であることとのつきあい方であった。つまり自由か目的か。私はすでに3年間、フランスとイギリスで働いた経験を持っていた。バーゼルでルーダー氏に学ぶということはある種、子供時代に逆戻りするようなものだった。仕事としてのデザインはまじめな遊びとしてのデザインに置き換えられた。それは、研究と調査の時間だった。

タイポグラフィ上のボキャブラリーに意識が没入し、文字は最小限に削ぎおとされた抽象のフォルムとなる。単語は運動性の中で組まれて新しい意味を形成し、「見る」と「観る」の違いを明らかにさせた。ルーダーは強力な指導者だった。彼の語ったタイポグラフィへの貴重な言葉は、われわれの内に、その可能性を実現するための情熱を徐々に育んでいった。

社会一般は、われわれの情熱の重要性を理解できなかった。しかし、われわれはあえて、「理由ある反抗者」であることを嬉しく思った——伝道に赴く厳粛で、くそ真面目な清教徒のように。われわれは、ひとつの道徳精神を教えられた。その強い信念が今も生き続けている。

ルーダーは洞察力に富んだ思索家であり、方法論というより価値観の教師であった。彼のコミュニケーションへの基本的なアプローチの重要性は、イメージ飽和状態にある今日においてこそ、より明確に見えてくるのである。

*
from *the road to Basel*
published at Robundo Tokyo 1997

『バーゼルへの道』より
朗文堂　東京　1997年

the road to Basel
concept and design
Helmut Schmid
published at Robundo
Tokyo 1997

『バーゼルへの道』
コンセプトとデザイン
ヘルムート・シュミット
朗文堂
東京 1997年

Maxim Zhukov, New York:
Ruder's Typographie
in Russian

マキシム・ツコフ、ニューヨーク:
ロシアにおける
ルーダーのタイポグラフィ

Moskovskii Poligraficheskii Institut

I did not go to the AGS ... I graduated in the class of 1965 at the Moscow Printing Institute (MPI), Department of Print Design. MPI was the historical successor of Vkhutemas, the sister school of Bauhaus and the hotbed of most Soviet avant-garde experimentation in the 1920s and 1930s.

After the Stalinist purges and the effective extermination of any un-Soviet traces in art, architecture and design in the USSR, MPI was a pale shadow of its noble ancestor. Yet many alumni, and even some faculty members of Vkhutemas, were still around – forced into conformism and officialdom, but alive and professionally active. Some of them taught at MPI. So, rightly or wrongly, we felt like we stood on the shoulders of giants.

The spirit of succession and restored continuity was in the air. Those were the climatic days of Khrushchev's liberal policies. Solzhenitsyn's stories were being published. The works of 1920s avant-gardists were being pulled out of storage and placed on display at the huge exhibition hall near the Kremlin ('Manège'). The totalitarian legacy of Stalin was denounced and renounced. Of course, that 'thaw' in the middle of the Communist polar night proved short-lived. But my friends and I grew up in a unique political and cultural environment and, predictably, it left a lasting impression on our lives and work.

The Lenin Library

I was friends with Solomon Telingater, a renowned print designer and active participant in the 'second wave' of Soviet avant-garde, a good friend of El Lissitzky, Rodchenko, Stepanova, Klutsis and many other celebrated constructivists. Telingater was a great connoisseur of Russian and Western typographic history. He would send me to the Rare Book Department of the National (Lenin) Library to study its unique collection of volumes on typography, old typeface specimens, design periodicals and the like. Access to the Rare Book Department was severely limited and I was quite lucky to get admitted there: I was only sixteen, still in high school, and was not even supposed to get a library ticket.

My limited knowledge of foreign languages – French and English – proved useful. It allowed me to not only make out the captions to the pictures that caught my attention, but to actually read and sometimes make abstracts of what interested me most. I became acquainted with the design work of a number of important figures in the field of modern typography and type design – English, German, French, Swiss, and American. I became a regular, and kept working at the Lenin Library during my years at MPI and long after I graduated.

モスクワ印刷技術研究所

私自身はAGSで学んだ経験はない。私は1965年に
モスクワ印刷技術研究所（MPI）の印刷デザイン学科を
卒業した。MPIは、歴史的には国立高等芸術技術工房、
略称「ブフテマス」の後継として設立された研究所だ。
ブフテマスはバウハウスの姉妹校的な存在であり、
1920年代、30年代に実験的な活動を行ったロシア・
アヴァンギャルドたちを育成した苗床だった。

スターリン主義の大粛清があり、芸術における非
ソヴィエト的なるものがすっかり根絶されたあとの時期
だったため、当時の建築やデザインにはMPIのあの
高貴な祖先の面影はかすかに残っているに過ぎなかった。
にもかかわらず、多くのブフテマス出身者、そして
元指導陣がまだ生き残っていた。体制順応主義と官僚
主義によって押さえ込まれていたとはいえ、彼らは
なお作家として命脈を保ち、プロフェッショナルな活躍を
続けていたのだ。なかにはMPIで教鞭を執る者
もいた。だから、判断の当否は別としても、私たちには
「巨人の肩の上にいる」という感覚があった。

やがて、伝統の継承と連続性の回復を求める精神が、
空気として感じられるようになってきた。フルシチョフの
リベラルな政治に導かれ、時代の風向きが変わった。
ソルジェニーツィンの著作も刊行された。そして、
20年代のアヴァンギャルドの作品が倉庫から引っ張り
出され、クレムリン宮殿近くの展示ホール「マネージュ」で
展示された。スターリニズムの遺産は公然と批判され、
破棄された。もちろん、共産主義という夜が
明けないうちは、こうした「雪解け」も一時的なもので、
長く続くわけではないことは分かっていた。しかし、
私や私の友人たちがこのようなとても独特な政治、
文化的風潮のなかで育ったことは確かで、これは当然
ながら私たちの生涯と作品に深い影響を残すこと
になった。

レーニン図書館

私は印刷デザイナーとして有名だったソロモン・
テリンガーターと友人関係だった。彼はロシア・アヴァン
ギャルドの「第二波」に加わったひとりで、エル・
リシツキー、ロトチェンコ、ステファノバ、クルトゥシスら
の親しい友人でもあった。テリンガーターはロシア
だけでなくヨーロッパのタイポグラフィ史にも精通
しており、彼は私に国立レーニン図書館の貴重書庫で
タイポグラフィ関連書や書体の見本帖、デザイン誌
などを研究するように勧めてくれた。貴重書庫への
入室は厳しく制限されていたので、許可されたのはまった
く幸運だった。当時私はまだ16歳の高校生だったため、
入室許可証を得られるとは思ってもいなかったのだ。

私の限られた語学力（フランス語と英語）の知識も
役立った。気になる図版のキャプションが突き止められた
だけでなく、読むこともできたし、とくに興味を
引いたものは要約してノートに書いたりした。こうして
次第に近代のタイポグラフィと書体デザインにおける、
イギリス、ドイツ、フランス、スイス、アメリカ各国の
重要人物たちの作品を知るようになっていった。
私はレーニン図書館の常連となり、MPI在学時だけで
なく卒業後も長きにわたってそこで研究を続けた。

Swiss design: Hot, hot, hot, hot stuff

In the heady, open atmosphere of the early 1960s, my friends and I experienced a great many influences from various – sometimes conflicting – directions. The inspiration drawn from the history of modern art and design was amplified by our keen interest in the latest developments in international graphic design. The most important and impressive phenomenon of the time was, without doubt, what was happening in Basel, in Zürich, and in Ulm.

Swiss graphic and typographic design had a very special appeal. Somehow, in our minds it related to our domestic typographic legacy – known mostly to, and appreciated by, a handful of die-hard, unrepentant and/or remorseful 'formalists' (like Telingater) who survived the purges of the 1930s and 1940s.

Just to give you an idea. In 1963 my friend Yuri Kurbatov and I drew the very first Cyrillic version of Helvetica Bold, known to us as Neue Haas-Grotesk. Needless to mention, that got us nowhere, given the official policies in visual arts and design. Later in my professional life I made extensive use of layout grids, which we called 'modulnye sistemy'. We started with the equal-unit kind and later explored other, somewhat more sophisticated ways of structuring the surface of the page – based on the Golden Section, Fibonacci numbers, Modulor, and other marvellous systems of proportioning.

We tried to keep track of the design developments. We did our best to stay au courant, even though our informational resources were limited to the collections of foreign books and periodicals in the major Moscow libraries. Predictably, the Lenin Library was the best. It had all the requisite sources: the books and writings of Gerstner and Kutter, Müller-Brockmann, and other heroes of the time – including, of course, Emil Ruder.

The school library also had a number of gems, neglected and unclaimed by both the faculty and the students: a good collection of Herbert Spencer's Typographica, copies of Gestaltungsprobleme des Grafikers, and Die neue Grafik! At the time, being able to read at least some captions in the Swiss books and periodicals was a powerful incentive for me to get acquainted with German (I was never good at it, and by now I lost it completely). The good news was, so many of those books were trilingual.

Another invaluable resource was Typographische Monatsblätter. I was probably the only individual subscriber to TM in the whole Soviet Union. At the request of Adrian Frutiger, whom I met in Paris in 1975, the late Hostettler offered me a complimentary subscription, which I enjoyed for many years, long after he was gone.

As to the Ruder's book, I first saw it soon after it was published, in the same Lenin Library. I read it, but for a long time I did not have my own copy, as there was no way for a Soviet citizen to buy a book of his choice recently published in the West.

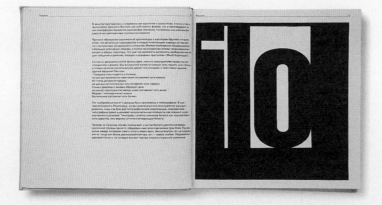

スイス・デザイン —— 熱い、実に熱いそいつ

1960年代初頭の高揚した開放的な雰囲気のなかで、私と仲間たちは多様な方向から —— なかには相反するものも含めて —— さまざまな影響を受けることになった。国際的なグラフィックデザインの新しい展開に夢中になった私たちは、モダンアートとデザインの両方の歴史からインスピレーションを受け、それを豊かに膨らませていった。当時、最も重要で影響力のあった現象は、間違いなく、バーゼル、チューリヒ、ウルムで生じていた。

私たちをとくにひきつけたのはスイスのグラフィックおよびタイポグラフィック・デザインだった。それらは私たちにとって、自国のタイポグラフィが残した遺産 —— 30年代、40年代の大粛清を生き延びたタフで、主張を曲げない（あるいは転向した）ひと握りの「フォルマリスト」たち（テリンガーターのような）には当然知られ、高く評価されていた —— に連なっている感覚がいくぶんあったのだ。

当時の状況は、たとえば次のような様子だった。1963年、私は友人のユーリ・クルバトフとともにヘルベチカ・ボールド（私たちの間ではノイエ・ハースグロテスクの名で知られていた）の最初のキリル字体版のデザインを発表した。いうまでもなく、当時の視覚芸術やデザインに対する文化政策下では、この新デザインのせいで私たちがどこかへ連行されるということはなかった。私は後のプロのデザイナーとしての活動においても、レイアウト用のグリッド（私たちはmodulnye sistemyと呼んでいた）を十分に活用した。当初は均一の方眼を単位としていたが、後にはいくぶん工夫を加え、黄金分割比、フィボナッチ数列、モデュロール尺度などの基準にもとづいた、より洗練したページ構造化システムを用いた。

私たちは同時代のデザインの展開についていくよう努めた。手に入る情報は限られており、モスクワの主要な図書館にある外国文献だけが頼りだったが、できるかぎり目を通していた。先述のようにもっとも充実していたのはレーニン図書館で、主だった文献はすべてそこにあった。ゲルストナー＆クッター、ミューラー・ブロックマンをはじめとする当時のヒーローたちの著作。もちろん、エミール・ルーダーも。

教師や学生からは顧みられていなかったが、MPIの図書館にも珠玉の蔵書の数々があった。ハーバート・スペンサーの『ティポグラフィカ』誌、『グラフィック・アーティストの造形についての諸問題』が数冊、そして『ディ・ノイエ・グラフィーク』など。キャプションを読むのがせいぜいだったが、これらのスイスの本や雑誌はひじょうに刺激的で、ドイツ語を身近なものにしてくれた（ドイツ語に通じたことは一度もないし、今ではまったく忘れてしまったが）。これらのスイスの本の多くが3カ国語表記だったのは、まったく幸いなことだった。

もうひとつの有力な情報源は、もちろん『ティポグラフィシェ・モーナツブレッテル（略称、TM）』誌だった。おそらく私はソヴィエト連邦でこの雑誌を定期購読していた唯一の読者だっただろう。アドリアン・フルティガー（彼とは1975年にパリで面識をもった）の口利きで、晩年のホシュテットラー（TM誌編集長）が無料購読を提供してくれたおかげで、私はこの雑誌を長い間、彼が逝去した後になってもずっと楽しむことができたのだ。

ルーダーのあの本（『タイポグラフィ』）を私が最初に手にしたのは刊行間もない頃で、やはりレーニン図書館だった。そこで読むことが出来たものの、自分用に実物を手に入れられたのはずっと後のことだ。あの頃のソヴィエト連邦市民には、外国の新刊を自分で選んで購入する手だてなどなかったのだ。

Typographie > Typography > Tipografika?

The idea of translating *Typographie* into Russian came to me relatively late, in 1980. At that time I lived in New York, working for the United Nations on a fixed-term contract. I got myself an American reprint from 1977, published by Visual Communications Books of Hastings House, Inc. I had very little experience in translation, let alone from German into Russian. It all started half-seriously, and gradually evolved into a big project, of which I am still proud.

It turned out to be quite a challenge. I had to use three or four dictionaries, and none of them was adequate for the task. Of course, I consulted the English and French versions of Ruder's own text, but only for reference. I felt it was imperative to come as close as possible to Ruder's original. I worked on the translation in my spare time, and it was a lot of work.

What I did not know was that a Moscow-based publisher, Kniga, had been considering issuing a series of translated books on typography. So when I mentioned my initiative to Kniga's executive editor, Arkadii Milchin, it was met with open arms and became included in Kniga's publishing programme.

I prepared the layout and artwork for the Russian edition in New York, using a Berthold Diatype phototypesetter, a 'strike-on' IBM Composer, and a photocopier. At the time, none of those tools was available to a Moscow-based print designer, so I felt very lucky. For the Russian version a new text format had to be developed. The original edition was trilingual: German (original), English and French (translations). That pattern was more or less standard in the Swiss design books of the 1960s. The Kniga version was in Russian only, so I came up with a combination of one, two, and three columns based on the original 6 x 6 unit grid system Ruder used in his book.

Kniga's editorial and production staff worked very hard on this project. It felt like it was granted a status of high priority. Somewhat unusually for that time, the contract for the Russian edition was signed with the copyright owner, Arthur Niggli Ltd. Standard practice was to bypass copyright ownership altogether for translations of foreign publications issued prior to 1973, the year when the USSR signed on to the Geneva Copyright Convention.

Original offset films that came from Switzerland were used in the platemaking at the Moscow Printing Plant No. 5. The composition was ordered from Pravda's composing room: the Communist Party's official newspaper was the only shop in the whole country that had Univers Cyrillic installed on a Linotron 202.

テュポグラフィ、タイポグラフィ、ティポグラフィカ？

ルーダーの『タイポグラフィ』のロシア語訳を思いついたのはかなり後、1980年のことだった。当時、私はニューヨークにいて、期限付きの契約を結びアメリカ合衆国内で職を得ていた。私は1977年にハスティングス・ハウス社のヴィジュアル・コミュニケーション叢書の1冊として刊行された『タイポグラフィ』のアメリカ版リプリントを手に入れていた。ドイツ語からロシア語への翻訳はもちろん、そもそも翻訳の経験が私にはほとんどなかった。最初から本気で取り組んだわけではなかったのだが、しだいにこの大仕事に没頭していくようになった。今ではそのことを誇りにさえ思っている。

それは大きな挑戦であることが判明した。数冊の辞書を使ってみたが、どれも十分ではなかった。もちろん、ルーダーのフランス語版や英語版を参照したが、あくまでも、参考となるものにすぎなかった。私はルーダーの原書版にできる限り忠実でなければならないと感じた。時間を作っては翻訳に従事したが、それはかなりの大仕事だった。

同じ頃、モスクワを拠点とする出版社クニーガがタイポグラフィ関連の翻訳物をシリーズで出版する構想を持っていることを、私は知った。私は自分の思い切った試みを同社の重役で編集者のアルカディ・ミルチン氏に提案したところ、心からの歓迎を受け、出版企画に採用されることになった。

ロシア語版のレイアウトと版下は、ベルトルド社Diatype写真植字機、strike-on IBM組版機、そして写真複写機などを使って、ニューヨークで準備することになった。当時こうした機器のどれもが、モスクワの印刷デザイナーには手に入らないものだった。その点、私は幸運だったといえる。ロシア語版のための新しい本文用フォーマットを考える必要があった。原書は3カ国語で、ルーダー自身によるドイツ語原文と、英語とフランス語の訳文つきだ。こうした形式は1960年代スイスのデザイン関連書籍では比較的、標準となっていた。クニーガ社版はロシア語表記だけになるため、ルーダーによる6×6のグリッドを基本としてそのまま保持しつつ、3つある段組を場合に応じてそのまま1段で、ないしは2段か3段で結合し、組み合わせて扱うことを思いついた。

クニーガ社の編集、製作スタッフはこの企画に非常に熱心に取り組んでくれ、これが最優先の仕事だという認識がこちらにも伝わってきた。当時としてはいくぶん異例であったが、ロシア語翻訳の契約は著作権者のアーサー・ニグリ社と直に交わされた。異例、というのは、ソヴィエト連邦が万国著作権条約加盟国となるのは1973年のことだが、発刊がそれ以前に遡る外国語出版物については、著作権保持者となんら契約することなく翻訳出版することが通例となっていたからだ。

印刷はスイスからオリジナルのオフセット用フィルムを取り寄せ、モスクワ第5印刷工場で行われた。組版は共産党政府の公式新聞社である『Prova』の版組室に発注した。ここで用いられている組版機Linotron 202には、キリル文字版ユニバースがインストールされていたからだ。当時のソ連で、そうした印刷所はそこだけだった。

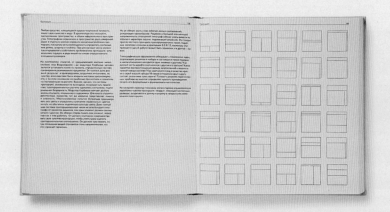

Ruder's opus magnus and Russia

The publication of *Typographie* in the USSR marked the beginning of the second stage of Russian typographic revival, at least in my own interpretation of the country's typographic history. It introduced the term 'tipografika' into professional usage – a term which, like the vocation itself, simply did not exist in Soviet times.

Of course, the Russian edition could not be issued without commentaries – for many reasons. One of them was the fact that it was published fifteen years after the original came out; a lot had happened in typography over those fifteen years. On the other hand, in 1967 the book already felt more like a reckoning up of a certain era in typographic history than a manifesto of a new movement. The 1980s opened a new phase in its development, which culminated in the advent of 'desktop publishing'. I wrote my afterword – 'Typography according to Emil Ruder' – as a sequence of commentaries to the main points that Ruder made in his book, analysing its content both in the context of the domestic typographic situation, and the 'post-Ruder' developments in international typography.

I considered my translation to be both a tribute, albeit belated, to the gods of my younger years, and an attempt to pass a torch to those among my younger colleagues, who – like myself at their age – were not yet conversant in the basics of typography and had no decent manuals to consult. I still see *Typographie* as a seminal work, required reading for the newcomers to design.

All you need is love

Recently I was asked by one Russian design magazine if *Typographie*, published so long ago, has kept its relevance in our times. My answer to that question was a resounding yes. It appears that in Russia the demand for that book is actually higher today than it was twenty-five years ago. Back then no one expected it, nobody looked for it and nobody asked if there are any plans for a new edition. There was no Web, and there was no unauthorised scanned PDF version offered for downloading on-line.

I don't think that a new edition of the Russian translation would be overlooked, or doomed to failure. There have been a great number of editions of the original text and its translated versions, and that's most significant. Not to mention the sad fact that the bookshelf of the Russian typographic designer is still a lot shorter than those of his international colleagues.

The main reason for the longevity and the lasting relevance of Ruder's book is that it is not another short-lived typographic cookbook (say, 'The Joy of Type' or 'The Complete Idiot's Guide to Type', or something). This is a book of love poems to typography. The Song of Songs. And that's what makes it permanent, and resistant to ageing and withering. Because today – just like yesterday, yesternight, and yesteryear – all you need is love, love, love is all you need.

September 2008

ルーダーの偉大な書物とロシア

ルーダー著『タイポグラフィ』のロシア語訳出版は、少なくとも私のロシア・タイポグラフィ史観においては、ロシア・タイポグラフィ・リヴァイヴァルの第2段階の開始を告げる事件であった。本書の発刊によって、「tipografika」の語（「タイポグラフィ」のロシア語表記）」── その言葉も職業的な術語として定着した。

もちろん、ロシア語版は訳注なしにはあり得なかった。それにはいくつもの理由がある。まず、原書発刊からすでに15年も経っていたこと。その間、タイポグラフィには多くの変革があった。また1967年の時点で、ルーダーの同書は新しい運動のマニフェストというより、タイポグラフィ史のある時期を総括したものだと感じられた。1980年代、タイポグラフィの展開は、最終的にはDTPの到来にいたる新局面を迎えていた。私は本書内に述べられたルーダーの要点への注解の仕上げとして、「エミール・ルーダーによるタイポグラフィ」と題した訳者あとがきを書いた。そこでは本書の内容を、ロシア国内のタイポグラフィの状況、および国際的なタイポグラフィにおける「ポスト・ルーダー」期の展開、というふたつの文脈から分析した。

私はこのロシア語訳を、若き日に私が崇拝した神々に捧げる（遅まきながらの）奉納品として、そして同時に私から次の世代へつなぐたすきとして考えている。あの頃の私と同じように、若い仲間たちはタイポグラフィの基礎に精通しておらず、参照すべき適切なマニュアルもない。ルーダーの書は大きな影響力のある著作であり、いまなお新たにデザイナーを目指す若者が読むべき必読書だと私は考える。

愛こそすべて

最近、あるロシアのデザイン誌から、ルーダーの『タイポグラフィ』はすでに出版されて久しいが、いまなお意義ある書物か、と聞かれた。「もちろんだ。」私は、はっきりそう答えた。今日のロシアでは、本書の需要は25年前以上に高まっているようだ。当時、本書の出版を期待する人も、そうした種類の書物を求める人もいなかった。ましてや新版の刊行計画を問い合わせる人も。ネットは存在せず、オンラインでダウンロード可能なPDF化された海賊版も存在しなかった。

これから刊行されるロシア語の新版が注目されず失敗に終わることは、もはや考えられない。原書も翻訳版もかなりの版を重ねており、新版刊行の意義はなによりも大きい。悲しい事実ではあるが、ロシア人のタイポグラフィック・デザイナーの書棚が世界で活躍する仲間たちに比べて貧しいのは言うまでもない。

ルーダーの同書が今なお読みつがれる理由は、本書が寿命の短いタイポグラフィ実技書（『活字書体の楽しみ』や『誰でも解る書体』などといった）とは根本的に違った性質のものだからである。本書はいわば、タイポグラフィに捧げる愛の賛歌、それも「歌のなかの歌」なのだ。本書がその輝きを失わずに永遠のベストセラーたる秘密はここにある。なぜなら、今日の君が必要とするものは ── 昨日、昨夜、去年がそうだったように ── ただ愛、愛こそすべて。

2008年9月

翻訳：小田部麻利子

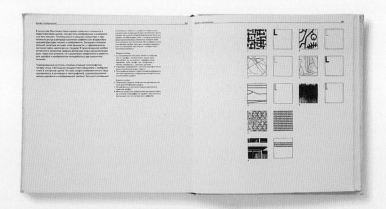

山本太郎：
ルーダーの『タイポグラフィ』を読む

エミール・ルーダーは、『タイポグラフィ』の序文の中で
次のように書いて、タイポグラフィの役割についてのスタンリー・
モリスンの考え方に賛意を表している。しかし、大多数の
タイポグラファにとって、タイポグラフィがコミュニケーションの
手段であるという考え方それ自体は至極当然のことであろう。

多くの魅力的な印刷物があるが、その理由は単純なことで、
タイポグラファが自己の芸術的な欲望を抑制して、
個々の印刷物に与えられた仕事を達成させようと努めたから
である。そのような印刷物は、スタンリー・モリスンが
かつて求めたものでもあった。印刷物はコミュニケーションの
手段であり、微細なディテールにいたるまで十分に
考え抜いた上で、与えられた目的に最大限適合するよう
作るべきである、とモリスンは語った。[1]

しかし、スタンリー・モリスンは「タイポグラフィは実利的な
目的に対する有効な手段とならなければ存在しえない。
しかし、必ずしも審美的な目的に対する有効な手段となって
いなくとも、タイポグラフィは存在しうる」[2]と述べて、
タイポグラフィのもつ審美的側面を相対的に低く評価している
ように語ることで、コミュニケーションの手段としての
タイポグラフィの役割を強調した。それに対して、エミール・
ルーダーの『タイポグラフィ』における語り口は、まったく
正反対である。つまり、タイポグラフィという技芸が
潜在的にもつ造形的・審美的な大きな可能性を作例とともに
示すことで、逆にコミュニケーションの手段としての
タイポグラフィの役割の重要性を提示した。なぜ、そう
言えるのか。それはルーダーの次の言葉を読めばわかる。

捨てられたしわくちゃの紙には、偶然の美がある。それは、
抜け落ちてゆがんでしまった活字にも見いだすことができる。精確な
配列という印刷物の特長など、跡形もなく粉砕されて、もはや
矩形の形態に従うこともなく、まったく使いものにならなくなった
活字組版。かつて有用であったものが、もはや無用の長物と
なった。しかし、そこには、種々の無用なものが生来もつ、あらゆる
魅力が示されている。[3]

ルーダーは、衝動的・偶然的な要素が、タイポグラフィを
いかに魅力的なものにできるかを説く。タイポグラフィは精密な
秩序と合目的性、それを可能にする技術を基盤として
成立しているが、適切に用いられれば、衝動的・偶然的な
要素が、タイポグラフィに生気を与え、審美的な魅力を
倍加することも可能であることを示したのである。ルーダーは、
タイポグラフィが生み出しうるもののすべてを、そして
読者がタイポグラフィから体験できるもののすべてを、その
技芸に不可欠な要素として見ている。タイポグラフィは
コミュニケーションの手段であることを当然のこととして理解
した上で、タイポグラフィの機能的な側面だけを取り出して
強調したり、審美的な側面を副次的なものとしてみなし
たりはしない。おそらく、ルーダーにとっては、原作者の言葉や
情報を伝達することを課題とするタイポグラフィではあっても、
その課題が現実に実現、達成されるときに、読者に
とって豊かな審美的体験を与えるものとならなければ、タイポ
グラフィ全体としては不完全なものになる。そう考えて
いたのではないか。タイポグラフィという技術のもつ精密な
秩序と合理性は、衝動的で偶然的な要素に補われる
ことによってはじめて、生きた読者がページを開き、触り、
香りを嗅ぎ、目で楽しみ、そして読む現実のタイポグラフィを
完成させることができる。そう考えたのではないか。

『タイポグラフィ』の序文で、ルーダーは老子の『道徳経』
から引用している。[4]

たくさんの輻をひとつの轂にはめこんで、
車輪をつくる。
轂のなかがうつろだから、そこに心棒を通して、
車輪が廻せるのだ。
粘土をこねて瓶をつくる。
なかがうつろだから、物が入れられるのだ。
出入り口をうがって、部屋をつくる。
出入り口がうつろだから、部屋が使えるのだ。
このように、
「無」のはたらきがあるからこそ、
「有」が役に立つのである。

この引用は、図と地、文字とスペースとの相補的な関係を
示唆するものであるが、それだけではない。機能と
審美性、秩序と偶然、計画性と衝動、合理と不合理などの
二元的な対立軸を用いて認識できることの限界をも
示唆している。そのように考えると、同じ序文で次のように
彼が述べたことが、よく理解できる。

これらのあらかじめ作られた諸要素の総体はきわめて大きいので、
それらを常に新しい形式で配列する方法は無限にある。タイポ
グラファがそのすべての潜在的な組み合わせを使い切ってしまうこと
などありえない。タイポグラフィを硬直させ、生気ないものに
しようとしても、それには、タイポグラフィの形態を絞り込んで、
少数の公式に還元する体系的な努力が必要になるであろう。[5]

おそらく、ルーダーは「タイポグラフィの形態を絞り込んで、
少数の公式に還元する体系的な努力」を払っても、
「タイポグラフィを硬直させ、生気ないものにしようと」する
傾向が存在することを念頭に置いていたのであろう。
狭量なイデオロギーとしてのモダニズムに奉仕することに
よっては（あるいは他のいかなる観念に奉仕することに
よっても）、タイポグラフィがコミュニケーションの手段としての
役割を果たしながら、印刷物や書籍に接する読者に、
鮮烈な審美的体験を与えることは不可能であることを、
ルーダーは知っていた。

ルーダーは『タイポグラフィ』の中で、タイポグラフィという
技芸がもつさまざまな要素や側面を提示しているが、それら
すべてが統合して形成される全体世界の限りない大きさ、
融通無碍な有り様を常に意識しながら、その自由奔放をいかに
具体的で有益な形態に結びつけるかに専心した。ルーダーの
『タイポグラフィ』を私はこのように読む。

2008年10月

1
Emil Ruder, *Typography*,
7th ed., Sulgen: Verlag Niggli,
2001, p. 14

2
Stanley Morison,
First Principles of Typography,
2nd ed., Cambridge:
The University Press,
1967, p. 5

3
Emil Ruder, *Typography*,
7th ed., Sulgen: Verlag Niggli,
2001, p. 203

4
Ruder p. 16, 上記の訳文は、
老子『道徳経』11章、
奥平卓・大村益夫訳『老子・列子』
中国の思想第6巻、
徳間書店、p. 49より引用

5
Emil Ruder, *Typography*,
7th ed., Sulgen: Verlag Niggli,
2001, p. 8

Taro Yamamoto, Tokyo:
Reading Ruder's *Typography*

Emil Ruder agreed with Stanley Morison's idea about the role of typography, and wrote the remarks quoted below in the introduction to his book *Typography*. However, for most typographers, the idea that typography is a means of communication is naturally self-evident.

Many pieces of printing are attractive for the simple reason that the typographer put aside artistic ambitions and tried to make the print do its job well. They are just what Stanley Morison wanted when he said that a printed work, being a means of communication, should be thought out to the last detail and made superlatively fit for the purpose it serves.[1]

But Stanley Morison says: 'Typography is the efficient means to an essentially utilitarian and only accidentally aesthetic end ...'[2], and by choosing a style of narrative that makes him appear to regard aesthetic aspects of typography as something relatively less valuable, he emphasizes the basic role of typography. On the other hand, Emil Ruder's narrative is the opposite of Morison's. He demonstrates the vast aesthetic and creative possibilities latent in typography by using examples, and by doing so, he clarifies the role of typography as a means of communication. If you read the following words by Ruder, you will see the point.

The chance beauty sometimes seen in a crumpled piece of heedlessly discarded paper can also be found in distorted or displaced type matter. The precise organization of the printing is broken up, i.e. it no longer conforms to a rectangular pattern, and consequently lead type composition can no longer be used. What was useful has become unusable but nevertheless displays all those charms inherent in so many useless things.[3]

Ruder explains that spontaneous and accidental elements can make typography attractive. The art of typography is possible with, and is suported by, the precision, order and rationality of the typographic and printing technologies. But spontaneous and accidental elements give life to typographic works, and make them aesthetically attractive. He seems to understand everything that typography can bring to this world, everything that readers experience from typographic works, to be essential for the existence of typography. Knowing that typography is a means of communication, he does not try to extract only the functional elements of typography as the essence. He does not think aesthetic aspect of typography to be secondary. It seems that according to Ruder's view, typography will be left incomplete unless it gives the reader an aesthetically rich experience, although it is undeniable that the role of typography is always to convey the author's words or information to the reader. With the aid of spontaneous and accidental elements, the precision, order and rationality in the art of typography can most effectively contribute to our completion of real typographic works, whose pages the readers open, touch, smell, read and visually enjoy. I believe this is the point of his thoughts.

In the introduction of *Typography*, Ruder quoted the following phrases from Chapter 11 of Laozi's *Daodejing*.[4]

Thirty spokes meet the hub,
but it is the emptiness between them
that makes the essence of the wheel.
From clay pots are made,
but it is the emptiness inside them
that makes the essence of the pot.
Walls with windows and doors form the house,
but it is the emptiness between them
that makes the essence of the house.
The principle:
The material contains usefulness,
the immaterial imparts the essence.

This quotation suggests the complementary relationships between foreground and background, characters and spaces, but not limited to these. It implies a limitation of understanding based on dualistic axes such as function and beauty, order and disorder, rationality and irrationality, spontaneity and premediation, etc. Thinking this way, we can understand very well what he wrote elsewhere in the introduction of his book.

The sum total of all these prefabricated elements is so large that there is an almost infinite number of possible ways of arranging them in ever-new patterns. There can be no question of the typographer exhausting all the potential combinations. There would have to be a systematic effort to narrow down typographical forms and reduce them to a few formulae before typography became rigid and lifeless.[5]

Ruder here observes a tendency in which typographers try to make this very 'systematic effort to narrow down typographical forms and reduce them to a few formulae'. But for him, it is obvious that they can not provide the reader of typographic works with vivid aesthetic experience, as well as its expected solution for textual communication, only by serving the narrow ideology of modernism (or whatever ideologies or notions).

Ruder demonstrates various aspects and elements in the art of typography. But he seems to be always conscious of the vastness of the entire world of typography formed by diverse elements, as well as its flexibility. Then, he makes every effort to extract effective and valuable forms from the very freedom of typography. This is my understanding of what he teaches in his book *Typography*.

October 2008

1
Emil Ruder, *Typography*,
7th ed., Sulgen: Verlag Niggli,
2001, p. 14

2
Stanley Morison,
First Principles of Typography,
2nd ed., Cambridge:
The University Press,
1967, p. 5

3
Emil Ruder, *Typography*,
7th ed., Sulgen: Verlag Niggli,
2001, p. 203

4
Laozi, *Daodejing*,
Chapter 11,
quoted in Ruder p. 16

5
Emil Ruder, *Typography*,
7th ed., Sulgen: Verlag Niggli,
2001, p. 8

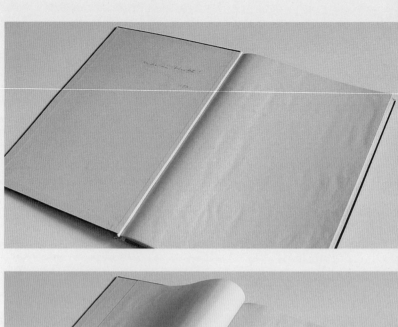

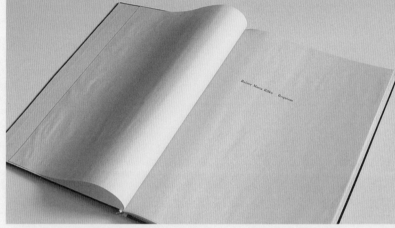

ruder.   ルーダー
rilke.   リルケ
requiem.   レクイエム

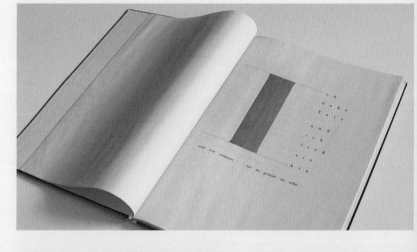

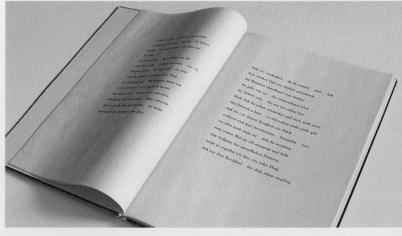

emil ruder leaves many questions unanswered. his monumental book on *typography* has come to be regarded as a standard work for designers the world over, yet it scarcely sheds light on his own output, and many of his publications remain untraceable even for those with a particular interest. there is a dearth of information surrounding this master of playful typography. his philosophy, his way of dealing with the material in hand and his typographical solutions all captivate through their simplicity and clarity, and it is precisely for this reason that they remain intangible.

what is my path to ruder? i think that sooner or later every designer finds his own way of working. the fact that for ruder it is not the designer's tools, whether computer or hot metal, which are paramount makes him immune from the evolution and the transience of technology. it is not technology and set formulae which make a piece of work great, but rather the searching and the ideas behind it, and this is what ruder shows in his work.

i begin my search for ruder and by chance stumble on a promising, if meagre description of an article from an antiquarian bookseller in germany on the internet: rainer maria rilke. requiem. printing class zurich kunstgewerbeschule. 1941. typesetting: emil ruder, non-verifiable publication.

telephone calls to the bookseller ensue. i report the discovery to my mentor, the veritable ruder scholar helmut schmid. his pronouncement that the work is unknown plays a decisive role. the book, created by the young ruder almost 70 years ago, is a college assignment and must on no accounts be lost.

the book which arrives soon after is surprisingly large, 255 x 360 mm, and is lavish in its design. its 30 yellowed, almost transparent pages containing the rilke poem use japanese binding in a shiny black cover. everything is in fairly good condition with only slight signs of age. only now do i realise that this is no ordinary book – it is a work of art, hand-created by ruder.

the emotional poem full of despair and anguish about life and death begins with the oversized and bisected initial **i** of the first word 'ich'. one has an inkling of what ruder read into this first letter: despair, severance and the disconnection of warm, vibrant gold from cold, lifeless silver which together form an entity. it is the attempt to unify the poem within a single symbol.

the subsequent pages present the poem using a breezy and systematic typography. ruder uses the typeface bodoni 16 point, an unusual choice of serif font in the context of his later basel period. but ruder is present in the way the text is set. he eschews all commas and by using larger spaces between words creates visible breaks instead. it is the typographer who, with simple and economical means, determines the rhythm in which the text will be read.

the colophon at the end confirms what is little known. the work was a product of classes in typesetting and printing at the zurich kunstgewerbeschule in the summer of 1941.

even today emil ruder gives cause for surprising discoveries. the quest for ruder should continue, and thus perhaps a few questions will be answered after all.

fjodor gejko, düsseldorf
november 2008
translation: graham welsh

エミール・ルーダーは多くの問いを未回答のままにしている。彼の不滅の書『タイポグラフィ』はいまや世界中のデザイナーの教科書となっているのに、彼自身の作品にはほとんど光が当てられていないし、彼の著述の多くは、とくに興味を持つ者にとっても今なお埋もれたままである。この遊戯精神に満ちたタイポグラフィの巨匠に関する情報はほとんど皆無なのだ。彼の哲学、素材の取り扱い方、タイポグラフィの処理の仕方は単純で明快ゆえに魅惑的だが、まさにそれゆえに捉えどころがないのである。

なぜ私がルーダーに行きついたのか？ 私はどのデザイナーも遅かれ早かれ自分なりの仕事のやり方を見つけだすと考えている。ルーダーの場合、コンピューターだろうが活版だろうが、手段は重要ではない。この事実がルーダーの作品にテクノロジーの進歩やうつろいやすさに対して免疫力をつけたのだと思う。作品を偉大なものにするのはテクノロジーや既成の処方ではなく、探究と思考である。ルーダーはそのことを作品の中で示している。

私はルーダー探しを始め、偶然インターネット上のドイツのある古書店のサイトで、不十分とはいえ、確かな手応えの記述に出会った。ライナー・マリア・リルケ『レクイエム』、チューリッヒ美術工芸学校印刷科、1941、組版：エミール・ルーダー、真偽不詳。

私はすぐ古書店に電話で問い合わせ、この発見を、私の師であり、ルーダーの真の理解者であるヘルムート・シュミットに伝えた。彼の判断は明快だった。作品は未知のものであり、決定的に重要なものだ。ほぼ70年前に若きルーダーが学校の課題作として制作した本であり、絶対に人手に渡してはいけない、と。

その後間もなく手元に届いた本は驚くべき大きさ（255 x 360 mm）で、実におおらかなデザインであった。リルケの詩を配した、黄ばんだほとんど半透明の30ページの本は、ツヤのある黒い表紙で和綴じになっている。わずかに時代を感じさせるものの、全体にはかなり良い状態にある。私はようやくこれが尋常な本ではないことに気がついた。これはルーダー自身の手になる、まぎれもない芸術作品なのだ。

生と死にまつわる絶望と悼みに満ちた、心にしみるこの詩は、最初の単語 ich の頭文字、オーバーなまでに大きく、縦に二分された **i** で始まる。ルーダーがこの最初の文字に込めようとした意味が何かは、想像できる。絶望と断絶、そして暖かく生き生きとした金と冷たく生気のない銀のコントラストと調和。これは詩全体を、ひとつのシンボルで象徴させる試みなのだ。

続くページでは、詩は軽やかで首尾一貫したタイポグラフィで表現されている。ルーダーは16ポイントのボドニを用いているが、セリフ体は彼の後期バーゼル時代を考えると稀有な選択である。しかし組版からはルーダーを感じることができる。コンマを使う代わりに語間をより広く取ることで、視覚上の区切りをつくりだしているのだ。このタイポグラファはシンプルで無駄の無い手段によって、テキストが読まれるリズムを操っている。

最後の奥付を見ると情報はきわめて少ない。この作品は1941年夏、チューリッヒ美術工芸学校の組版と印刷のクラスで作成されたものであることがわかる。

ルーダーは今日もなお驚くべき発見をもたらしてくれる。ルーダーの探求は今後も続けられるべきであり、その過程で多分いくつかの問いの答えは見つかるだろう。

フィヨドール・ゲイコ、デュッセルドルフ
2008年11月

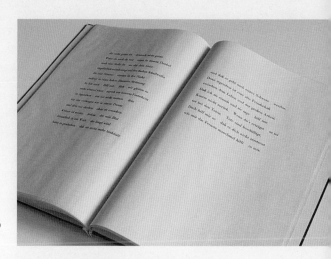

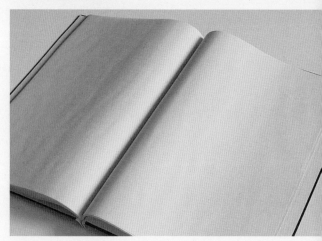

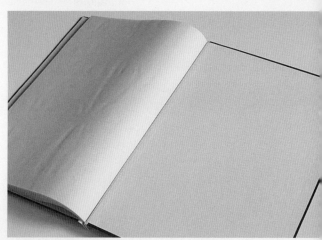

from the Emil Ruder issue
TM 3.1971
エミール・ルーダー追悼号より抜粋
TM 1971年3号

Letter to Emil Ruder
from Helmut Schmid, Japan
January 6, 1969

日本のヘルムート・シュミットから
エミール・ルーダーに宛てた手紙
1969年1月6日

'You place the charcoal so that the
water boils properly and you make the
tea to bring out the proper taste.
You arrange the flowers as they appear
when they are growing. In summer
you suggest coolness and in winter
cosiness.'

Senno Rikyu's preference for the
natural produced a lasting impression
on the arts. Rikyu, teamaster of the
sixteenth century is a legendary figure
today if only because he himself left
nothing in writing. Emil Ruder left
us essential contributions to questions
on typography, 'Wesentliches' in four
parts and a design manual entitled
Typographie. His dynamic personality,
however, really only became apparent
during his classes.

Surprisingly enough it was quite easy
to join Ruder's private course on
typography. He was not interested in
grades nor in work specimen. In his
classes sketches were not necessary.
The text was typeset, proofed and
then the cut out lines of type formed
a composition in a given space.

'The oriental Philosopher hold that
the essence of created form depends
on empty space. Without its hollow
interior a jug is merely a lump of clay,
and it is only the empty space inside
that makes it into a vessel.'

Ruder's interpretation of the eleventh
aphorism from the *Tao Te Ching*
is an interpretation of his typography.
He demonstrated for years that
only the surrounding space puts life
into the printed.

'The i is usually the best letter in a
typeface' is Ruder's answer to
the numerous typefaces offered by the
type face factories. With Univers he
saw his ideas come true. His con-
tribution to the creation of Univers
made him not only the prophet of this
typeface but also of its typography.

Ruder's philosophy and appearance is
comparable to the greatest of all tea
masters. Rikyu arranged the stepping
stones of the Roji – the path to the
tea house – in such a way that they
appeared to be first of all functional,
but at the same time they were equally
aesthetic. The path of Miyokian,
a private tea-house outside Kyoto,
thought to be arranged by Rikyu, is so
simple that one does not think of it
as being designed. Like Rikyu, Ruder
aspired the natural, the simple,
the useful.

「炭は湯の沸くように置き、茶は服の
よきように点て、花は野にあるように、夏は涼しく
冬暖かに。」

千利休の自然に対する向きあい方は、茶道に
深い影響を与えてきた。16世紀の茶匠・利休は、
彼自身何ひとつ書き残さなかったがために、
今日では伝説的人物となっている。エミール・
ルーダーはタイポグラフィについての数々の疑問に
ついての基礎的な成果を、われわれに残して
くれた。4回の連載講座「本質的なるもの」と
『タイポグラフィ』と題されたデザインの教科書
である。しかし彼の精力的なパーソナリティは、
その講義においてもっともよく発揮された。

ルーダーによるタイポグラフィの特別コースへ
参加するのは、意外なほど簡単だった。
彼は成績証明書や過去に制作した作品には
見向きもしなかった。授業ではスケッチなど
無用だった。まず原稿を活字に組み
校正印刷機で印刷する。それを1行毎に切り
離し、指定されたスペースに並べて、
ひとつのコンポジションを創りあげる。

「東洋の哲学者は空間が造形の本質を決める
と考えている。中が空間でなければ水差しは
単なる土の塊でしかない。器の中に空間があって
はじめて水差しになる。」

ルーダーによる老子『道徳経』第11章の解釈は
彼のタイポグラフィの解釈そのものである。
印刷面を生かすのはその周りの空間なのだという
ことを、彼は長年にわたって実証してきた。

「どの書体でも一番出来の良い文字は
たいてい i だ」というのが、活字工場からはき
出されるおびただしい数の書体に対する
ルーダーの答えである。彼の理想はユニバースで
実現された。ルーダーはユニバース誕生の
一助を担ったことで、この書体の預言者になった
だけでなく、ユニバースによるタイポグラフィの
預言者ともなった。

ルーダーの哲学と造形感覚は、茶道の師の
中の師である千利休に匹敵する。利休は露地
（茶室への小径）の踏み石を並べるのに、
まずは機能的に、そして同時に美的に配置した。
京都の郊外にある妙喜庵の茶室への小径は
利休の手によるものと考えられているが、
その簡素さゆえにデザインされたものとは思えない
ほどである。利休と同じようにルーダーも、
自然と、簡素さと、用を追求したのである。

Emil Ruder would be very pleased
with the idea that his publications are
translated into Japanese.
He adored Japanese culture and tried
to teach his students to understand
and respect it. One of his dreams was
to visit Japan. But unfortunately his
life was too short.

Emil Ruder was very enthusiastic
about fine art, creative art and music.
This influenced his work and he was
able to translate it into Typography.

He was especially inspired by music,
played the violin and often mentioned
that in his next life he would like to
be a professional musician.
If you have a close look, you might be
able to find a relation to music.

Susanne Ruder-Schwarz
November 2008

エミール・ルーダーの著述を日本語に訳す
というアイデアは、彼も大変喜ぶでしょう。
彼は日本文化を称賛し、生徒たちに日本文化への
理解と敬意とを教えました。彼の夢のひとつは
日本を訪れることでしたが、残念ながら
彼の命は短すぎました。

エミール・ルーダーは、美術、創造的な技芸、
音楽に情熱を持っていました。これらは
ルーダーの作品に影響を与えました。
彼はこれらをタイポグラフィへと翻訳することが
可能だったのです。

彼はとくに音楽には触発されました。
ヴァイオリンをたしなみ、次の人生ではプロの
音楽家になりたいとよく言っていました。
注意深く見れば、彼の作品と音楽との関係が
見えてくるかもしれません。

スザンネ・ルーダー-シュヴァルツ
2008年11月

Epilogue...

Typographie, Emil Ruder's magnum opus from the year 1967, has a radiation that is stunning. After forty years, the book inspires and enthuses and keeps the spirit of honest typography alive. As mentioned by Lenz Klotz in his contribution, Ruder planned a second volume and we can only speculate on the content of that book.

Ruder typography Ruder philosophy is a first attempt to capture the personality of this exceptional typographer. Ruder's typography speaks for itself. Wherever possible his comments, taken from his publications are included. To show the development, his work is grouped in three sections: Serif typography, Sans Serif typography and Univers typography. The influence of a typeface on typography thus becomes visible. To round out the image of Emil Ruder, we asked his colleges from the Basel school, his international students and established designers to write about the man and his work.

and thanks

With gratitude to Susanne Ruder-Schwarz for permission to reproduce Ruder's work and writings. To Daniel Ruder, typographer and graphic designer, for lasting friendship and for generously supplying material from his collection.

To Armin and Dorothea Hofmann, for sharing their typography collection. To Hans-Rudolf Lutz for his present, the letter addressed to him. To Juan Arrausi, who discovered a handwritten letter during his Ruder research – reproduced here with permission from Staats-archive Basel. To Urs Dürr, Wolfgang Weingart, Hans Rudolf Bosshard, Roy Cole for typographic material.
To Fjodor Gejko, for introducing his recently discovered treasure and to Rudolf Hostettler, Jean Pierre Graber and Lukas Hartmann, past and present editors of the Swiss journal Typographische Monatsblätter for keeping typography alive.

Although renamed in 1980 Schule für Gestaltung (SfG*), the spirit of AGS, the spirit of Ruder, Hofmann, Hauert, is still alive. Gratitude to Dorothea Flury, head of the school, Andrea Schweiger head of the SfG Library and Rolf Thalmann head of the Basel poster museum, for their support.

To Takeo Co Ltd and Tama Art University for cooperation for supplying the two posters missing in my private collection.

To Nicole Schmid for help in materials research and for finalizing the issue with utmost care and typographic suggestions. And to Kiyonori Muroga, editor-in-chief of Idea magazine, for making this Emil Ruder issue a reality.

Helmut Schmid, Osaka
January 2009

後書き

エミール・ルーダーの1967年に発行された
記念碑的名著『タイポグラフィ』の強い影響力は
驚嘆に値する。この書物は40年を経たいまも、
人を励まし、熱中させ、率直なタイポグラフィの
精神を伝え続けている。レンツ・クロッツが、
本書への寄稿に書いているように、エミール・
ルーダーは、2冊目の本を計画していた。
が、今となってはわたしたちはその本の内容を
ただ推測するのみである。

本書『ルーダー・タイポグラフィ　ルーダー・
フィロソフィ』は、この他に類を見ない
タイポグラファの人間的魅力をとらえようとする
初めての試みである。ルーダーのタイポグラフィは、
自らを語る。加えて彼の数々の著述から
できるだけ多くの論評を掲載するよう努めた。
彼の作品はその展開に従って、3つのセクション、
すなわちセリフ・タイポグラフィ、サンセリフ・
タイポグラフィ、そしてユニバース・タイポ
グラフィに分けられている。タイプフェイスが
タイポグラフィに与える影響がこうして明らかに
見えてくる。エミール・ルーダーの人物像を
ふくらませるために、彼のバーゼル工芸専門学校
時代の同僚たち、国際色豊かな教え子たち、
活躍中のデザイナーたちに、彼の人と作品に
ついて寄稿を依頼した。

そして、謝辞

本書にご協力くださった下記の方々に心からの
謝意を表したい。

スザンネ・ルーダー - シュワルツに、ルーダーの
作品と文献の採録を許可してくださった
ことに対して。タイポグラファでありグラフィック
デザイナーであるダニエル・ルーダーに、
変わらぬ友情と彼のコレクションから惜しみなく
資料を提供してくださったことに対して。

アーミンおよびドロテア・ホフマンに、彼らの
タイポグラフィの資料を共有させてくださったこと
に対して。フィヨドール・ゲイコーに、彼の
最新の発見である宝物を紹介してくださったこと
に対して。ハンス・ルドルフ・ルッツに、彼に
宛てられた私信を私へのプレゼントとして恵与
くださったことに対して。ホアン・アラウシに、
彼の熱心なリサーチの過程でルーダー直筆の手紙を
発掘してくださったことに対して。(この手紙は
バーゼル公文書館の許可を得て本書に収録
されている)。ウルス・デュル、ウォルフガング・
ワインガルト、ロイ・コール、そしてハンス・
ルドルフ・ボスハルトに、希有なタイポグラフィの
資料を提供してくださったことに対して。
ルドルフ・ホシュテットラー、ジャン・ピエール・
グラバー、ルーカス・ハートマンらスイスの
印刷専門誌『ティポグラフィシェ・モーナツ
ブレッテル』の過去および現在の編集長諸氏に、
タイポグラフィに元気を与え続けてくださって
いることに対して。

1980年に校名が造形専門学校 (SfG) に変更
されたけれども、バーゼル工芸専門学校 (AGS) の
精神、ルーダー、ホフマン、ハウエルトらの
精神は、いまも生き続けている。校長ドロテア・
フルーリー、図書館長アンドレア・シュナイダー、
そしてバーゼルポスターミュージアム館長
ロルフ・タールマン諸氏の力強い支えに対して
感謝申し上げる。

株式会社竹尾および多摩美術大学に、私の
コレクションにない2点のポスターの掲載・貸出に
ご協力くださったことに感謝申し上げる。

ニコール・シュミットに、資料のまとめとタイポ
グラフィ上の提案、そして配慮のゆき届いた仕上げ
作業への助力に対して。
そして、室賀清徳アイデア誌編集長に、この
エミール・ルーダー特集号の刊行を叶えて
くださったことに対して心からの謝意を表したい。

ヘルムート・シュミット、大阪
2009年1月

* Allgemeine Gewerbeschule Basel (AGS)
  Schule für Gestaltung (SfG)
  [Basel School of Design]

  A new school (with university status) opened
  in 2000 (partly still located in the SfG building):
  HGK FHNW (Hochschule für Gestaltung
  und Kunst, Fachhochschule Nordwestschweiz)

* バーゼル工芸専門学校 (AGS)
  バーゼル造形専門学校 (SfG)
  (=バーゼル スクール オブ デザイン)

  2000年に大学の資格を持つ新しいデザインスクール、
  HGK FHNW (北西スイス単科大学造形美術専門学部) が
  SfGと同じ校舎内に設立された。

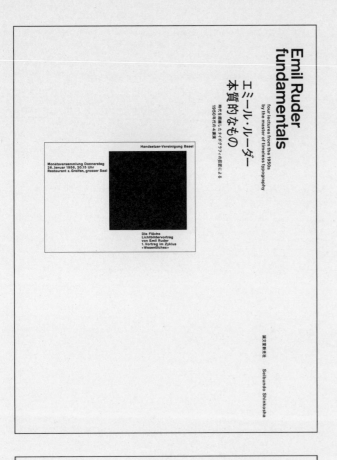

„ Emil Ruder: fundamentals. Free of the confines of any single, narrow, specialized field, Ruder discusses at will the formation principles of typography in relation to the cultures, natural sciences, politics and societies of all times and places. In addition, Ruder's fundamental thinking always sheds light on the relationship between human life and technology.
Ruder's classroom has not yet let out. I cannot help but hope that this volume will be a step – transcending time and space – towards making a difference to the typography of tomorrow.

from the introduction by Kiyonori Muroga, idea editor-in-chief

エミール・ルーダー：本質的なもの
一連の論考のなかでルーダーは狭い専門領域にとらわれることなく、古今東西の文化、自然科学、政治社会との関連において、タイポグラフィの形成原理を自在に論じている。また、ルーダーの論考の基礎にはつねに人間の生、テクノロジー、両者の関係への眼差しがある。
ルーダーの教室は終わっていない。本書が明日のタイポグラフィへの、時空を越えた一石となることを願ってやまない。

室賀清徳、「アイデア」編集長

Emil Ruder: fundamentals
four lectures from the 1950s
published originally in
Typographische Monatsblätter
Design by Helmut Schmid
225 x 297 mm (11mm)
hardcover with jacket
80 pages
JPY 2,000 (without tax)

『エミール・ルーダー：本質的なもの』
1950年代の4講演
初出はスイスのTM誌
デザイン ヘルムート・シュミット
A4判変形、上製
80ページ
定価：本体2,000円＋税
ISBN978-4-416-11356-1

ご購入・お問い合わせ先
（株）誠文堂新光社 販売部
Tel: 03-5800-5780
Fax: 03-5800-5781

http://www.seibundo-shinkosha.net/
http://www.idea-mag.com/

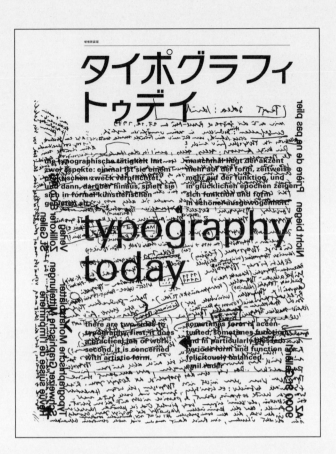

Typography Today
(Revised Hard Cover Edition)
Design by Helmut Schmid
225 x 297mm (19mm)
hardcover with jacket
200 pages
JPY 3,800 (without tax)

> **Typography Today**. Designed and edited by Helmut Schmid and first released in 1980 by the publishers of Idea magazine, Schmid's selections for the book are fascinating and diverse. It is all the better for not attempting the encyclopaedic; as an overview of important developments in typography throughout the 20th century it offers an unusual perspective which makes it an excellent teaching aid – students are usually unfamiliar with most of the work in the book. Seeing something for the first time can have a profound influence on one's visual education.

Hamish Muir, London

タイポグラフィ・トゥデイは、デザインと編集をヘルムート・シュミットが担当し、1980 年にアイデア誌と同じ出版社より発売された。本書のためにシュミットが選び抜いた作品は魅力的で多様性に富んでいる。百科事典的でないところがまた良い。20 世紀のタイポグラフィの重要な発展過程を概観することで、従来とは異なる視点が示されており、優れた教材になっている ― 本書の作品のほとんどは、学生たちには馴染みのないものばかりであろう。初めて目にする作品が学生の視覚教育に大きな影響を与えることになるかもしれない。

ヘイミッシュ・ミューア、ロンドン

『タイポグラフィ・トゥデイ
増補新装版』
ヘルムート・シュミット 編著
A4 判変形、上製
200 ページ
定価：本体 3,800 円＋税
ISBN978-4-416-11542-8

ご購入・お問い合わせ先
（株）誠文堂新光社　販売部
Tel: 03-5800-5780
Fax: 03-5800-5781

http://www.seibundo-shinkosha.net/
http://www.idea-mag.com/

Ruder typography
Ruder philosophy

published 2017 08 15

editor: Helmut Schmid

publisher:
Lars Müller Publishers
Zürich, Switzerland
www.lars-mueller-publishers.com

Seibundo Shinkosha
Publishing Co., Ltd.
3-3-11 Hongo, Bunkyo-ku
113-0033 Tokyo, Japan
www.idea-mag.com
www.seibundo-shinkosha.net

printer: Okumaseibido Co., Ltd.
binder: Brocade Co., Ltd.

© 2009 / 2017
Helmut Schmid / Daniel Ruder

ISBN 978-3-03778-541-6

Printed in Japan

Ruder typography
Ruder philosophy
first published in 2009 as
No. 333 Idea magazine.

No part of this book may be
used or reproduced in any form
or manner whatsoever without
prior written permission, exept
in the case of brief quotations
embodied in critical articles and
reviews.

Emil Ruder as Contributor to the Modernist Archive and His Relevance Today

The aim of writing a historical narration on an era or a protagonist is bound inevitably to a fragmentary and incomplete reconstruction. In awareness of this precondition, the density of documents Emil Ruder has left to us in the form of publications, his typographic oeuvre, and the results of his teaching promises the opportunity to develop a far-reaching insight into the modernist era in general and the Swiss postwar context in particular. Ruder's written statements as well as his typographic work can be read as traces that allow us to infer structures and conditions leading to the appearance of the label "Swiss typography and graphic design" in the fifties.

The length of this essay permits a focus only on a few selected aspects. The aim is to understand how Ruder saw his era and to describe briefly the relationship of his work to today's Visual Communication Institute at the Basel School of Design HGK FHNW.

In search of indications of how Emil Ruder evaluated the typography and design of his day, we can refer to the *Typografische Monatsblätter* (Swiss Typographic Magazine – *TM*) no. 1, from January 1955. Under the title "Exemplary Advertising by a Large Company" (*Vorbildliche Werbung einer Grossfirma*), he published examples created by the in-house design department at the Basel-based chemical company J. R. Geigy, under art director Max Schmid. The article consists mainly of large reproductions presenting the work of Max Schmid, Armin Hofmann, Andreas His, Igildo Biesele, Nelly Rudin, Enza Rösli, Gérard Ifert, and Karl Gerstner. The introductory text begins with a justification for why graphic design is showcased so prominently in a magazine for typography.[1] Beyond the demand of dissolving the traditional separation of trades, Ruder defines graphic design as an artistic expression standing in direct correlation to the contemporary art of his time. He describes the attitude behind the presented work as follows:
"Recognizing today's situation correctly, we must avoid all pedantry as we work out great form. This great form is often the only possibility to persist in the face of the present flood of propaganda, to draw attention to something, to communicate something in a memorable manner. Naturalism, once the strongest asset of so-called 'Basel Graphics,' is being abandoned in favor of a two-dimensional and abstract direction in graphic design. Naturalism is celebrating veritable orgies in illustrated magazines, in film, and in television etc., and naturalistic graphic design is hence experiencing a depreciation since it gets lost in this vast abundance."[2]

It may sound dogmatic from today's point of view for Ruder to base his argument on a "correct" assessment of the situation. On the other hand, it is remarkable how

deliberately the author describes the deviation of the presented work from naturalism, and how he declares abstraction as exemplary for his time. The generation before him, including Niklaus Stöckli, Peter Birkhäuser, Fritz Bühler, and Donald Brun, among others, developed so-called "Magic Realism" to bind the attention of the beholder through naturalistic representations of objects reproduced in lithography. With the rise of offset printing, the reproduction of photographic images became affordable and the effect naturalism once created in the public space was contested by photographic images. In other words: Ruder's generation managed to deviate from the omnipresent naturalistic image in the fifties by turning to abstraction and generalization. These new images were again able to intrigue, to surprise, and to shock.

But was the turn to abstraction only an issue of differentiation from the existing graphic expression, supported by a technological shift, or can we find other justifications for it? Ruder argues that the turn to abstraction and the two-dimensional approach was not just an oppositional stance to the predominant attitude in the mid-twentieth century but also the continuation of a historical sequence leading from William Morris to Henry van de Velde and finally to the work Ruder considered exemplary for his time. He quotes van de Velde, who refers to the tradition of the engineer, to functionality and reason, in an essay titled "A Brief History of Styles" published in *TM* number 3, March 1954.[3]

In the third publication in the series "Essentials," with the title "The Word" (*Das Wort*, *TM* no. 10, October 1958), Ruder concludes in his own words:
"The task we are called on to fulfill is to bring function and form, purpose and beauty into a synthesis."[4]

The dispute with Jan Tschichold over sans serif typefaces shows that Ruder's practical implementation was not uncontested and had to be defended at the time. In his *TM* article with the title "About Contemporary Typography" (*Zur Typographie der Gegenwart*, *TM* no. 6/7, June/July 1959), he refers to an article by Jan Tschichold with the same title published in *Der Druckspiegel* (no. 11, 1958). The preferred use of sans serif typefaces, which seems to suit the goal of functionality, reason, and purpose, was questioned by Tschichold with a polemical text:
"As such, the Grotesk [the German term for a sans serif typeface, ed.] bears its historical name rightfully. It is in fact a monster. [...] Very quickly the beholder who sees the Grotesk too often as the main typeface gets tired of it, because it is lacking charm and appeal. Let alone gracefulness. It conducts itself crudely, and one does not want to be screamed at all the time."[5]

In his response to Tschichold's statement, Ruder calls for differentiation in the debate and accuses his opponent of a generalization that cannot be applied to typefaces such

Visual Communication Institute
The Basel School of Design
Hochschule für Gestaltung und Kunst FHNW

Lars Müller Publishers

The university and the publishing house have joined
forces to make this reprint of the legendary Japanese
publication accessible to a Western audience and
to keep Emil Ruder alive for all his admirers and new
discoverers.

Lars Müller Publishers and the Visual Communication
Institute at the Basel School of Design HGK FHNW share
a mutual interest in preserving outstanding positions in
design history and making them available to everyone inter-
ested in the practice, in education, and in research related
to typography and graphic design. As we know from histo-
riography, an archive holds traces that allow for a continuous
reinterpretation of a historical period from a current point
of view. The objects available in an archive can be described
as fragments that enable us to infer characteristics of
a historical era. The series of re-editions published by Lars
Müller in recent years provide an insight into the archives
of modernist graphic design and typography. They present
materials that permit us to reconstruct the context of pre-
and postwar Switzerland and the attitude of Swiss designers
and typographers of the modernist era. With this aim, the
re-edition project goes beyond the repetitive dissemination
of a few iconic results and provides materials for a multi-
faceted historical narration.

This reprint of issue 333 of *idea* magazine, originally pub-
lished in Japan in 2008, edited and designed by Helmut
Schmid and dedicated to Emil Ruder (1914–1970), is framed
by two texts by Lars Müller and Michael Renner (Prof. and
Head of the Visual Communication Institute at the Basel
School of Design HGK FHNW).

Lars Müller's text provides a description of the Swiss
postwar context and its specific features in graphic design
and typography by comparing Emil Ruder as a key figure
of the Basel School with his peers from the Zurich School.
At first glance, their practice seems to follow a similar
attitude, but a close reading of their work shows that the
Jura mountain range can be held responsible for the clear
division between the two most influential centers of Swiss
design education in the second half of the twentieth century.

Michael Renner's essay is based on a selection of state-
ments by Emil Ruder revealing his position regarding
the practice of graphic design and typography of his time,
as well as his ideas concerning society and politics. In
a second step, a selection of Ruder's statements on educa-
tion is employed in order to describe similarities and
differences between Emil Ruder's era and the current profile
of the Visual Communication Institute at the Basel School
of Design HGK FHNW. Especially in the current debates on
practice-led design research, surprising parallels can be
found.

Both texts are based on findings in the modernist archives of
graphic design and typography and show how the fragments
preserved by the publications of Lars Müller Publishers
can be used to develop a description of the historical context
from a contemporary and individual point of view that
reaches beyond the repetition of a preconceived historical
narration.

Supplement to the re-edition of idea 333, *Ruder typography. Ruder philosophy*,
edited by Helmut Schmid. © 2017 Lars Müller Publishers

as Gill Sans or Univers. But more indicative for the time is Ruder's explanation that typefaces are optimized and suited for a specific language. He describes how Baskerville is designed for the English language and that if we use it for a German text the capital letters are disturbing. Both authors agree that Fraktur is the only typeface that is related to the German language. Ruder writes:

"The disappearance of Fraktur is a significant cultural loss. European unification and uninhibited cultural exchange appear to us to be the main concern of the time. This unification is the last political card Europe can play. It is a regrettable fact that Fraktur is blocking this development. As national typeface with a pronounced separatist character (from a European point of view), it can only play a local but never a leading role in a unified Europe. The Grotesk in contrast seems to stand slightly above national specificities. It is absolutely identical with none of the European languages and thus every language can speak to us through it. One is tempted to call it neutral." [6]

We can conclude from the quoted passage that Ruder justifies his turn to functionality, purposefulness, and reason, beyond innovation and the next step of a historical sequence, with the political context of his time. The naturalistic images are not only out of date because they are from the past; the abstract form that is open to interpretation is the appropriate form of communication after a period of ideological battle, nationalistic propaganda, and war.

On the other hand, we would misinterpret Ruder if we were to describe him merely as the typographer of order, guided purely by function and by reason. His interest in ornament, for example, is a clear indication of his awareness that function and beauty have to be brought into a synthesis and that there is more to successful visual communication than the transfer of a coded message (*TM* no. 3, March 1947, "Composition of Elementary Ornaments" / *TM* no. 10, October 1949, reprint of Röslein and Zierarten). The following statement likewise shows Ruder's awareness that there is more to typography than readability. The aesthetic experience of the beholder is paramount, and this stands in opposition to mere functionality.

In the series "Essentials," Ruder discusses in the third essay, "The Word" in 1958 (*TM* no. 10, October 1958), the effect of variations of more or less readable compositions of the letters b, u, c, and h in a square. After the comparative analysis, he concludes that readability inhibits the experience of form, and hence the aesthetic experience:
"This allows us to explain why foreign writing systems are so appealing. Their readability is inaccessible for us and we can enjoy them as pure works of art." [7]

With this comparative evaluation of variations shown with the "buch" example we have reached a core aspect connecting the history and current practice of the Basel School. Whereas all serious institutions of design education in the mid-twentieth century had the goal of educating designers to make good use of the visual means at their disposal, the ideas of how this could be achieved were very different. The Ulm School of Design (1953–1968), for example, confronted the students with scientific methodologies and tried to minimize intuitive decisions in the design process. In opposition to this system, Emil Ruder and his colleagues at the Basel School kept the artistic and intuitive process of creating material design variations at the center of the creative process. This approach allows the designer to evaluate a field of visual contingencies after the variations are created. Based on a comparative analysis of the field of options, a carefully considered employment of visual means can be achieved.

In today's context of visual communication in general and the Visual Communication Institute at the Basel School of Design HGK FHNW in particular, many things have changed. The technological shift toward digitalization, the digital media channels that span continents and cultures, and the completely revised educational framework are a few aspects that have changed since the mid-twentieth century.

But what connects the former and current Basel School of Design is the focus on the development of practical visual competence through the process of image generation. This entails the recognition that *new images* can only be achieved by allowing for intuitive processes, which can be analytically evaluated in retrospect but not extrapolated from a verbal analysis. The key competence of the designer is the ability to successfully combine intuitive processes of image generation and the analytical evaluation of the results from the intuitive phase of experimentation. In the Bachelor course, the main focus in today's program is to empower students to generate and evaluate fields of visual possibilities in a variety of media and under a broad spectrum of practice-oriented criteria. On the Master level, the reflection and the grounding of the practical work in other fields of knowledge is developed. Under the title "Practice-Led Iconic Research," the students learn how to fuse competence in image creation and the state of the art in image-, media-, and design-oriented research. On the PhD level as well, we focus on projects that follow a practice-based approach in order to contribute to the general question of how images generate meaning and to the knowledge of the community of practice and education in the field of visual communication. We can say that Emil Ruder as typographer, educator, and author developed with his colleagues an educational model that with its above-described emphasis on the design process is still relevant today.

Michael Renner
Prof. and Head of the Visual Communication Institute, the Basel School of Design HGK FHNW

and finally culminating in pure typographic composition. During a short stint at the Zurich *Kunstgewerbeschule* (School of Applied Arts) from 1958 to 1962, Müller-Brockmann brought his ideas into his teaching, and he then put them down on paper in 1964 in the trilingual publication *The Graphic Artist and His Design Problems*.

Communication and exchange were the order of the day. Armin Hofmann published his book *Graphic Design Manual: Principles and Practice* in 1965 and Ruder his primer *Typographie: A Manual of Design* in 1967.

The international design world had already opened its doors to the Swiss graphic artists years before. The well-known Basel graphic artists Fritz Bühler and Donald Brun had founded the AGI Alliance Graphique Internationale with three French colleagues in 1952 with the aim of linking contemporary international designers. Müller-Brockmann, a member from the start, knew just how to exploit the Alliance for achieving the goals of the Zurich movement. Armin Hofmann became a member of the AGI in 1967. Emil Ruder, however, kept his distance.

In 1956 Müller-Brockmann and Hofmann were invited to attend the Design Conference in Aspen. While Hofmann presented his and Ruder's teachings at the Basel School, Müller-Brockmann was already campaigning for the Swiss Style as international benchmark. With him, the Zurich movement developed a sense of mission and gained international prominence, while the Basel School was initially known mostly for its individual exponents.

Emil Ruder had created a mouthpiece for himself with the *Typografische Monatsblätter* (Swiss Typographic Monthly Magazine). He began writing for the magazine in 1946, using his many articles to present the fundamentals of this typography teaching and the Basel doctrines. He was hence able to exercise an enormous influence on graphic design training, at first in Switzerland, and then internationally.

Müller-Brockmann created a vehicle for his own views in 1956 when he founded the magazine *Neue Grafik* (New Graphic Design—international review of graphic design and related subjects), of which 18 issues appeared between 1958 and 1965. Most of the magazine was devoted to illustrating model examples of best design practice. It must be said that the international reach of the *Typografische Monatsblätter* far exceeded that of *Neue Grafik*.

During the concept phase for *Neue Grafik*, Armin Hofmann and Emil Ruder were listed as members of the editorial team, in addition to Müller-Brockmann, Lohse, Hans Neuburg (1904–1983), and Carlo Vivarelli (1919–1986). Ruder and Lohse in particular were uncomfortable with one another, however. Lohse was the ideological catalyst. The free-flowing forms and typographic experiments of the Basel designer

were surely anathema to the constructivist purist. And Ruder must have found Vivarelli's rigid design of the magazine quite off-putting.

The Baslers thus took their leave of the project, and Ruder wrote to Müller-Brockmann in February 1958: *"... From our few meetings [...] it was already clear to me that our professional approaches were impossible to reconcile. [...] Graphic design cannot be compressed into the narrow field of Constructivism. [...] Spontaneity and emotion, and the illustrative element must also play their parts in the overall concert."* Ruder goes on to say that it would not be possible for him to write for the planned journal. Contacts between the designers after that time were sporadic and merely pragmatic, for example when it came time to spread the word about the new sans serif typefaces Univers and Helvetica. Ruder's playful handling of Univers is especially impressive, and he went on to become its prime promoter.

By the early sixties, the fronts had been clearly staked out. The Basel School had a far-reaching impact, and its design training philosophy was internationally recognized and successful. This was especially the case in the USA, where graduates of the Basel graphic design class went to teach, firmly establishing the reputation of "Swiss Typography" as shaped by Ruder. Armin Hofmann's design tenets were equally legendary. They are in fact still taught today at many schools.

But the influence of the Zurich designers reached farther still. The terms "Swiss Style" and "International Style," coined outside of Switzerland, embodied an attitude dedicated exclusively to sober and objective, rational and constructive design—qualities that make it universally applicable, especially in the development of complex design systems.

Despite the differences zealously defended by the key figures in graphic design in Basel and Zurich, they jointly contributed to the international breakthrough of Swiss design during the sixties. While the Zurichers anchored their approach in their practical work, the Baslers took advantage of the freedom of the school environment for investigating and developing new means of design.

Both sides stand for the conviction that good graphic design should always challenge the viewing habits of the observer and the reader, that it should inform rather than manipulate, educate rather than seduce, entertain rather than stun.

This publication compellingly demonstrates what a large role Emil Ruder played in this epoch-making undertaking and how inspiring and encouraging his contributions still are today.

Lars Müller
Designer and publisher

30 Years of Swiss Typographic Discourse in the Typografische Monatsblätter TM RSI SGM 1960–90
ECAL Ecole cantonale d'art de Lausanne, Louise Paradis with Roland Früh and François Rappo (Eds.)
Lars Müller Publishers, 2013/2017, 978-3-03778-538-6, English

1 "The typesetter will be able to recognize without resentment and prejudice the achieve-
ments of the graphic designer. From this mutual respect and recognition we expect the
enhancement of the entire graphic industry."
("*Der Setzer wird ohne Ressentiments und vorurteilslos auch die Leistung des Graphikers
würdigen können. Von einer solchen gegenseitigen Würdigung und Schätzung versprechen wir
uns eine Hebung des gesamten graphischen Gewerbes.*")

2 "*In der richtigen Erkenntnis der heutigen Situation wird alles Kleinliche vermieden und die
große Form herausgearbeitet. Diese große Form ist oft das einzige Mittel, in der propagan-
distischen Überflutung von heute standzuhalten, auf etwas aufmerksam zu machen, etwas
einprägsam zu vermitteln. Der Naturalismus, einst der stärkste Trumpf der sogenannten
'Basler-Graphik', wird zu Gunsten einer flächigen, abstrakten Graphik aufgegeben. Der
Naturalismus feiert Orgien in Illustrierten, im Film, Fernsehen usw., und die naturalistische
Graphik erfährt dadurch eine Abwertung, da sie in dem riesigen Angebot untergeht.*"

3 "Thus unfolds the abundance of forms that are determined by functions. […] The
engineer, the machine designer took recourse to the tradition shaped by human insights
and combined these pure forms with ones that avant-garde pioneers tried to bring to
life in their contemplation of the eternal laws of reason (furniture, homes, public buildings)."
Quoted from Henry van de Velde without source citation in: Emil Ruder: "Kleine Stillehre
der Moderne," *TM* no. 3, March 1954, p.139.
("*So entfaltet sich der Reichtum der Formen, die durch die Funktionen bestimmt sind. […]
Der Ingenieur, der Maschinenkonstrukteur, sie griffen zurück auf die ursprüngliche Tradition,
wie sie menschliche Einsicht geschaffen, und ihre reinen Formen fanden sich zusammen
mit denen, die eine Avantgarde von Pionieren in der Besinnung auf das ewige Grundgesetz
der Vernunft zu erwecken suchten [Möbel, Wohnhäuser, öffentliche Gebäude].*")

4 "*Die Aufgabe, zu der wir aufgerufen sind lautet: Funktion und Form, Zweck und
Schönheit zu einer Synthese zu bringen.*"

5 "*So führt die Grotesk ihren historischen Namen mit vollem Recht. Sie ist ein eigentliches
Monstrum. […] Sehr schnell wird der Mensch, der sie zu oft als Grundschrift sieht, ihrer
müde, weil es der Grotesk an Gefälligkeit und Reiz gebricht. Von Anmut nicht zu reden. Ihr
Gebaren ist Grobheit, und man möchte nicht dauernd angeschrieen werden.*"

6 "*Das Verschwinden der Fraktur bedeutet einen empfindlichen kulturellen Verlust. Die
europäische Einigung und der ungehemmte kulturelle Austausch scheinen uns das wichtigste
Gebot der Stunde. Diese Einigung ist die letzte politische Karte, die Europa auszuspielen
hat. Es ist eine bedauerliche Tatsache, daß dieser Entwicklung die Fraktur im Wege steht. Als
Nationalschrift mit ausgesprochen separatistischem Charakter (europäisch gesehen) kann
sie in einem geeinten Europa höchstens eine lokale, niemals aber eine führende Rolle spielen.
Die Grotesk aber scheint uns etwas über den nationalen Besonderheiten stehend. Sie ist mit
keiner europäischen Sprache ausgesprochen identisch, und jede Sprache kann folglich durch
sie zu uns sprechen. Fast ist man versucht, sie neutral zu nennen.*"

7 "*So läßt sich erklären, weshalb uns fremde Schriften so ungemein ansprechen.
Ihre Lesbarkeit ist uns verschlossen und wir dürfen sie als reine Kunstwerke geniessen.*"

Both essays are based on lectures given at the symposium to commemorate
Emil Ruder's 100th birthday, held in Basel on September 19, 2014.

How High are the Jura Mountains?
Basel and Zurich in the 1960s

Back in 1960, it took more than two hours to drive from Zurich to Basel. The hundred-kilometer route led through small medieval towns, over a mountain pass, and through a broad valley along the River Rhine. The Jura Mountains, a subalpine range of only modest height, separated two different worlds.

Today, commuters travel easily between the two cities, with a tunnel leading right through the mountains that divide them. Nevertheless, the two species, the Baslers and Zurichers, still mostly prefer to keep to themselves. Something of the suspiciousness that prevailed among them in the fifties and sixties has persisted.

Viewed from a certain historical distance, the competition between the two schools of design and their open discord may seem rather petty. The two would go down in twentieth-century design history as variations on the same current. The differences were minor. Strong personalities were at work on both sides of the divide, radical creative innovators, ambitious and confident—and excellent graphic designers.

I will focus in my reflections on Emil Ruder (1914–1970) and Josef Müller-Brockmann (1914–1996) and on those around them. A large number of their colleagues were of course also involved in the contemporary developments.

The comparison begins in the mid-forties in Basel. Little indicated that a sea change was imminent. Well-known and successful commercial artists working in the city included Fritz Bühler (1909–1963) and Donald Brun (1909–1999), both representatives of a traditional, illustrative design approach. Brun taught graphic design at the *Allgemeine Gewerbeschule* (General Vocational School) in Basel starting in 1945. Bühler employed Armin Hofmann (b. 1920) before the latter was appointed as teacher of the graphic design class at part of the school that was now known as the *Schule für Gestaltung Basel*, or Basel School of Design, in 1947. Emil Ruder had already been teaching at the school since 1942. Both Hofmann and Ruder came from the vicinity of Zurich and attended the *Kunstgewerbeschule* (School of Applied Arts) there, taking classes with Ernst Keller, Walter Käch, and Alfred Willimann. Müller-Brockmann also learned the tools of his trade from these teachers, as did Adrian Frutiger (1928–2015), the creator of the Univers typeface.

Ruder was the antipode to Jan Tschichold (1902–1974), who, following an influential career as a pioneer of the New Typography, had turned into a dogmatic advocate of classical typography and had been working in Basel since the mid-thirties. Armin Hofmann, a competent graphic designer inclined toward free abstraction, and Ruder, the unconditionally modernist but experiment-happy typographer, complemented each other perfectly and dominated the teaching at the Basel school from 1947 on. Their efforts soon bore fruit. Many talented designers made a seamless transition into practice thanks to the modern attitude of the local pharmaceutical company Geigy, whose graphic and advertising studio knew how to involve the hungry designers in helping it to pursue its goals. This proximity to applied industry was lacking in Zurich, where modern developments were dominated more by artists, for example the Association of Modern Swiss Artists founded in 1937.

As Switzerland was spared the ravages of war, it was able in the forties to further pursue the modernist ideas developed in the pre-war years. In Zurich, interest was devoted equally to architecture, product design, graphic design, and art. The main exponents on the postwar scene were, among others, Richard Paul Lohse (1902–1988) and Max Bill (1908–1994). Lohse, an autodidact, worked as a commercial artist but also as a fine artist delving into the constructive, concrete art of his day. In 1947 he became editor and designer of the exciting modernist architectural review "bauen + wohnen." Max Bill, a late student at the Bauhaus, worked as an architect, graphic designer, and product designer. In 1946 he crossed swords with Jan Tschichold in the magazine *Schweizer graphische Mitteilungen* and called for the unconditional use of modern typography. In 1949 Bill presented the exhibition "Gute Form" (Good Design) to spread his vision of a contemporary, holistic world of products and objects taking advantage of the latest technological advances. Max Bill was appointed as the first rector of the Ulm School of Design in 1953, a school that saw itself as successor to the Bauhaus and which promoted all design disciplines equally.

While in doctrinaire Zurich a movement had begun to form in the forties with the aim of connecting the postwar spirit of optimism with the rational and constructive goals of the avant-garde, in more humanistically oriented Basel, a real "school" was established as an incubator for modern design, with a much stronger focus on artistic and creative investigation and training.

Then, in the early fifties, Josef Müller-Brockmann (1914–1996) suddenly came onto the scene in Zurich. A successful illustrative graphic designer up to that time, he claimed to have recognized the exclusive relevance of constructive design and had taken it upon himself to personally push through a radical reorientation. In his posters for the Zurich Tonhalle Society, he developed his own distinctive formal language, starting out with figurative abstraction, evolving a style of geometric construction,